Nostalgiefahrten
mit dem Zug

Torsten Berndt

Die **88** schönsten
Strecken mit historischen
Dampf-, Diesel- und
Elektrozügen

INHALT

EINLEITUNG

Kleine Geschichte der Bahn 6

DEUTSCHLAND

SCHLESWIG-HOLSTEIN

1 Bahn zum Schönberger Strand 10

NIEDERSACHSEN

2 Museumsbahn auf Spiekeroog 12
3 Inselbahn Wangerooge 14
4 Küstenbahn Ostfriesland 16
5 Buxtehude–Harsefeld 18
6 Deutscher Eisenbahnverein 20

MECKLENBURG-VORPOMMERN

7 Rügensche Kleinbahn 22
8 Der Molli 24

BERLIN, BRANDENBURG, SACHSEN-ANHALT,·SACHSEN

9 Parkeisenbahnen im Osten 26

BRANDENBURG

10 Prignitzer Kleinbahnmuseum 28
11 Kleinbahn Buckow–Müncheberg 30
12 Lausitzer Dampflokclub 32
13 Waldeisenbahn Muskau 34
14 Heidekrautbahn und BEF 36

BERLIN

15 Historische S-Bahn Berlin 38

SACHSEN-ANHALT

16 Mansfelder Bergwerksbahn 40
17 Naumburger Ringstraßenbahn 42

THÜRINGEN

18 Die Harzer Schmalspurbahnen 44
19 Thüringerwaldbahn 46

SACHSEN

20 Döllnitzbahn 48
21 Traditionsbahn Radebeul 50
22 Eisenbahn Zittau–Oybin–Jonsdorf 52
23 Weißeritztalbahn 54
24 Preßnitztalbahn 56
25 Fichtelbergbahn 58
26 Museumsbahn Schönheide 60

NORDRHEIN-WESTFALEN

27 Museums-Eisenbahn Minden 62
28 DGEG Bochum 64
29 Schwebebahn Wuppertal 66

30 Die Bergischen Museumsbahnen 68
31 Selfkantbahn 70
32 Dampfbahn Rur-Wurm-Inde 72

RHEINLAND-PFALZ

33 Westerwaldbahn 74
34 Brohltaleisenbahn 76
35 Bahnbetriebswerk Gerolstein 78
36 Kuckucksbähnel 80

SAARLAND

37 Bahnpostmuseum Losheim 82

HESSEN

38 Historische Eisenbahn Frankfurt 84
39 Deutsche Museums-Eisenbahn 86

BADEN-WÜRTTEMBERG

40 Härtsfeldbahn 88
41 Stuttgarter Straßenbahnmuseum 90
42 Ulmer Eisenbahnfreunde 92
43 Achertalbahn 94
44 Eisenbahnfreunde Zollernbahn 96
45 Trossinger Eisenbahn 98
46 Das Öchsle 100
47 Wutachtalbahn 102
48 Kandertalbahn 104

BAYERN

49 Dampfbahn Fränkische Schweiz 106
50 Bayerisches Eisenbahnmuseum 108
51 Bahnpark Augsburg 110
52 Chiemseebahn 112
53 Murnau–Oberammergau 114
54 Bayerische Zugspitzbahn 116

EXTRA: MUSEEN UND AUSSTELLUNGEN

Deutsches Technikmuseum Berlin 118
Verkehrszentrum
  Deutsches Museum München 118

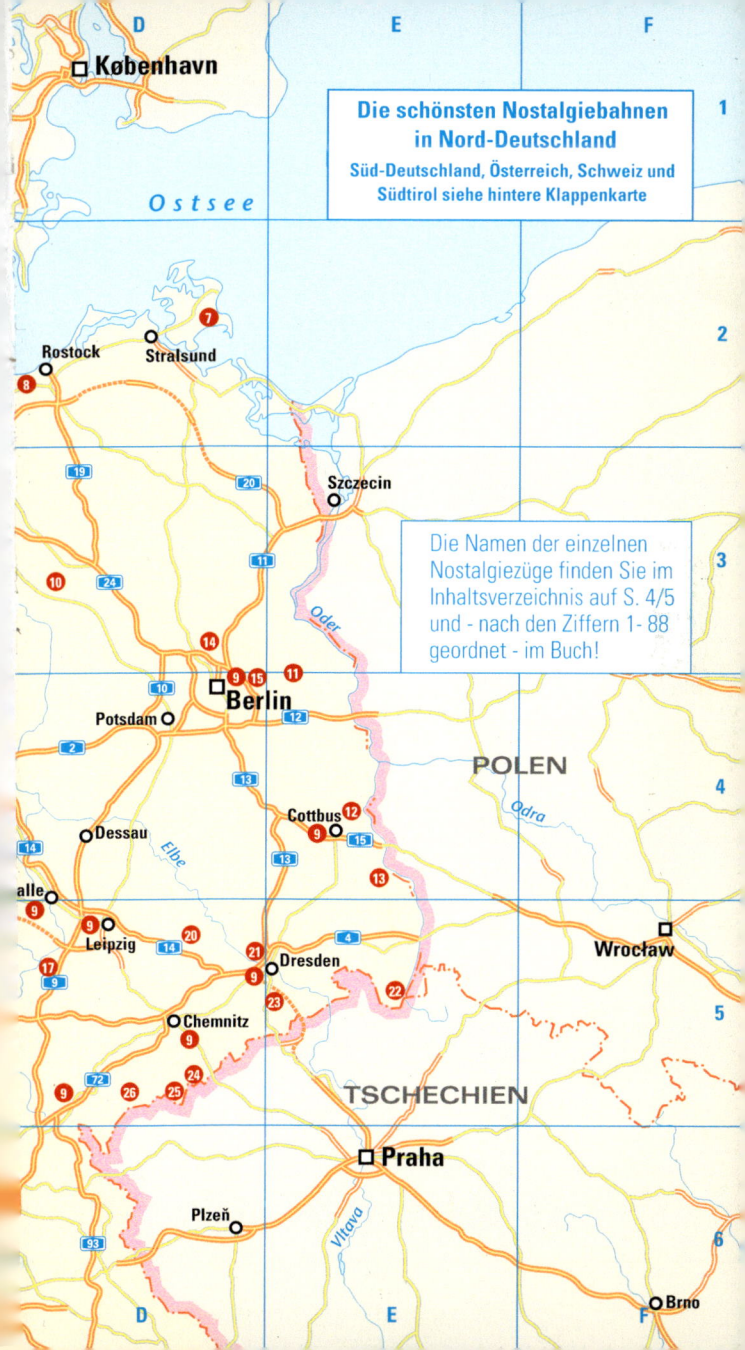

Die schönsten Nostalgiebahnen in Nord-Deutschland

Süd-Deutschland, Österreich, Schweiz und Südtirol siehe hintere Klappenkarte

Die Namen der einzelnen Nostalgiezüge finden Sie im Inhaltsverzeichnis auf S. 4/5 und - nach den Ziffern 1- 88 geordnet - im Buch!

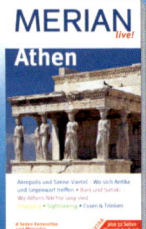
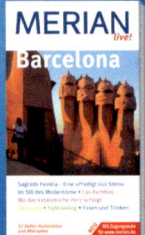

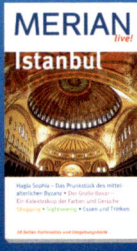

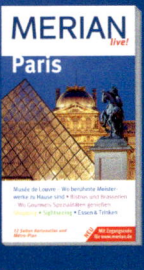
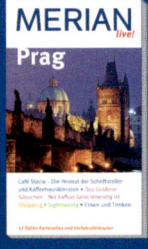

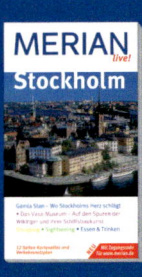

Deutsches Dampflok-Museum
  Neuenmarkt   119
DB Museum Nürnberg   119
Miniaturwunderland Hamburg   120
Märklin-Museum Göppingen   121

ÖSTERREICH
NIEDERÖSTERREICH
55 Waldviertler Schmalspurbahn   122
56 Heizhaus Strasshof   124
57 Wiener Praterbahn   126
58 Mariazellerbahn   128
59 Ybbstalbahn   130

OBERÖSTERREICH
60 Steyrtalbahn   132
61 Schafbergbahn   134

SALZBURG
62 Pinzgauer Lokalbahn   136

VORARLBERG
63 Bregenzerwaldbahn   138
64 Montafonerbahn   140

TIROL
65 Achenseebahn   142
66 Zillertalbahn   144
67 Stubaitalbahn   146

STEIERMARK
68 Stainzer Flascherlzug   148

SCHWEIZ
BASEL
69 Waldenburgerbahn   150

ST. GALLEN, AUSSER RHODEN, INNER RHODEN
70 Die Appenzeller Bahnen   152

BERN, SOLOTHURN, AARGAU
71 Der Verein 241 A 65   154

URI, TESSIN
72 Stiftung SBB Historic   156

AARGAU, LUZERN
73 Seetalbahn   158

SCHWYZ, LUZERN
74 Die Rigibahnen   160

OBWALDEN, NIDWALDEN
75 Pilatusbahn   162

LUZERN, NIDWALDEN
76 Brünigbahn   164

BERN
77 Brienz-Rothorn-Bahn   166

BERN, WALLIS
78 Die Jungfraubahnen   168

WALLIS, BERN
79 Montreux-Berner Oberland-Bahn 170

WAADT
80 Bahnen um Bex und Aigle   172

GRAUBÜNDEN
81 Arosabahn   174
82 Albulabahn   176
83 Bernina-Bahn   178

GRAUBÜNDEN, URI, WALLIS
84 Matterhorn Gotthard Bahn   180

ITALIEN
SÜDTIROL
85 Bahn nach Meran und Mals   182
86 Rittnerbahn   184
87 Mendelbahn   186
88 Eisenbahn Trento–Malè   188

Glossar   190
Impressum   191

Kleine Geschichte der Bahn

Früher alltäglich, heute etwas Besonderes: Einsatz einer Dampflok, hier eine Maschine des Lausitzer Dampflokclubs.

Die Vorteile spurgeführter Fahrzeuge kannte man wahrscheinlich schon im alten Israel. Jedenfalls soll König Salomos Prunkwagen »Harakevet« in Rillen gelaufen sein. Auf Neuhebräisch heißt Eisenbahn denn auch »Harakevet«. Im Mittelalter und der frühen Neuzeit entstanden hölzerne Schienen in Bergwerken. Eiserne Schienen und Räder, Erfindungen des 18. Jahrhunderts, erleichterten den Transport erheblich. Als dann James Watt die schon in der griechischen Antike bekannte Dampfmaschine alltagstauglich machte, war es nur eine Frage der Zeit, wann ein Exemplar auf Räder gestellt würde. Der Erfinder der Dampflok heißt Richard Trevithick. 1804 fuhr sein Erstlingswerk. Die frühen Maschinen scheiterten aber an den schlechten Schienen jener Tage. Gusseiserne Schienen waren einfach nicht tragfähig genug. Das erkannte George Stephenson. »Rad und Schiene gehören zusammen wie Mann und Weib«, erklärte er und nutzte seine Chance, als gewalztes Eisen auf den Markt kam. 1825 fuhr zwischen Stockton und Darlington in England die erste Eisenbahn der Welt.

Auf dem Kontinent war man zwar nicht ganz so schnell, aber keineswegs der Zeit hinterher. 1816 stellte die Königliche Eisengießerei in Berlin eine Dampflok her. Ob sie fahrfähig war, darüber streiten bis heute die Gelehrten. Wegen eines Missverständnisses konnte sie ohnehin nicht eingesetzt werden. Die Schienen beim Auftraggeber hatten eine andere Spurweite als die Lokomotivräder. Etwa zeitgleich regten weitblickende Männer wie Friedrich Harkort und Joseph Ritter von Baader den Bau »eiserner Kunststraßen« an, wie man damals sagte. Friedrich List entwarf etwas später sogar ein Eisenbahnnetz für ganz Deutschland. Den Frevel, die Grenzen der diversen Königreiche, Fürsten- und Herzogtümer zu ignorieren, musste er bitter büßen. Die Herrscher, aber auch die Bürger ignorierten ihrerseits List. Verbittert beging er 1846 Selbstmord.

Zu dem Zeitpunkt gab es schon ein kleines Eisenbahnnetz in Deutschland. Angefangen hatte alles am 7. Dezember 1835, als sich ein Dampfzug von Nürnberg nach Fürth in Bewegung setzte. Dessen Lokomotive »Adler« kam noch aus den Stephenson'schen Werkstätten in Newcastle. Doch schon auf der ersten deutschen Fernbahn, der bis 1839 in Betrieb genommenen Linie Leipzig–Dresden, fuhr eine deutsche Lok. »Saxonia« nannte Johann Andreas Schubert seine Schöpfung. Die Lok war gewissermaßen der Klon einer englischen. An US-amerikanischen Modellen nahm August Borsig Maß, als er 1841 eine eigene Entwicklung vorstellte. In seinem Berliner Werk hatte er Lokomotiven von Norris aus Philadelphia repariert und dabei deren Stärken und Schwächen kennen gelernt. Letztere merzte er aus. Bei einem spektakulären Lokomotivrennen zwischen Berlin und Jüterbog erwies die in aller Bescheidenheit »Borsig« getaufte Lok ihre Überlegenheit. Der Erfolg sprach sich herum und die Borsig-Werke waren bald deutscher Marktführer.

Langsam, aber sicher entstanden in den vierziger Jahren durchgehende Verbindungen. 1846 konnte man beispielsweise von Berlin nach Köln mit der Eisenbahn reisen. Hinter Köln führte der Schienenstrang sogar weiter nach Antwerpen. In Preußen bauten private Unternehmen die Linien. Anderswo engagierte sich der Staat. Bayern legte die Messlatte mit einer durchgehenden Bahn Lindau–Hof recht hoch. Allerdings musste die Regierung später wegen Geldmangels Privaten den Vortritt lassen. Vorsichtiger ging Württemberg vor, das voll auf Staatsbahnen setzte. Dritte durften nur unbedeutende Linien errichten. Kurios verlief die Entwicklung in Baden. Dessen Großherzog meinte, niemals würde ein hessischer, bayerischer oder gar württembergischer Wagen auf seinem Territorium fahren. Deswegen baute Baden keine Regel-, sondern eine Breitspurstrecke. Schon in den fünfziger Jahren mussten die Gleise umgenagelt werden.

Spätestens in den siebziger Jahren dampfte es in Deutschland allerorten. Jedoch wuchs in Berlin Konkurrenz für die Dampflokomotive heran. 1879 stellte Werner Siemens die erste elektrische Lok der Welt vor. Mit den anfangs vorhandenen Gleichstrommotoren ließen sich nur Lokalbahnen und Vorortstrecken betreiben. Als dann Friedrich Eichberg und Günter Winter den wechselstromtauglichen Reihenschlussmotor erfanden, setzte die Elektrifizierung der Hauptlinien ein. Als Erstes stand 1911 die Strecke Dessau – Bitterfeld in Anhalt unter Strom. Zu diesem Zeitpunkt spielte der von Rudolf Diesel erfundene Selbstzünder noch keine Rolle. Zwar war er leistungsfähig und robust, doch konnte er nicht unter Last anlaufen. Gerade bei der Bahn ist die größte Kraft aber beim Losbrechen des Zuges vonnöten. Zwei Lösungen des Dilemmas zeichneten sich indessen ab. Zum einen verbanden Ingenieure den Dieselmotor mit einem

Welch erhabener Anblick: Das Dampfross der Eisenbahnfreunde Zollernbahn verlässt das Depot.

EINLEITUNG

Planmäßigen Dampfbetrieb erlebt man noch auf Schmalspurstrecken, beispielsweise im Harz.

Generator, der elektrische Fahrmotoren mit Strom versorgte. Zum anderen hatte Hermann Föttinger ein Strömungsgetriebe entwickelt, das die Kraft des Traktionsdiesels lokomotivverträglich umzuwandeln versprach. Neben deutschen Entwicklern erwarben sich sowjetrussische wie Juri Wladimirowitsch Lomonossow in den zwanziger Jahren große Verdienste um die Diesellokomotive.

In Deutschland waren 1920 die Bahnen der einzelnen Länder in der Reichsbahn aufgegangen. Diese machte sich daran, den Fahrzeugpark zu vereinheitlichen. Lokomotiven wie die Baureihen 01 und 44 schrieben ein Stück Bahngeschichte, obwohl sie technisch keineswegs zur Spitzenklasse zählten. Sie fuhren aber, ohne zu murren. Das unterschied sie von Meisterwerken der Ingenieurkunst, die beispielsweise zur Jahrhundertwende in Bayern entstanden; Maschinen wie die S 3/6 rollten recht häufig in die Werkstätten. Auch die ersten Dieseltriebwagen waren noch etwas anfällig. Doch schon in den dreißiger Jahren ließen die »Fliegenden Züge« einen Blick in die Zukunft zu. Die Reisezeit des »Fliegenden Hamburgers« zwischen Berlin und Hamburg wurde erst kürzlich unterboten.

Zwei Staaten, zwei Bahnen. So schaute es nach 1945 aus. In der Bundesrepublik ging der Wiederaufbau zügig vonstatten. Die Bundesbahn modernisierte den Lok- und Wagenpark. Der elegante Luxus-Dieselzug VT 11.5 für den TEE-Verkehr erregte in den fünfziger Jahren Aufsehen, die 200 km/h schnelle Elektrolok E 03 in den Sechzigern. Zugleich aber schrumpfte das Netz dramatisch. Gegen den zunehmenden Automobilverkehr hatten viele Nebenbahnen keine Chance. Auch die Dampflok musste der Moderne Tribut zollen. 1977 gewöhnte die Bundes-

Einen der ältesten Dieseltriebwagen in Deutschland setzt die Buxtehude-Harsefelder Eisenbahn ein.

bahn ihren Lokomotiven endgültig das Rauchen ab. Jenseits der Demarkationslinie qualmte es da noch mächtig. Zwar zeigten die Ingenieure der DDR mit Lokomotiven wie der Diesellok V 180 oder der Elektrolok 243, dass sie durchaus hochwertige Fahrzeuge zu bauen imstande waren. Was aber nützte dies angesichts eines verrotteten politischen Systems? Wenn ein Apparatschik erklärte, 2000 PS seien 2000 PS, ob mit vier oder sechs Achsen sei unwichtig? Erst nach dem Zusammenbruch der DDR hätte die Reichsbahn ihre Leistungsfähigkeit unter Beweis stellen können. Da aber war Schienenverkehr immer weniger gefragt. Heute kündet vor allem die in Ost- und Westdeutschland gleichermaßen heimische 243, jetzt 143 genannt, vom Ruhm der Reichsbahn, 1989 die Transportleistung der Bundesbahn nur geringfügig unterboten zu haben.

1994 gingen Reichs- und Bundesbahn in der Deutschen Bahn auf. Diese nennt sich stolz »Aktiengesellschaft«. Sämtliche Aktien gehören jedoch dem Staat, weshalb man ohne weiteres von einer Staatsbahn sprechen kann. Das Unternehmen setzt vornehmlich auf Hochgeschwindigkeitsverkehr mit dem InterCityExpress, kurz ICE. Ordentlich Geld verdient es aber nur mit dem Logistiker Stinnes und im Nahverkehr. Diesen organisieren seit 1996 die Länder und bezahlen für die Leistungen. Sowohl die Nahverkehrstochter der DB als auch kleinere Bahnen, die Ausschreibungen verschiedener Strecken gewannen, fuhren gut mit diesem Teil der Bahnreform. Im Güterverkehr erreicht die Bahn heute nicht einmal zwei Drittel der Transportleistung von Bundes- und Reichsbahn anno 1989. Die zur Jahrtausendwende beschafften, hochmodernen Lokomotiven bekommen immer weniger zu schleppen.

Wichtige Abkürzungen

Aw	Ausbesserungswerk
Bf	Bahnhof (Deutsche Bahn); Betriebshof (Straßenbahnbetreiber)
Bh	Betriebshof bei der Deutschen Bahn
Bw	Bahnbetriebswerk
cbm	Kubikmeter
DB	Deutsche Bundesbahn (bis 1993); Deutsche Bahn (ab 1994)
DR	Deutsche Reichsbahn
FS	Italienische Staatsbahn
ha	Hektar
Hz	Hertz
km/h	Kilometer pro Stunde
kW	Kilowatt
m	Meter
mm	Millimeter
qm	Quadratmeter
ÖBB	Österreichische Bundesbahnen
Raw	Reichsbahn-Ausbesserungswerk
SBB	Schweizerische Bundesbahnen
t	Tonnen

Dass auch dieselbespannte Sonderzüge nostalgisches Ambiente ausstrahlen können, beweist die Brohltalbahn.

Hoch im Norden
Bahn zum Schönberger Strand

Adresse
**Museumsbahnen
Schönberger Strand**
Am Schierbek 1
24217 Schönberger Strand
Tel. 0 43 44/23 23
www.vvm
-museumsbahn.de
info@vvm
-musemsbahn.de

Streckenverlauf

Strecke	Länge in km
🟥 Kiel → Oppendorf	8,8
🟩 Oppendorf → Probsteierhagen	7,0
🟩 Probsteierhagen → Schönberg	6,1
🟩 Schönberg → Stakendorf	1,5
🟥 Stakendorf → Schönberger Strand	2,4

Betriebszeiten
Saisonauftakt:
Der regelmäßige Fahrbe-
trieb beginnt Ende Mai. Im
Juni verkehren die Züge nur
zwischen Schönberg und
Schönberger Strand. Bis
Anfang September gibt es
dann auch Fahrten ab Kiel
Hauptbahnhof. Im Kurs-
buch der Deutschen Bahn
steht die Museumsbahn
unter der Nummer 12131.
Saisonende:
Mitte September findet die
Abschlussfahrt statt. Vor
und nach der Saison lädt
die Museumsbahn zu ein-
zelnen Sonderfahrten ein,
z. B. zu Nikolausfahrten.

Geschichte

In den letzten Jahren des 19. Jahrhunderts entstanden in Preußen zahlreiche Kleinbahnen zur Erschließung des platten Landes. Einen nennenswerten Personenverkehr sahen sie zwar selten. Ende
des 19. Jh. fand aber die Versorgung mit Gütern
noch weitgehend auf der Schiene statt. Dies sicherte nicht nur zahlreichen Kleinbahnen die Existenz,
sondern machte sich auch im Großen bemerkbar.
Die preußischen Staatsbahnen waren der Geld-
bringer für den Staat und sie erzielten ihre Gewinne
vor allem im Güterverkehr. Heute unvorstellbar, vor
100 Jahren Realität: Der Finanzminister klagte, zu
hohe Gewinne der Staatsbahnen würden seinen
Haushalt unkalkulierbar machen …

In Anbetracht dessen lag es nahe, dass auch
Private sich um die Errichtung von Bahnstrecken
bemühten. Zu den wichtigsten zählte das Stettiner
Unternehmen Lenz. Am 6. Juli 1897 nahm es die
Kleinbahn Kiel–Schönberg in Betrieb. Neben Fracht
brachte sie auch Urlauber an den Strand. Dass sie
am 17. Juni 1914 sogar dahin verlängert wurde,
hatte aber einen anderen Grund: Das Militär war
dort präsent und das gewiss nicht mit einem Ferienheim. Am 31. Mai 1975 fuhr der letzte Zug zwischen
Kiel und Schönberger Strand. Im Folgejahr begann
der Museumsbetrieb.

Technik

Star der Schiene ist die 1920 von Henschel gebaute Dampflok mit der Nummer 3. Sie gehört seit 1975 dem Verein Verkehrsamateure und Museumseisenbahn und hat drei angetriebene Achsen. Ihre ersten Einsätze absolvierte sie im Kaliwerk Wussow bei Lüchen. Von 1926 an diente sie 40 Jahre lang dem Kaliwerk in Ronneberg. Liebevoll restauriert, gehört sie heute zu den besonderen Schmuckstücken der Schönberger Bahn. Doch auch die modernere Traktion ist gut vertreten. Der Dieseltriebwagen T 24 stammt von 1925, der VT 509 von 1936. Kieler Herkunft ist die Diesellok Nummer 5, die einstmals bei der Hafenbahn Kiel beschäftigt war. Da die Bahn regelspurig ist, kommen gelegentlich Gastfahrzeuge nach Schönberg.

Strecke

Die Museumsbahn führt durch die typische, reizvolle Landschaft des hohen Nordens. Stolze Berge erblickt man zwar nicht. Das Auf und Ab kleinerer Erhebungen, die sachten Wellenlinien erfreuen das Auge aber ungemein. Die malerischen Ortschaften laden zu näherer Besichtigung ein. Leider sind die Entfernungen recht groß, weshalb ein Fußmarsch nur geübten Wanderern empfohlen werden kann. Ein besonderes Erlebnis bietet der kombinierte Bahn-Schiff-Ausflug. An der Seebrücke von Schönberger Strand legt das Motorschiff »Heikendorf« an. Morgens kommt es aus Kiel, abends fährt es in die Landeshauptstadt. An Tagen mit durchgehendem Zugbetrieb zwischen Kiel und Schönberger Strand sind somit Rundfahrten möglich.

Eisenbahnmuseum

Am Endpunkt der Strecke hat der VVM ein Straßenbahnmuseum eingerichtet. Ehemalige Hamburger Wagen sind ebenso zu sehen wie Fahrzeuge aus anderen europäischen Städten. Auf einem Rundkurs verkehren Züge verschiedener Spurweite. »Bitte einsteigen und festhalten, besonders in Kurven«, empfiehlt der Verein.

! Wussten Sie, dass …

… die Kiel-Schönberger Eisenbahn zuletzt von den Verkehrsbetrieben des Kreises Plön betrieben wurde? Damit gehörte sie zu den so genannten nichtbundeseigenen Eisenbahnen, war also keine Staatsbahn im klassischen Sinne. Dem Staat, vertreten durch den Kreis, gehörte sie aber trotzdem.

… der VVM die Strecke inzwischen von den Verkehrsbetrieben des Kreises Plön gekauft hat?

Sehenswürdigkeiten

Seebrücke
Seit 2001 verfügt Schönberg wieder über eine Seebrücke. Sie ragt wie die erste, 1912 gebaute und 1914 von der Armee gesprengte 250 m tief in die Ostsee hinein. Gewissermaßen verlängert sie die Strandpromenade. Zur Einweihung des neuen Bauwerkes kamen nicht weniger als 20 000 Besucher. Deren Blicke wanderten nicht nur über das Meer, was ja auch vom Strand aus möglich ist, sondern vor allem auf die liebreizende Gemeinde am Ufer.

Heimatmuseum
Das Probsteier Heimatmuseum informiert über die Geschichte der Gegend. Allein schon der reetgedeckte Bau lohnt den Besuch. Ostseestraße 8, 24217 Schönberg; Tel. o 43 44/31 74; 15. Mai–30. Sept. Di, Mi Fr–So 14–17, Do 10–12, 14–17 Uhr, 1. bis 24. Okt. Di, Do, So 14–17; Sonderöffnungen zu Veranstaltungen in Schönberg

Einkehrmöglichkeit

Ruser's Hotel
Preiswert und gut speist man im Ortszentrum. Die Preise bewegen sich im unteren Bereich. Wer in Schönberg nächtigen will, dem seien neben dem Hotel dessen Zimmer im Gästehaus im etwa 100 m entfernt gelegenen Wohngebiet empfohlen. Albert-Koch-Str. 4, 24217 Schönberg; Tel. o 43 44/20 13

Seebrücke Schönberg

Mit einer PS
Museumsbahn auf Spiekeroog

Adresse

Nordseebad Spiekeroog
Postfach 1160
26466 Spiekeroog
Tel. 0 49 76/9 19 31 01
Fax 0 49 76/9 19 32 13
www.spiekeroog.de
info@spiekeroog.de

Streckenverlauf

Strecke	Länge in km
■ Inselbahnhof → Sturmeck	1,6

Betriebszeiten

Saisonauftakt:
Am 15. Juni beginnt der Pferdebahnbetrieb auf der Nordseeinsel. Die Züge verkehren von Dienstag bis Sonntag. Montags genießen Pferd und Kutscher ihren Ruhetag. Über die aktuellen Fahrzeiten erteilt die Touristeninformation Auskunft. Ab Windstärke 7 muss der Verkehr aus Gründen der Sicherheit ruhen.
Saisonende:
Ende September rollt der Wagen der Spiekerooger Museumspferdebahn in den Schuppen und trabt das Pferd in den Stall.
Fährverkehr:
Der Fährverkehr nach Neuharlingersiel ist tideabhängig. Jeden Tag fahren die Schiffe zu anderen Zeiten. Diese nennt die Tourismusverwaltung oder das Bahn-Kursbuch in der Tabelle 10006.

Geschichte

Die Spiekerooger Pferdebahn nahm am 9. Juli 1885 den Betrieb auf. Die meterspurige Strecke führte zum ehemaligen Herrenbadestrand. Anreisende Damen mussten bereits zuvor aussteigen, denn zwischen Herren- und Damenbadestrand bestand damals eine rund 1,5 km breite Pufferzone. Sicher ist also sicher. Erst 1912 gelang es, einen Familienbadestrand zu etablieren. Bis dahin konnten sich die Badegäste nur im Restaurant »Givdbude« gemeinsam vergnügen. Der Name deutet übrigens keineswegs darauf hin, dass dort die Kunden gastronomisch vergiftet wurden. Vielmehr bedeutet »Givd« Geschenk, ist beispielsweise mit dem englischen »gift« verwandt.

1980 endete der Bahnbetrieb auf der Nordseeinsel. Damit war Hans Roll aber überhaupt nicht einverstanden. Zwar lebte er fernab in der schönen badischen Stadt Pforzheim. Dennoch ergriff er die Initiative und organisierte einen geeigneten Wagen. Bereits im auf die Stilllegung folgenden Jahr eröffnete er den historischen Betrieb auf der traditionsreichen Strecke. Heute betreibt der Spiekerooger Museumsverein die Bahn. Reentje Lottmann hält die Zügel fest in der Hand. Auf einen Lokomotivführer kann die Pferdebahn natürlich ebenso verzichten wie auf einen Zugführer.

Technik

Die Reisenden nehmen in einem zweiachsigen Wagen Platz, der zuvor in einem Stuttgarter Museum stand. Er stammt aus dem Jahr 1887 und ist ein Spiekerooger Original. Seine Bauart erinnert an die so genannten Sommerwagen der Pferdebahnen des 19. Jh. Ähnlich gestaltete Wagen gab es auch bei einigen elektrischen Straßenbahnen. Die Seitenwände sind offen. Lediglich vorn und hinten verhindern etwa meterhohe Bleche, dass die Fahrgäste Spritzwasser oder Ähnliches abbekommen. Hinter den Stirnblechen nimmt der Fahrer seinen Platz ein. Das auf schmalen Stangen ruhende Dach hält die Sonnenstrahlen von den Reisenden fern. Der Wagen ist als Zweirichtungswagen ausgeführt. An den Endpunkten der Strecke umgeht ihn das Zugpferd. Unterwegs schreitet es gemächlich auf einem entlang des Gleiskörpers verlaufenden Weg. Ein doppeladriges Zugseil verbindet das Pferdegeschirr mit dem Wagen. Die Steuerung erfolgt konventionell mit dem Zügel.

Strecke

Die Insellandschaft ist karg, aber nur scheinbar eintönig. Es lohnt sich, die teilweise recht spärlich bewachsenen Flächen genauer zu betrachten, denn sie weisen eine überraschend vielfältige Vegetation auf. Auch Vogelgezwitscher, Meeresrauschen und andere Klänge kann man unverfälscht vernehmen. Niemand läuft bei seinen Forschungen Gefahr, mit einem Auto in zu engen Kontakt zu kommen, denn Spiekeroog ist ein autofreies Paradies. Wer mit der Blechkutsche anreist, muss sie in Neuharlingersiel stehen lassen. Mit der Fähre geht es dann über das Meer.

Dass Spiekeroog ein Teil des Nationalparks Niedersächsisches und Deutsches Wattenmeer ist, erscheint da schon fast selbstverständlich. Für die Besucher bedeutet dies natürlich auch eine gewisse Verpflichtung. Der Schutz der Natur genießt höchste Priorität. Für echte Eisenbahnfreunde ist das ohnehin Ehrensache.

Sehenswürdigkeiten

Trockendock
Gewöhnlich gehört ein Trockendock zu einer Werft. Im Trockenen können dort Schiffe repariert werden. Auf Spiekeroog gibt es unweit des Kurparks ein anderes Trockendock, ein Kinderspielhaus mit Seminarraum, Schulungsküche, Werkräumen und Computerraum. Die Eltern dürfen mitwirken. Im Trockendock können sie ihre Kleinen nicht einfach abstellen, sondern müssen selbst mit ihnen spielen. Eine offizielle Betreuung gibt es nicht. Noorderpad 25 A, 26466 Spiekeroog; Tel. o 49 76/9 19 31 66; saisonabhängige Öffnungszeiten

Alte Inselkirche
Zwischen Noorderloog und Süderloog steht die älteste Kirche der Ostfriesischen Inseln, die Alte Inselkirche. Das lutherische Gotteshaus von 1696 beherbergt einen außergewöhnlichen Schatz. Die Pietà soll aus einem 1588 vor Spiekeroog gestrandeten Schiff der spanischen Armada stammen. Kurverwaltung, Noorderpad 25, 26474 Spiekeroog; Tel. o 49 76/9 19 31 12

Einkehrmöglichkeit

Der Bahnhof
Direkt neben der Pferdebahnstation befindet sich eine empfehlenswerte Pizzeria mit Bistro und Café. Zu günstigen Preisen bietet sie eine große Auswahl an Speisen und Getränken. Westerloog 17, 26474 Spiekeroog; Tel. o 49 76/14 15

⚠ Wussten Sie, dass …

… Spiekeroog bis 1945 den weltweit einzigen Flughafen besaß, an dem die Passagiere in eine Pferdebahn umsteigen mussten?

… Spiekeroog über die in Neuharlingersiel auslaufende Fähre mit dem Festland verbunden ist? Von DB-Bahnhof Esens erreichen Sie Neuharlingersiel mit dem Bus. Autofahrer nutzen die B 461 nach Neuharlingersiel.

Inselidylle auf Spiekeroog

Deichdurchfahrt
Die Inselbahn Wangerooge

Adresse
DB AutoZug
Schifffahrt und Inselbahn
Wangerooge
Hafen Harlesiel
26409 Wittmund
Tel. 0 44 64/94 94 11
Fax 0 44 64/94 94 40

Streckenverlauf

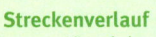

Strecke	Länge in km
■ Bahnhof › Westanleger	3,4

Betriebszeiten
Die Inselbahn Wangerooge fährt das ganze Jahr über. Ihr Fahrplan orientiert sich an den tideabhängigen An- und Ablegezeiten der Schiffe aus Harle. Im Kursbuch der Deutschen Bahn sind Inselschifffahrt und -bahn in der Tabelle 10007 zu finden. Mit kurzfristigen, wetterbedingten Änderungen müssen Besucher jederzeit rechnen.

Geschichte
Die ersten Schienen auf Wangerooge verlegte die Marine. Bei Bauarbeiten zur Uferbefestigung, 1874, erfolgte der Materialtransport per Bahn. 1897 dann nahmen die Oldenburgischen Staatsbahnen die Inselbahn in Betrieb. Im ersten Jahr fuhr sie nur während der Sommersaison, da die Anlagen am Schiffsanleger schon im September demontiert werden mussten. Ab 1898 durfte die Inselbahn dann zum ganzjährig aktiven Marineanleger fahren, wobei die Zivilisten selbstverständlich einen eigenen Anleger erhielten. 1906 ging der neue Bahnhof am Anleger in Betrieb. Er erhielt ein prächtiges Empfangsgebäude und eine zweigleisige Bahnsteighalle, die 1945 zerstört wurde. Die Bundesbahn stellte bis 1957 den Betrieb von Dampf auf Diesel um. Ihre Nachfolgerin, die Deutsche Bahn, zeichnet bis heute für die Inselbahn verantwortlich, die letzte des Konzerns.

Technik
Die Wangerooger Inselbahn ist recht kurz, weshalb die Deutsche Bahn auf ihrer letzten verbliebenen Inselbahn keinen großen Fahrzeugpark unterhalten muss. Den Planbetrieb bewältigen Diesellokomotiven der Baureihe 399. Zwei dreiachsige Maschinen stammen aus Rumänien. Der Motor treibt die erste Achse an. Stangen übertragen die Kraft auf die bei-

den anderen Achsen. Die beiden Schöma-Lokomotiven begnügen sich mit zwei Achsen. Gelenkwellen übertragen die Kraft vom Getriebe zu den Achsen. Mit 166 kW Motorleistung sind sie die stärksten Inselbahn-Lokomotiven aller Zeiten. Am Zughaken hängen zweiachsige, an Lokalbahnwagen der Länderbahnen erinnernde Personenwagen mit offenen Plattformen. Sie entstanden zwischen 1991 und 1993 im Perleberger Teil des Raw Wittenberge. Bei einer Überholung erhielten sie ab 1998 Druckluftbremsen. Der Güterverkehr erfolgt vornehmlich auf Flachwagen, die Container transportieren

Strecke
Der prächtige Bahnhof am Anleger lässt sich von verschiedenen Punkten aus bestens porträtieren. Zu den Fotopunkten, die nicht jede Bahnlinie bietet, gehört zweifelsfrei die Deichdurchfahrt am Ortseingang. Jenseits des Deiches lassen sich, abhängig von der Tide, stimmungsvolle Aufnahmen mit mehr oder minder großen Wasserlöchern anfertigen. Doch auch Besuche an der Laderampe des Anlegers lohnen sich, nicht nur für Fotografen.

Eisenbahnmuseum
Über ein eigenes Inselbahnmuseum verfügt Wangerooge leider nicht. Die schon wegen der klimatischen Widrigkeiten interessante Geschichte der Bahn hätte es eigentlich verdient. Zahlreiche Fahrzeuge der Wangerooger Inselbahn überdauerten aber die Zeiten. Die Museumseisenbahn Bruchhausen-Vilsen–Asendorf (→ Seite 20) erwarb den Dieseltriebwagen 699 101 sowie einige Personenwagen. Zwei Personenwagen gelangten zur Märkischen Museumseisenbahn in Plettenberg. Je einen Personen- und Gepäckwagen übernahm die Brohltalbahn (→ Seite 76). Teile eines Personenwagens wurden für ein Schaustück besonderer Art verwendet. 1995 baute ihn das Werk Wittenberge der Deutschen Bahn zum Muster für einen neuen Schmalspurwagen um. Bestellungen blieben aber aus und das so genannte »Mock-up« verschwand spurlos.

Wussten Sie, dass ...

… die Wangerooger Inselbahn bei der Deutschen Bahn zum Geschäftsbereich Reise & Touristik gehört? Dies ist der für den Fernreiseverkehr zuständige Unternehmenszweig, der auch die ICE auf die Strecke schickt. DB AutoZug zählt zu den Töchtern von DB Reise & Touristik.

… die Inselbahn über ein Anschlussgleis verfügt? Es besteht seit 1988 und dient der Müllabfuhr von der Insel.

Sehenswürdigkeiten
Rosenhaus
Ausstellungen und Veranstaltungen rund um den Nationalpark Wattenmeer präsentiert das »Rosenhaus«. Die Aktivitäten richten sich an Besucher jeden Alters. Das »Rosenhaus« ist Bildungs- und Informationseinrichtung zugleich. Friedrich-August-Str. 18, 26486 Wangerooge; Tel. 0 44 69/83 97; Kernöffnungszeiten: Di–Fr 10–13, 14–17, Sa, So 14–17 Uhr

Denkmalfahrzeuge
Als letzte Dampflok fuhr die 99 211 auf der Inselbahn. Die 1929 bei Henschel gebaute Maschine steht am Fuß des alten Leuchtturms. In Carolinensiel macht der Personenwagen 109, Baujahr 1913, nicht nur auf die Inselbahn, sondern auch auf die 1989 stillgelegte Tidebahn Jever–Carolinensiel aufmerksam. Die Fahrzeiten auf der regelspurigen Strecke richteten sich, wie der Name sagt, nach den Gezeiten und damit den Fahrzeiten der Wangerooger Fährschiffe.

Einkehrmöglichkeit
Hanken
Ein helles, freundliches Restaurant hat das Hotel Hanken eingerichtet. Am besten nimmt man im Wintergartenvorbau Platz. Die Küche ist gepflegt, die Preise liegen im unteren Bereich des mittleren Segmentes. Zedeliusstr. 38, 26486 Wangerooge; Tel. 0 44 69/87 70; geschl. Nov.–Feb.

Rosenhaus

Hinterster Norden
Die Küstenbahn Ostfriesland

Adresse
Museumseisenbahn
»Küstenbahn Ostfriesland«
Postfach 10 02 46
26492 Norden
Tel. 0 49 31/16 90 30
Fax 0 49 30/16 90 65
www.mkoev.de
info@mkoev.de

Streckenverlauf

Strecke	Länge in km
■ Norden → Hage	5,8
■ Hage → Westerende	5,6
■ Westerende → Dornum	5,1

Betriebszeiten
Saisonauftakt:
Die Küstenbahn Ostfriesland fährt ab Anfang Juni jeweils am Sonntag. Hinzu kommen weitere Betriebstage zu ausgewählten Terminen.
Saisonende:
Mit dem Oktober läuft auch die Fahrsaison der Küstenbahn Ostfriesland aus. Vor und nach der Saison gibt es einzelne Betriebstage. Die genauen Fahrzeiten stehen im Kursbuch der Deutschen Bahn in der Tabelle 12399.

Geschichte
In den hintersten Winkeln eines Landes hat es die Eisenbahn immer schwer. Wenn sie dann noch sehr dünn besiedelt sind, fallen die Verkehrsbedürfnisse der Bewohner und der Wirtschaft gering aus. Auch Güterverkehr rechnet sich mehr schlecht als recht. Trotzdem entstand im Laufe der Jahre ein ansehnliches Schienennetz, das Ostfriesland recht gut erschloss. Im Nordwesten Preußens verband eine Hauptstrecke Leer mit Emden und Norddeich sowie eine Nebenlinie Norden mit Esens und Wittmund. Neben den Staatsbahnen waren kommunale Betriebe aktiv, allen voran die Kreisbahn Aurich mit einem gewaltigen Meterspurnetz.

Die heutige Museumsbahn zwischen Norden und Dornum gehört zur Küstenbahn, die einstmals weiter bis Sande bei Wilhelmshaven verlief. Heute fahren nur zwischen Sande und Esens Planzüge der Nordwestbahn.

Technik
Der Küstenbahn Ostfriesland gelang es, drei Diesellokomotiven für den Fahrbetrieb zu beschaffen und zu unterhalten. »Helga« heißt eine Kleinlokomotive der Bauart Köf. Köf bedeutet Kleinlok mit Ölfeuerung und Strömungsgetriebe. Die Köf der Küstenbahn trug bei der Bundesbahn die Nummer 6152.

1953 entstand sie bei Gmeinder. Ein Jahr jünger ist eine Industriebahnlok des Herstellers Deutz. Die Maschine vom Typ KS 230 B diente einst dem britischen Royal Corps of Transportation in Deutschland. Bei der Küstenbahn trägt sie den Namen »Dornum«. Dritte im Bunde ist die Lok »Norden«. Auch sie entstand bei Deutz, gehört aber zum Typ KS 200 B. 1959 erbaut, arbeitete sie bei der Bundeswehr, ehe ihr die Museumsehre zuteil wurde. Alle drei schleppen einen bunten Wagenpark, der so recht an vergangene Kleinbahnzeiten erinnert. Den Mittelpunkt des Zuges bildet der Büffetwagen, in dem die Küstenbahner Erfrischungsgetränke, Süßigkeiten, Knabberartikel und natürlich Andenken anbieten.

Strecke

Hinter der Stadt Norden folgt die Küstenbahn ein kurzes Stück der Strecke nach Norddeich. Dann zweigt sie nach Osten ab und strebt recht geradlinig Dornum zu. Der Schienenstrang führt durch die klassische Marschlandschaft der Nordseeküste. Bei jedem Atemzug spürt man, dass das Meer nicht weit ist. Die salzhaltige Luft fördert natürlich nicht gerade die Vegetation. Dennoch entdeckt das Auge stets Neues, bleibt an diesem oder jenem hängen. Hage gehört zu den alteingesessenen Marktgemeinden. Leider endet die Strecke in Dornum und führt nicht durch das Harlinger Land bis nach Esens weiter. Die 17 km zum Endpunkt der heute von der Nordwestbahn betriebenen Strecke nach Sande kann in dem flachen Land aber mühelos auf dem Fahrrad zurückgelegt werden. Im Gepäckabteil des Umbauwagens oder in einem gedeckten Güterwagen – längst auch ein Klassiker auf deutschen Schienen – gelangt das Zweirad sicher an das Etappenziel Dornum.

Eisenbahnmuseum

Im Norder Lokschuppen richteten die Küstenbahner ein kleines Museum ein, in dem sie kurz die Strecke und ihre Geschichte vorstellen. Zwischen Ende Juni und Ende August öffnet es jeden Samstag seine Pforten.

! Wussten Sie, dass ...

… bis zur Gründung des Landes Niedersachsen zwischen Wittmund und Jever die preußisch-oldenburgische Staatsgrenze verlief? Die verlängerte Küstenbahn war somit ein Gemeinschaftswerk zweier Staatsbahnen.

… zahlreiche Gemeinden Ostfrieslands zweisprachig sind? Neben Deutsch wird dort amtlich wie privat auch Plattdeutsch geschnackt.

Sehenswürdigkeiten

Arp-Schnitger-Orgel
Arp Schnitger (1648–1719) gehört zu den großen Meistern der Orgelbaukunst. Zwischen 1686 und 1692 baute er die Orgel der Norder Ludgerikirche am Marktplatz der Stadt. Das Instrument hat 46 Register. Die größte Orgel Ostfrieslands ist in der größten, mittelalterlichen Kirche des Landstriches untergebracht. Zwischen 1233 und 1250 entstand das Langhaus, Anfang des 14. Jh. das Querschiff und Mitte des 15. Jh. der Hochchor. Der frei stehende Glockenturm datiert aus dem 13. Jh. Neben der Orgel sind die Fresken, der Taufstein, Hochaltar und die Kanzel sowie die Kronleuchter sehenswert. Marktplatz, 26506 Norden; Mo, Sa 10–12.30, Di–Fr 10–12.30, 15–17 Uhr; im Sommer auch Sa 15–17 Uhr

Synagoge
Die ehemalige Synagoge in Dornum steht freitags bis sonntags von 15–18 Uhr zur Besichtigung offen.
Tel. 0 49 33/3 42; Anmeldung erforderlich

Einkehrmöglichkeit

Deutsches Haus
Im verkehrsberuhigten Bereich im Ortszentrum von Norden empfängt das gut bürgerliche Hotel und Restaurant seine Gäste. Ein durch und durch solide geführtes Haus.
Neuer Weg 26, 26506 Norden;
Tel. 0 49 31/18 91 30

Arp-Schnitger-Orgel

WUMAG-Fahrten
Buxtehude–Harsefeld

Adresse
Buxtehude-Harsefelder
Eisenbahnfreunde
Postfach 11 41
21694 Harsefeld
Tel. 0 41 64/42 81
Fax 0 41 64/8 83 96
www.harsefeld.de
bhef@gmx.de

Streckenverlauf

Strecke	Länge in km
■ Buxtehude ›	
Apensen	6,7
■ Apensen →	
Ruschwedel	3,7
■ Ruschwedel →	
Harsefeld	4,3

Betriebszeiten
Der Betrieb auf der
Buxtehude-Harsefelder
Eisenbahn findet an ausge-
wählten Tagen im Jahr statt.

Geschichte

1979 schlossen sich südlich des Alten Landes Eisenbahnfreunde zusammen, um einen alten Triebwagen der Buxtehude-Harsefelder Eisenbahn (BHE) zu restaurieren. Bereits im Folgejahr konnten sie den Museumsbetrieb aufnehmen. Anfangs führten die Fahrten über das Streckennetz der Bundesbahn. Der Dieseltriebwagen kam weit herum. Später beschränkten sich die Eisenbahnfreunde auf die Stammstrecke ihres Veteranen und setzten weitere Fahrzeuge der BHE instand. Auch gelang es ihnen, die alte Fahrzeughalle in Harsefeld zu restaurieren. Mit einer Bohr- und Schleifmaschine, einer Drehbank sowie reichlich Schmiedewerkzeug inklusive Amboss ausgerüstet, steht den Museumsbahnern eine vollwertige Kleinbahnwerkstatt zur Verfügung. Diese stellt mehr als nur Kleinbahn-Geschichte vor. Sie wirft auch einen Blick auf die Harsefelder Gewerbegeschichte. Schließlich fährt die Eisenbahn nicht um ihrer selbst willen, sondern um Menschen und Waren von Ort zu Ort zu bringen.

Technik

Gewaltig klingt das Kürzel »WUMAG« schon. Dahinter verbirgt sich niemand anderes als die Waggon- und Maschinenbau-Aktiengesellschaft in Görlitz, ein Traditionshersteller von Bahnmaterial, also. Er existite heute noch. In der DDR verstaatlicht, ging das Unternehmen nach der deutschen Vereinigung mit anderen Fahrzeugbauern an eine Investorengruppe. Diese verkaufte die Deutsche Waggonbau schließlich an den kanadischen Bombardier-Konzern. Der Triebwagen der Eisenbahnfreunde entstand 1926 und gehört damit zu den ältesten Dieseltriebwagen überhaupt. Bei der Reichsbahn fuhr er unter der Bezeichnung »Nürnberg 761«. Die Bundesbahn reihte ihn als VT 66 904 in ihren Bestand ein. 1956 erwarb ihn die BHE, die ihm die Nummer VT 175 gab. Die Nachfolgerin der BHE, die Eisenbahn und Verkehrsbetriebe Elbe-Weser, überlässt den Eisenbahnfreunden das mustergültig restaurierte Fahrzeug für Sonderfahrten. Mit dem Beiwagen von Talbot am Haken zeigt der VT 175, wie interessant musealer Dieselbetrieb sein kann. Zwei kleine Diesellokomotiven von Deutz ergänzen den Bestand. Die eine steht im Stader Technik- und Verkehrsmuseum, derweil die andere in Harsefeld ihrer Aufarbeitung harrt.

Strecke

Rund um Hamburg gibt es eine Reihe reizvoller Landstriche. Die Lüneburger Heide zählt ebenso dazu wie die Stormarn oder der Sachsenwald. Einen Spitzenplatz nimmt zweifellos das Alte Land südlich der Elbe ein. Das Wasser prägt das höchst fruchtbare und folglich bis heute landwirtschaftlich genutzte Land. Wer dort spazieren geht, glaubt nicht, sich im direkten Umkreis einer Großstadt aufzuhalten.

Am südlichen Rand des Alten Landes befindet sich die Stadt Buxtehude. Sie liegt an der Hauptbahn Hamburg–Stade, die heute als Nebenlinie weiter nach Cuxhaven führt. Die Nebenstrecke zweigt nach Südwesten ab. In Buxtehude endete sie einst am Bahnhof Buxtehude Süd. Heute ist der Schienenstrang an den Staatsbahnhof angeschlossen. Die Strecke führt recht geradlinig zum ersten Zwischenhalt, beschreibt dann einen weiten Rechtsbogen, um wiederum geradlinig dem Ziel entgegenzustreben.

! Wussten Sie, dass …

… aus dem Alten Land köstlich schmeckende Äpfel in den Handel kommen? Mit dem bekannteren Bodensee-Obst, das von der Natur mehr verwöhnt wird, können sie geschmacklich ohne weiteres mithalten. Zur Zeit der Apfelblüte hinterlässt ein Besuch des Alten Landes unvergessliche Eindrücke.

… Cuxhaven bis 1937 zu Hamburg und Altona zu Preußen gehörte? Damals tauschten beide einige Gebiete.

Sehenswürdigkeiten

Buxtehude-Museum

In Buxtehude soll die Geschichte von Hase und Igel gespielt haben. Das will jedenfalls die Legende so, und daher ist es nicht verkehrt, der Fabel einen eigenen Bereich im Buxtehude-Museum für Regionalgeschichte und Kunst zu widmen. Im Neubau, der das Haus mit der malerischen Fachwerkfassade ergänzt, findet sich zudem die Dauerausstellung »Sakrale Kunst – Geschichte und Restaurierung« mit dem »Sakralturm« im Mittelpunkt. Bei diesem handelt es sich um ein begehbares Gemälde von Michael Craig-Martin. Die anderen Objekte stellen die Entstehung sakraler Kunst vor, zeigen aber auch alle Änderungen auf, die diese im Laufe der Zeit erfahren hat. Eine weitere Ausstellung behandelt »Buxtehude in der Moderne«. Sonderausstellungen präsentieren zum Beispiel unterschiedliche Aspekte der Stadtgeschichte.
Stavenort 2, 21614 Buxtehude; Tel. 0 41 61/ 50 12 41; Di–Fr 14–17, Sa, So 11–17 Uhr

Einkehrmöglichkeit

C'era una Volta

Die Räume des italienischen Restaurants strahlen dank gelungener Farbgebung ein mediterranes Flair aus. Es macht Spaß, dort zu speisen.
Abtstr. 8, 21614 Buxtehude; Tel. 0 41 61/51 28 00; Anfang bis Mitte Jan. So geschl.

Buxtehude-Museum

19

Die Erste
Der Deutsche Eisenbahn-Verein

Adresse
Deutscher Eisenbahn-
Verein
Postfach 11 06
27300 Bruchhausen-Vilsen
Tel. 0 42 52/9 30 00
Fax 0 42 52/93 00 12
www.museumseisenbahn.de
info@museums
eisenbahn.de

Streckenverlauf

Strecke	Länge in km
■ Bruchhausen-Vilsen → Vilsen Ort	1
■ Vilsen Ort → Wiehe Kurpark	1
■ Wiehe Kurpark → Vilser Holz	1
■ Vilser Holz → Heiligenberg	1
■ Heiligenberg → Klosterheide	1
■ Klosterheide → Arbste	1
■ Arbste → Asendorf	2

Betriebszeiten
Saisonauftakt:
Der planmäßige Fahrbe-
trieb beginnt traditionell
am 1. Mai. Der Fahrplan er-
scheint im Kursbuch der
Deutschen Bahn in der
Tabelle 12383.
Saisonende:
Im Oktober und November,
nach dem Tag der deut-
schen Einheit, ruht der Ver-
kehr weitgehend. Im De-
zember finden aber wieder
Fahrten statt, nicht nur zu
Nikolaus und Weihnachten.
Das Museum steht an den
Betriebstagen zur Besich-
tigung offen.

Geschichte

Spieglein, Spieglein an der Wand, wer ist die
schönste im ganzen Land? Im Märchen mag die Ant-
wort leicht fallen. Unter den deutschen Museums-
eisenbahnen wird wohl nicht einmal ein Zauber-
spiegel eine Rangliste aufstellen können. Sicher ist
nur eines: Die Eisenbahn Bruchhausen-Vilsen–
Asendorf war die erste des Landes. In aller Bescheidenheit nannten die Initiatoren ihren Club denn
auch »Deutscher Eisenbahn-Verein« (DEV). Bereits
am 2. Juli 1966 schickte dieser seinen ersten Zug
auf die Strecke, die in kommunalem Besitz war.

Technik

»Franzburg«, »Graf von Hoya«, »Hermann« und
»Spreewald« heißen die beliebtesten Zugpferde
des DEV. Die Dampflok »Franzburg« hat bereits
zwei Jahrhundertwechsel überdauert. 1894 verließ
sie die Hallen des Stettiner Herstellers Vulcan und
gelangte zu den Franzburger Kreisbahnen in Pom-
mern. Die Deutsche Reichsbahn, seit 1949 Eigentümerin, verkaufte die Lok nach der Stilllegung der
Bahn in den Westen. Etwas jünger ist der »Graf von
Hoya«, der 1899 bei Hanomag entstand. Er gehörte
den Verkehrsbetrieben der Stadt Hoya, ist also seit
jeher in der Gegend daheim. »Hermann« wurde
1911 von der Düsseldorfer Lokfabrik Hohenzollern

für die Kreis Altenaer Eisenbahn gebaut. Diese ist ebenso längst stillgelegt wie die Spreewaldbahn bei Cottbus. Die vom DEV nach der Bahn benannte Lok fuhr einstmals auf der Pillkaller Kleinbahn in Ostpreußen. 1917 entstand die Maschine bei Arnold Jung in Jungenthal.

Insgesamt sechs Dampflokomotiven nennt der DEV sein Eigen. Hinzu kommen vier Diessellokomotiven, sechs Triebwagen sowie mehr als 70 Wagen jedweder Art. Auch Rollwagen und Rollböcke sind vorhanden. Sie können Güterwagen der Regelspur sozusagen huckepack nehmen und auf der Meterspurbahn befördern. Der DEV lädt immer wieder zu Tagen mit historischem Güterverkehr ein.

Strecke

Bruchhausen-Vilsen–Asendorf ist Museumseisenbahn und Eisenbahnmuseum zugleich. Zweifellos kommt, wer Steh- statt Fahrzeuge betrachten will, schon im Bahnhof Bruchhausen-Vilsen auf seine Kosten. Doch lohnt sich die Fahrt nach Asendorf und zurück allemal. Zahlreiche Relikte alter Bahnherrlichkeit säumen die Strecke. Die Haltepunkte und Bahnhöfe sind samt und sonders liebevoll restauriert. Dank der guten Gleislage vergisst man, auf Meterspur unterwegs zu sein. Weniger Eisenbahnbegeisterte können sich an der Geestlandschaft erfreuen, die der Zug in gemächlichem Tempo durchzuckelt. Die Fahrt wird denn auch zum Erlebnis für die ganze Familie.

Eisenbahnmuseum

Im Bahnhof Bruchhausen-Vilsen richtete der DEV ein Eisenbahnmuseum der besonderen Art ein. Dieses präsentiert die Fahrzeuge nicht nur als Schaustücke. Vielmehr befindet sich im Eisenbahnmuseum auch der Betriebsmittelpunkt der Bahn. In dem Schuppen werden die Fahrzeuge gewartet, repariert und für den nächsten Einsatz vorbereitet. Aufmerksame Beobachter entdecken auf dem gesamten Gelände Spuren reger Tätigkeit der Museumseisenbahner.

Wussten Sie, dass …

… zu Veranstaltungen des DEV häufig Zubringerverkehr auf der regelspurigen Bahn Eystrup–Bruchhausen-Vilsen–Heiligenfelde angeboten wird? Selbstverständlich verkehren auch dort historische Fahrzeuge.

… der Bahnhof Bruchhausen-Vilsen über Dreischienengleise verfügt? Auf diesen können Regel- und Meterspurfahrzeuge eingesetzt werden.

Sehenswürdigkeiten

Wassermühle Bruchmühlen
Als Neddermole (Untere Mühle) gehörte die Wassermühle einst zum 1216 gegründeten und 1543 säkularisierten Prämonstratenserkloster Heiligenberg. Die Mühle wurde erstmals 1532 erwähnt. Bis 1996 verarbeitete sie täglich 3 t Getreide. Heimat- und Fremdenverkehrsverein, Johann Hünecke, 27305 Bruchhausen-Vilsen; Tel. 0 42 52/18 83

Klostermühle Heiligenberg
Wenige hundert Meter entfernt von der Wassermühle befindet sich die Klostermühle, ursprünglich Overmole (Obere Mühle) genannt. 1370 erschien erstmals der Name des Müllers Curd de Mullere in einer Urkunde. Das heutige Müllerhaus entstand 1785 und wurde 1886 um einen Wohnteil erweitert. 1968 endete der Mühlbetrieb. 18 Jahre später erfolgte die Restauration der Anlage. Aus Sicherheitsgründen dreht sich nur das Mühlrad, nicht aber das Mahlwerk. Kontakt: Christa Hufnagl, Klostermühle Heiligenberg, 27305 Bruchhausen-Vilsen; Tel. und Fax 0 42 52/21 67

Einkehrmöglichkeit

Forsthaus Heiligenberg
Der Gasthof gehört zwar nicht zu den billigsten im Lande. Eine Einkehr ist aber den Preis wert. Unter freigelegtem Fachwerk werden erlesene Speisen serviert. Heiligenberg 3, 27305 Bruchhausen-Vilsen; Tel. 0 42 52/9 32 00

Forsthaus Heiligenberg

Roland rast
Die Rügensche Kleinbahn

Adresse
Rügensche Kleinbahn
Binzer Str. 12
18581 Putbus
Tel. 03 83 01/8 01 13
Fax 03 83 01/8 01 15
www.rasender-roland.de
info@rasender-roland.de

Streckenverlauf

Strecke	Länge in km
■ Lauterbach Mole → Putbus	3
■ Putbus → Beuchow	2
■ Beuchow → Posewald	2
■ Posewald → Seelvitz	3
■ Seelvitz → Serams	1
■ Serams → Binz	3
■ Binz → Jagdschloss	2
■ Jagdschloss → Garftitz	1
■ Garftitz → Sellin West	4
■ Sellin West → Sellin Ost	1
■ Sellin Ost → Baabe	2
■ Baabe → Philippshagen	1
■ Philippshagen → Göhren	2

Betriebszeiten
Der Rasende Roland fährt zwischen Putbus und Göhren ganzjährig. Von Ende Mai bis Anfang September wird der Verkehr vom Zwei-stunden- auf Stundentakt verdichtet. Auf der Strecke Lauterbach Mole–Putbus findet nur dann Planbetrieb alle zwei Stunden statt. Der genaue Fahrplan erscheint im Kursbuch der Deutschen Bahn unter der Tabellen-nummer 199.

Geschichte

Trotz Dampfbetriebes gehört die Rügensche Klein-bahn keineswegs zu den Museums- oder Nostalgie-bahnen. Vielmehr ist die Bahn mit 750 mm Spur-weite ein ganz normales Nahverkehrsmittel. Die Fahrten werden denn auch vom Land bestellt und bezahlt. Der Rasende Roland unterscheidet sich darin nicht von den Regelspurstrecken der Insel.

Natürlich hat die Bahn heute einen eher tou-ristischen Charakter. Die Reisezeit von rund 75 Minuten zwischen Putbus und Göhren dürfte wohl nur Eisenbahnfreunde und Ausflügler überzeu-gen. In ihr enthalten ist ein fünfminütiger Aufenthalt in Binz. Zeit genug, Fotos vom Zug zu machen.

Eröffnet wurde das erste Teilstück Putbus–Binz am 22. Juli 1895. Bis 1899 ging der Abschnitt nach Göhren in Betrieb. Bau und Betrieb oblagen dem Stettiner Unternehmen Lenz. 1919 übernah-men die Vorpommerschen Kleinbahnen den Be-trieb, 1949 die Deutsche Reichsbahn. 1976 drohte die Stilllegung des Rasenden Rolands. Der Güter-verkehr war bereits 1967, der Expressgutverkehr 1975 eingestellt worden. Doch der Bezirk Rostock entschied anders. Er setzte die Bahn auf die Denk-malliste. Nach der deutschen Vereinigung gab die Staatsbahn den Roland 1995 an den Landkreis ab. 1996 erfolgte die Privatisierung. Nachdem der wichtigste Betrieb des Investors Insolvenz anmelden musste, übernahm ein höchst erfolgreicher, württembergischer Unternehmer den Roland. Um dessen Zukunft ist es also bestens bestellt.

Technik

Sechs Dampflokomotiven nennt die Rügensche Kleinbahn ihr eigen. Die älteste, die 52 Mh, stammt von 1915. Ihr Hersteller, Vulcan, fertigte auch die 53 Mh von 1925. 1938 lieferte Henschel die Maschinen 99 4801und 4802 nach Rügen. 1953 folgten die 99 782 und 784 vom Lokomotivbau Babelsberg. Der neue Eigentümer ist stolzer Besitzer einer umfangreichen Sammlung von Schmalspurfahrzeugen. Sicher wird das eine oder andere Schmuckstück in Zukunft durch Rügen rasen.

Strecke

Mag der berühmte Kreidefelsen auch ein anderes Rügen-Bild entstehen lassen, so ist die Insel doch rundum grün. Dichte Wälder, grüne Wiesen und landwirtschaftlich genutzte Flächen säumen den Schienenstrang. Von karger Küstenlandschaft kann keine Rede sein. Sogar einen kurzen Gebirgsabschnitt kennt der Rasende Roland: Zwischen Binz und dem Haltepunkt Jagdschloss haben die Züge so manchen Höhenmeter zu bewältigen. Das Jagdschloss Granitz ragt von einem 107 m hohen Hügel in den Himmel. Herrliche Meeresblicke kann man hinter Sellin genießen. Vom Zug aus wandert das Auge über verschiedene Seen beispielsweise den Selliner See.

Ob in Lauterbach, Binz, Sellin oder am Endpunkt Göhren – von verschiedenen Stationen aus erreicht man nach kurzem Fußmarsch die Ostseeküste. Nicht nur in Lauterbach Mole, wo ja schon der Name darauf hinweist, landen auch Schiffe. Eine kombinierte Reise auf Schienen- und Wasserweg bereitet zweifelsfrei einen Riesenspaß. Dazu gibt es eine Reihe von Angeboten – Land, Kreis, Schifffahrtsbetriebe und Rügensche Kleinbahn arbeiten mustergültig zusammen.

! Wussten Sie, dass …

… der Rügendamm erst Anfang der dreißiger Jahre erbaut wurde? Bis dahin stellten Fähren die Verbindung nach Stralsund her. Im Süden der Insel erinnert der Ortsname »Altefähr« an frühere Verkehrsangebote.

… die Rolandssäule ursprünglich wahrscheinlich ein Sinnbild städtischer Privilegien oder der Gerichtsbarkeit war? Die genaue Bedeutung ist Historikern bis heute unbekannt.

Sehenswürdigkeiten

Sassnitz, Kreidefelsen
Wer Rügen besucht, sollte in jedem Fall Abstecher nach Sassnitz und Jasmund machen. Sassnitz ist eine sehenswerte Kleinstadt. Eisenbahnfreunde besichtigen in Mukran Deutschlands einzigen Breitspurhafen. Unweit von Sassnitz, auf Jasmund, erheben sich gewaltige Kreidefelsen aus dem Meer. Caspar David Friedrich malte die Sehenswürdigkeit.

Jagdschloss Granitz
Das Jagdschloss Granitz entstand zwischen 1836 und 1846. Den 38 m hohen Mittelturm, der eine gute Rundumsicht auf Rügen und die See bietet, entwarf der Berliner Baumeister Friedrich Karl Schinkel. Das Schloss liegt unweit der Schmalspurbahn.
Tempelberg, 18609 Binz;
Tel. 03 83 93/22 63;
Mai–Sept. tgl. 9–18,
Okt.–Apr. Di–So 10–16 Uhr

Ehrenlokführer
Wer einmal selbst ein Dampfross steuern will, kam beim Rasenden Roland den Ehrenlokführerschein erwerben. Mehrmals jährlich bietet die Rügensche Kleinbahn Kurse an.

Einkehrmöglichkeit

Fischmarkt
Das maritim eingerichtete Restaurant bietet sorgfältig hergestellte Spezialitäten zu recht günstigen Preisen.
Strandpromenade 33,
18609 Binz;
Tel. 03 83 93/38 10

Jagdschloss Granitz

Schmalspur zur Kur
Der Molli

Adresse
Mecklenburgische
Bäderbahn Molli
Am Bahnhof
18209 Bad Doberan
Tel. 03 82 03/41 50
Fax 03 82 03/4 15 12
www.molli-bahn.de
molli-bahn@t-online.de

Streckenverlauf

Strecke	Länge in km
Bad Doberan → Stadtmitte	0,6
Stadtmitte → Goethestraße	0,5
Goethestraße → Rennbahn	2,8
Rennbahn → Heiligendamm	2,6
Heiligendamm → Wittenbeck	3,7
Wittenbeck → Kühlungsborn Ost	2,5
Kühlungsborn Ost → Kühlungsborn Mitte	0,4
Kühlungsborn Mitte → Kühlungsborn West	2,3

Betriebszeiten
Der Molli fährt ganzjährig. Sein Fahrplan findet sich im DB-Kursbuch unter der Tabellennummer 157. Während der Wintermonate ersetzen zeitweise Busse die dampfbespannten Züge.

Geschichte

1883 erhielt Doberan Anschluss an die Strecke Wismar–Rostock. Recht schnell kamen Forderungen auf, das erste deutsche Seebad am Heiligen Damm auf dem Schienenweg erreichen zu können. 1886 entstand binnen sechs Wochen eine Privatbahn. Sie war als Dampfstraßenbahn trassiert. 1890 erfolgte die Verstaatlichung, 1910 die Verlängerung nach Arendsee. Zeitgleich wurde die Stammstrecke zu einer richtigen Eisenbahn ausgebaut, um den wachsenden Verkehr bewältigen zu können. In den zwanziger und dreißiger Jahren erfuhr der Molli eine weitere Modernisierung. Zu Zeiten der DDR nahm der Reisezugverkehr dank des einsetzenden Massentourismus stark zu. Dennoch kursierten nach der Aufgabe des Güterverkehrs, 1969, Stilllegungspläne. 1973 entschied der Verkehrsminister aber, die Strecke zu erhalten. Im Folgejahr wurde sie zum Denkmal erklärt.

Nach dem Zusammenbruch der DDR stand auch die Existenz des Mollis auf des Messers Schneide. 1995 gelang jedoch die Kommunalisierung und damit die Rettung. Zum 1. Oktober übernahm die Mecklenburgische Bäderbahn den Betrieb. Gefeiert wird der Geburtstag des Mollis allerdings zwei Tage später, parallel zu den Feiern zum Tag der deutschen Einheit.

MECKLENBURG-VORPOMMERN

Technik

Die ältesten eingesetzten Lokomotiven stammen aus dem Jahr 1932. Es handelt sich um die 99 2321 bis 2323. Von der Konzeption her ähneln sie den Einheitslokomotiven, die seinerzeit in Dienst gestellt wurden. Sie haben vier angetriebene Achsen und erreichen 50 km/h Höchstgeschwindigkeit. Hersteller war Orenstein & Koppel. Das gleiche, inzwischen enteignete Werk baute in den fünfziger Jahren Lokomotiven, die nur 35 km/h schnell waren. Eine überdauerte die Zeiten im Betriebsdienst, eine weitere steht im Museum. Das Rangieren gehört zu den Aufgaben einer Diesellok des Typs V 10 C. Die Reisezüge werden aus vorbildlich restaurierten Wagen verschiedener Baujahre gebildet.

Strecke

Der Molli fährt auf der recht seltenen Spurweite von 900 mm. Das Maß wurde wegen der engen Straßen in Bad Doberan gewählt, durch welche die Strecke am Anfang führt. Dort erinnert die Linienführung an eine Straßenbahn, ein Eindruck, den die bulligen Lokomotiven mit ihren manchmal recht langen Wagenschlangen schnell verwischen. Auf freier Strecke erblickt man eine modern trassierte Schmalspurbahn, nachdem die neue Eigentümerin sofort mit der Sanierung der Anlagen begonnen und beispielsweise die Kies- durch eine Schotterbettung ersetzt hatte. Eine Reihe Bahnhöfe weist architektonisch interessante Empfangs- und Nebengebäude auf. Auch bietet die Streckentechnik mehr Überraschungen als nur die fast schon selbstverständlichen Formsignale. Es lohnt sich, zwischendurch ab und an Station zu machen.

Eisenbahnmuseum

In Kühlungsborn West richtete der Verein zur Traditionspflege des Molli ein kleines Museum ein. Dort entdeckt man neben der 99 332 den ersten Kessel der 99 232. Aufgeschnitten veranschaulicht er das Innenleben einer Dampflok. Der Besuch des Freiluftmuseums ist kostenfrei.

! Wussten Sie, dass …

… der Molli bis 1910 nur in der Sommersaison verkehrte?

… der Molli seinen Kosenamen vermutlich einem Hund verdankt? Diesen soll eine ältere Dame in Doberan gerufen haben, als der Achtungspfiff der Lokomotive ertönte.

… der Molli in den Anfangstagen rentabel fuhr und recht ordentliche Gewinne abwarf?

Sehenswürdigkeiten

Weiße Stadt am Meer
Die Kuranlagen in Heiligendamm entstanden im 19. Jh. Ihre Architektur erscheint höchst elegant. Nach 1990 drohte der Verfall. 2001 begann die private Sanierung nach den strengen Kriterien des Denkmalschutzes.

Münster von Bad Doberan
Aus dem 14. Jh. stammt die Kirche des 1171 gegründeten Zisterzienserklosters. Im Dreißigjährigen Krieg musste sie Plünderungen hinnehmen. Ansonsten blieb sie weitgehend unversehrt. Weder die Bilderstürmer der frühen Neuzeit noch die Bomber des Zweiten Weltkrieges richteten Schäden an. Klosterstr. 2, 18209 Bad Doberan; Tel. 03 82 03/ 6 27 16; Kernöffnungszeit: 11.30–16 Uhr

Einkehrmöglichkeit

Herzoglicher Wartesaal
Wo einst die Reisenden ihre Fahrkarten kauften, befindet sich jetzt ein Restaurant mit gutbürgerlicher Küche. Es befindet sich im Bahnhof Heiligendamm.
Kühlungsborner Str. 4, 18209 Heiligendamm; Tel. 03 82 03/73 60 80

Museumscafé
Dem Molli-Museum ist ein Café angeschlossen, das neben Kaffee und Kuchen auch einen Imbiss zu moderaten Preisen anbietet. Fritz-Reuter-Str. 1, 18225 Kühlungsborn; Tel. 03 82 93/87 71 21

Kurhaus Heiligendamm

Kinder an die Macht
Parkeisenbahnen im Osten

Adressen
Berliner Parkeisenbahn
An der Wuhlheide 189
12459 Berlin
www.parkeisenbahn.de
Parkeisenbahn Chemnitz
Küchwaldring 24
09113 Chemnitz
www.parkeisenbahn
-chemnitz.de
Parkeisenbahn Cottbus
Am Eliaspark 1
03042 Cottbus
www.parkeisenbahn
-verein.de
Dresdener Parkeisenbahn
Hauptallee 5
01219 Dresden
www.parkeisenbahn
-dresden.de
Peißnitzexpress
Peißnitzinsel 4
06108 Halle
www.pe-halle.de
Leipziger Parkeisenbahn
Postfach 26 01 03
04139 Leipzig
www.pe-auensee.de
Plauer Parkeisenbahn
Hainstr. 10
08523 Plauen
www.parkbahnplauen.de

Streckenverlauf

Strecke	Länge in km
Berliner PE	7,2
PE Chemnitz	2,3
PE Cottbus	3,2
Dresdener PE	5,6
Peißnitzexpress Halle	1,94
Leipziger PE	1,9
Plauer PE	1,0

Betriebszeiten
Saisonauftakt:
In der Regel um Ostern
Saisonende:
Meist Anfang Oktober

Geschichte
Die ersten Liliputbahnen in Deutschland entstanden anlässlich von Großereignissen wie Gartenschauen. Nach dem Ende der Veranstaltung wurden sie zumeist abgebaut. In der DDR richtete die Reichsbahn zusammen mit den staatlichen Jugendorganisationen »Pioniereisenbahnen« ein. Die Kinder spielten sozusagen den großen Bahnbetrieb unter fachkundiger Anleitung nach. Erwachsene beaufsichtigten die Aktivitäten und übernahmen für Kinder ungeeignete Dienste, beispielsweise den des Lokführers. Das Konzept erwies sich als überaus erfolgreich. Zahlreiche »Pioniereisenbahner« traten in die Dienste der Reichsbahn. Nach dem Bankrott der DDR blieben die Bahnen glücklicherweise erhalten. Sie wurden natürlich entideologisiert. Zugleich integrierte man sie in die allgemeine Jugend- und Freizeitarbeit der Städte. Die Reichsbahn engagierte sich leider nicht mehr und auch die Deutsche Bahn zeigte kein Interesse an der Nachwuchsförderung. Dafür übernahmen kommunale Träger oder gemeinnützige Vereine die lobenswerten Institutionen. Sie bieten Kindern und Jugendlichen ein besseres Programm als so mancher Kinderkanal im Fernsehen. Zugleich schaffen sie eine Attraktion für den städtischen Fremdenverkehr, die es in westdeutschen Städten nicht gibt.

Technik

Den Maschinenpark der Parkeisenbahnen dominieren Diesellokomotiven. Zum Teil entstanden sie in den eigenen Werkstätten oder wurden eigens für die Parkeisenbahn gebaut. Einige Bahnen nennen auch von Feldbahnen stammende Diesellokomotiven ihr Eigen. Auf der Chemnitzer Bahn fährt die älteste Diesellok, eine Maschine von 1937. Die Parkeisenbahnen in Berlin, Cottbus, Dresden und Leipzig setzen von Zeit zu Zeit Dampflokomotiven ein. Die Dresdener und die Leipziger Maschinen gehören zur Bauart Pazifik und stammen aus dem Jahr 1925. Damit sind sie gewissermaßen kleine Verwandte der Baureihe 01, ebenfalls eine Pazifik, deren erste Exemplare 1925 aus den Fabrikhallen rollten. Die Parkeisenbahnen in Dresden und Halle setzen auch Akkumulatorlokomotiven ein. Bei der Einstufung sollte man übrigens eine gewisse Vorsicht an den Tag legen. So manche Lok, deren Kasten einem Vorbild nachempfunden ist, gehört im Kleinen zu einer anderen Traktionsart. Die Lok 110 001 des Peißnitzexpress schaut beispielsweise aus wie die V 100, eine Diesellok der Reichsbahn. Unter dem Blechkleid verbergen sich aber Akkus als Kraftquelle. Die Plauer Parkeisenbahn ist als einzige elektrifiziert. Der Fahrdraht hängt in 3,50 m Höhe über der Strecke und steht mit 220 V unter Spannung.

Strecke

Auf den Parkbahnen fahren die Züge im Kreisverkehr. Kurze Stichstrecken führen beispielsweise zum Bahnbetriebswerk. In Berlin und Dresden können die Züge dank Parallelstrecken verschiedene Rundkurse bedienen. Gegenverkehr wie auf zweigleisigen Strecken der großen Bahn bieten die Parkeisenbahnen in Dresden und Plauen. Der Trick: Am Ende beschreibt die Strecke wie an Endpunkten der Straßenbahn einen Wendekreis. Die Züge bleiben somit auf ihrem Gleis, doch schaut es aus, als seien sie auf das Gegengleis gewechselt. In Dresden und Plauen überqueren die Gleise Gewässer auf sehenswerten Brücken.

(!) Wussten Sie, dass …

… die jüngsten, aktiven Parkeisenbahner gerade einmal neun Lenze zählen?

… die erste Liliputbahn 1877 im englischen Duffield Bank entstand? Die erste von Kindern betriebene Parkeisenbahn wurde 1935 in der georgischen Hauptstadt Tiflis eingerichtet.

Sehenswürdigkeiten

Zoologische Gärten
In Cottbus und Dresden führen die Parkbahngleise an den Zoologischen Gärten entlang. Was liegt da näher, als das Abenteuer Parkeisenbahn mit einem Besuch bei den Tieren zu verbinden? Die sehenswerten Anlagen beherbergen zahlreiche Tierarten.
Tierpark Cottbus,
(→ Seite 33);
Zoo Dresden, Tiergartenstr. 1, 01219 Dresden;
Tel. 03 51/47 80 60;
Kernöffnungszeit:
8.30–16.30 Uhr

FEZ & Co.
In den meisten Parkanlagen mit Bahnen gibt es Einrichtungen wie das Freizeit- und Erholungszentrum (FEZ) in der Berliner Wuhlheide. Sie machen ganzjährig Programm, das nicht nur auf Kinder zugeschnitten ist. Vielfach finden gemeinsame Veranstaltungen und Aktionen statt, beispielsweise Parkfeste mit Dampfbetrieb auf der Parkeisenbahn (Informationen bei den Parkbahnbetreibern).

Einkehrmöglichkeit

Parkrestaurants
Die Parkeisenbahnen sind Bestandteil öffentlicher Freizeiteinrichtungen, beispielsweise des Berliner FEZ. Zumeist sorgen verschiedene Betriebe für das leibliche Wohl großer wie kleiner Gäste. Da die Kinder im Mittelpunkt der Aktivitäten in den Parks stehen, ist natürlich in der Regel die Auswahl an Speiseeis besonders groß.

FEZ Wuhlheide

Pollo
Das Prignitzer Kleinbahnmuseum

Adresse
Prignitzer
Kleinbahnmuseum
Dorfstr. 7
16928 Lindenberg
Tel./Fax 03 39 82/6 01 28
www.pollo.de

Streckenverlauf

Strecke	Länge in km
■ Mesendorf → Klenzendorf	1,7
■ Klenzendorf → Brünkendorf	2,3
■ Brünkendorf → Wettin	3,9

Betriebszeiten
Der Pollo setzt sich an ausgewählten Tagen im Jahr in
Bewegung. Das Museum ist
zwischen 1. Mai und
3. Oktober am Wochenende
sowie an Feiertagen von
10 bis 17 Uhr geöffnet.

Geschichte

Einstmals erschloss ein dichtes Kleinbahnnetz die Prignitz, einen Landstrich im Nordwesten Brandenburgs. Im Norden erstreckte es sich bis Parchim, im Süden bis Havelberg. Ostwärts endeten die Gleise in Kyritz, westwärts in Karstädt. Gleich zwei selbstständige Gesellschaften zeichneten für den Verkehr verantwortlich. Die Ost- und die Westprignitzer Kreiskleinbahnen. Das Bahnnetz in dieser eher dünn besiedelten Gegend konnte sich zweifellos sehen lassen.

Zwischen 1897 und 1912 entstanden die Strecken der im Volksmund »Pollo« genannten Bahn. Insgesamt maß das Schmalspurnetz stolze 102 km. Der Reisezugverkehr hielt sich natürlich immer in Grenzen. Mit dem Güterverkehr hatte die Bahn aber in der landwirtschaftlich geprägten Prignitz ein weiteres Standbein. Doch die Automobilmachung machte auch vor der DDR nicht Halt. In den fünfziger und sechziger Jahren, als das Öl noch zu »Freundschaftspreisen« aus der Sowjetunion kam, setzte auch das Regime in Berlin auf den Straßenverkehr. Das versetzte dem Pollo den Todesstoß. In Lindenberg trafen am 1. Juni 1969 die drei letzten Sonderzüge zusammen.

24 Jahre später nahmen sich Eisenbahnfreunde die Freiheit, die Erinnerung an den Pollo wachru-

fen zu wollen. Sie gründeten am ehemaligen Knotenpunkt beider Kreiskleinbahnen, in Lindenberg, ein Eisenbahnmuseum. Doch befriedigte die Fahrzeugschau nicht lange. Bald entstand die Idee, wenigstens ein Stück des einstigen Netzes wieder aufzubauen. 2002 wurde der Abschnitt Mesendorf–Brünkendorf reaktiviert, 2004 die Verlängerung nach Wettin. Derzeit laufen die Vorarbeiten für den Anschluss Lindenbergs an die Strecke. Die fehlenden 1,2 km stellen aber bautechnisch den schwierigsten Abschnitt der Kleinbahn dar.

Technik
Mit zwei Diesellokomotiven schaffen die Prignitzer Bahnfreunde Kleinbahnatmosphäre pur. Die beiden V 10 C entstanden 1960 und 1961 in Babelsberg für den Werksverkehr. Die V 10 101 fuhr im Stahlwerk Brandenburg, die V 10 102 im Stahlwerk Maxhütte Unterwellenborn. Nicht betriebsfähig ist derzeit die 99 4644, eine Orenstein-&-Koppel-Lok von 1923. Sie wurde für die Rosenberger Kreisbahn gebaut und war lange in der Perleberg und Glöwen stationiert.

Strecke
Auf den ersten Blick erscheint die Prignitz reichlich karg. Doch wer genau hinschaut, entdeckt eine äußerst vielfältige Kulturlandschaft. Die Strecke führt vorbei an Feldern und liebenswerten Wäldchen wie dem Brünkendorfer Wald. Die Trasse ist recht großzügig angelegt, sodass man ohne weiteres dem Zug entgegengehen und ihn fotografieren kann. Kurz vor Wettin überquert die einzige Brücke der Museumsbahn den Cederbach.

Eisenbahnmuseum
Das Kleinbahnmuseum entstand auf dem Gelände des ehemaligen Bahnhofes Lindenberg. Auf dem Freigelände stellt die 99 4644 mit einigen Wagen einen Prignitzer Personenzug nach. Im Museumsgebäude finden sich zahlreiche Originalgegenstände und Dokumente aus Pollo-Tagen.

(!) Wussten Sie, dass …

… der Traglastenwagen 970-604 einst dem Nürnberger Verkehrsmuseum (→ Seite 119) gehörte? Dieses hatte ihn von der ZOJE (→ Seite 52) erworben, dann aber an die Preßnitztalbahn (→ Seite 56) weitergegeben. Da im Erzgebirge aber keine sinnvolle Einsatzmöglichkeit für den Wagen gefunden wurde, gelangte er in die Prignitz. Dort fuhren Wagen dieser Bauart im Plandienst.

Sehenswürdigkeiten
Tierpark Perleberg
Eine schöne Parkanlage findet sich am Stadtrand von Perleberg an der Landstraße Richtung Bad Wilsnack. Wilsnacker Chaussee 1, 19348 Perleberg; Tel. 0 38 76/78 98 92; kontakt@tierpark-perleberg.de; März–Okt. tgl. 9–18, Nov.–Feb. tgl. 9–16.30 Uhr

Uhrenturm
Einen prachtvollen Bau errichtete 1928/29 die Nähmaschinenfabrik Singer in Wittenberge. Der Turm diente der Wasserversorgung des Werkes und hatte ein Fassungsvermögen von 460 cbm. Im oberen Stockwerk zeigen Uhren – mit 7,57 m Durchmesser die größten Europas – in alle vier Richtungen die Zeit an.

Einkehrmöglichkeit
Gasthaus Lamprecht
Direkt am Pollo liegt das Gasthaus Lamprecht. Das Essen ist preiswert und gut. Man muss nur der noch nicht wieder aufgebauten Trasse zwischen Lindenberg und Wettin folgen, um den Gasthof von 1912 zu finden. Wer sich als Pollo-Freund zu erkennen gibt, bekommt meistens ein Video zu sehen, aus der Zeit, als es in der Prignitz noch dampfte. Die Einkehr lohnt sich besonders im Februar, wenn Knieper Kohl, eine leckere Prignitzer Spezialität, auf dem Speiseplan steht.
Hauptstr. 28, 16928 Lindenberg; Tel. 03 39 82/6 06 78

Uhrenturm in Wittenberge

Schweiz im Osten
Kleinbahn Buckow–Müncheberg

Adresse
Buckower Kleinbahn –
Eisenbahnverein Märkische
Schweiz
Am Markt 8
15377 Buckow
Tel. 03 34 33/5 71 15
www.buckower
-kleinbahn.de oder
www.bf-buckow.de
epost@buckower
-kleinbahn.de

Streckenverlauf

Strecke	Länge in km
■ Müncheberg → Waldsieversdorf	2,7
■ Waldsieversdorf → Buckow	2,25

Betriebszeiten
Saisonauftakt:
Die Saison beginnt am letzten Wochenende im April.
Saisonende:
Fahrten zum 3. Oktober
beenden die Saison.
Mit der Einstellung des
Regelbetriebes verschwand
die Buckower Kleinbahn leider auch aus dem Kursbuch
der Deutschen Bahn.
Das Museum hat zwischen
Mai und Oktober am Wo-
chenende und an Feier-
tagen von 10 bis 16 Uhr
geöffnet.

Geschichte

Anfangs gehörte die Buckower Kleinbahn zu den
Schmalspurbahnen. In den zwanziger Jahren ver-
zeichnete die Bahn aber einen derartigen Fahrgast-
zuwachs, dass ein Umnageln auf Regelspur und zugleich eine Elektrifizierung notwendig wurden. Ab
1930 verkehrte die Kleinbahn mit Strom. Wie so vielen Nebenstrecken gingen ihr mit der zunehmenden
Motorisierung die Kunden verloren. Die deutsche
Vereinigung überstand sie zwar ebenso wie das Ende der Reichsbahn. Doch die Deutsche Bahn, die
zuletzt Dieselzüge einsetzte, wollte nicht mehr. Nur
Traditionsbetrieb sollte weiterhin möglich sein. Seit
2002 fahren sogar wieder elektrische Triebwagen.

Technik

Jüngst bekam die Kleinbahn weiteren Zuwachs. Die
Strausberger Eisenbahn übergab dem Verein die
Lok 14 als Dauerleihgabe, nachdem in Strausberg
der Güterverkehr endgültig das Zeitliche gesegnet
hatte. Die Verbindung zu Berlin stellen S-Bahnwa-
gen der Baureihe 477/877 her. S-Bahnähnlich wirken auch die eingesetzte Triebwagen der Baureihe
479 sowie sein Beiwagen. Das verwundert aber
nicht, da die aus den Anfangtagen des elektrischen Betriebes stammenden Fahrzeuge in der
Hauptwerkstatt der Berliner S-Bahn rekonstruiert

wurden. Dabei griffen die Eisenbahner auf S-Bahn-Bauteile zurück. Kostenbewusstsein bei der Eisenbahn zu DDR-Zeiten – wer hätte das gedacht?

Strecke

Märkische Schweiz – welch schöner Name. Wird ihm die Landschaft gerecht? Zweifelsfrei, vorausgesetzt, man versteht unter Schweiz mehr als nur Berge. Als Märkische Schweiz bezeichnet man ein wald- und seenreiches Gebiet östlich von Berlin. Es ist bis heute sehr dünn besiedelt. Deshalb verwundert es kaum, dass sich die Zahl der Eisenbahnen zur Erschließung der Gegend in sehr engen Grenzen hielt. Zudem waren die Fußwege weniger beschwerlich als in hügeligen Landstrichen, weshalb der Ruf nach einem Bahnanschluss viel leiser ausfiel als anderswo. Am Anfang passiert die Strecke ausgedehnte Wiesen und Weiden. Ansonsten führt ein Spaziergang entlang der Bahn großenteils durch dichten Wald, der die Luft auch bei eher tropischen Temperaturen angenehm kühlt. Feste Schuhe sind Voraussetzung, zumal die spärlich befestigten Wege von den Anwohnern mit Autos befahren werden.

Der Bahnhof Müncheberg liegt etwas abseits der Stadt. Früher führte die Müncheberger Kleinbahn zum 4,2 km entfernten Stadtbahnhof. Heute stellen Busse die Verbindung her. Waldsieversdorf zählt zu den vielen kleinen, beschaulichen Orten, die es in der Mark gibt. Man durchwandert sie schnell, stellt aber immer wieder überrascht fest, dass jeder seinen eigenen Charakter hat. Buckow ist eine verträumte Kleinstadt, die neben dem großen Berlin naturgemäß recht winzig wirkt. Vielleicht stellt sich gerade deshalb gleich auf den ersten Blick das Gefühl ein: »Hier könnte man wohnen.« Schade, dass die Kleinbahn nur noch im Museumsbetrieb verkehrt. Doch noch ist nicht aller Tage Abend.

Eisenbahnmuseum

Im Bahnhof Buckow richteten die Kleinbahnfreunde ein Museum ein, das die Geschichte der Bahn in allen Facetten vorstellt.

! Wussten Sie, dass …

… der Haltepunkt Waldsieversdorf erst 1906 eingerichtet wurde? Damals hieß der Ort noch Wüste Sieversdorf. Die Sieversdorfer hatten kurz nach Inbetriebnahme der Kleinbahn den Bau eines Haltepunktes gefordert. Als die Kleinbahngesellschaft dem Ansinnen nicht sofort folgte, drohte der Bürgermeister von Sieversdorf, eine weitere Kleinbahn errichten zu lassen. Danach lenkte die Kleinbahn ein …

Sehenswürdigkeiten

Brecht-Weigel-Haus
In Buckow schrieb Bertolt Brecht seine berühmten »Buckower Elegien«. Besonders bekannt wurde jener Text, in dem Brecht der DDR-Regierung empfahl, sich doch ein neues Volk zu wählen, wenn das alte mit der Politik nicht einverstanden sei. – Der 17. Juni 1953 war noch gut in Erinnerung. Die Buckower Gedenkstätte ist nach dem Dichter Bertolt Brecht und seiner langjährigen Lebensgefährtin benannt, der Schauspielerin Helene Weigel.
Bertolt-Brecht-Str. 30,
15377 Buckow;
Tel. 03 34 33/4 67;
Apr.–Okt. Mi–Fr 13–17,
Sa, So 13–18 Uhr,
Nov.–März Mi–Fr 10–12,
13–16, Sa, So 11–16 Uhr

Buckower Kanoniere
Im alten Preußen wurde mitunter mächtig geballert. Daran erinnern die »Buckower Kanoniere«. Zwischen Mai und Oktober betätigen sie an jedem ersten Sonntag im Monat lautstark historisches Kriegsgerät.

Einkehrmöglichkeit

Restaurant Bellevue
Eine gepflegte, bürgerliche Küche bietet der Gasthof »Bellevue«. Kinder sind der jungen Belegschaft jederzeit herzlich willkommen. Vegetarier finden eine reiche Speisenauswahl.
Hauptstr. 16/17,
15377 Buckow;
Tel. 03 34 33/64 80

Brecht-Weigel-Haus

Markenzeichen
Der Lausitzer Dampflokclub

Adresse
Lausitzer Dampflokclub
(LDC)
Am Stellwerk 552
03185 Teichland
Tel. 03 56 01/5 62 54
Tel. 03 56 01/8 87 36
www.lausitzer
dampflokclub.de
info@lausitzer
dampflokclub.de

Geschichte
Mit der 44 225 begann es. 1991 schlossen sich zehn Eisenbahnfreunde zusammen, um die Einheitslok zu erwerben. Ziel war es von vornherein, einen musealen Betrieb zu organisieren. Eine Lok auf dem Denkmalsockel befriedigt schließlich kaum jemanden. Daneben wollten die Eisenbahnfreunde die Tradition der Bahn in der Lausitzmetropole hochhalten und zudem etwas für die Entwicklung des Fremdenverkehrs tun.

Nach bald 15 Jahren kann man ohne Wenn und Aber resümieren: Die Vorhaben sind bestens gelungen. Nicht nur in den neuen Bundesländern, sondern bundesweit ist der Name Lausitzer Dampflokclub (LDC) zu einem Markenzeichen für hervorragend organisierte, stimmungsvolle Dampfsonderfahrten geworden. Aus der einen Lok erwuchs eine ansehnliche Sammlung. Das Bahnbetriebswerk Cottbus, heute Betriebshof genannt, unterstützte die Hobbyeisenbahner – viele von ihnen erwerben auch ihr täglich Brot auf Schienen – ebenso wie die Regionalzeitung »Lausitzer Rundschau« sowie die Volks- und Raiffeisenbank.

Betriebszeiten
Der Lausitzer Dampflokclub spannt seine Zugpferde an ausgewählten Tagen im Jahr vor Sonderzüge, die in verschiedene Gebiete nicht nur Deutschlands fahren.

Technik
Die 44 225 war zwar die Erste. Star der Lausitzer ist aber die 03 204. Der 1936 abgenommene Flach-

landrenner gehörte zur Stammbesetzung des Bw Cottbus. Im Laufe der Jahre erfuhr sie einige Bauartänderungen, bis sie 1976 auf das Abstellgleis rollte. Immerhin blieb sie als Denkmal der Nachwelt erhalten. Am 20. April 1993 bewegte sie sich dann wieder aus eigener Kraft und schleppte seither zahlreiche Sonderzüge nicht nur über deutsche Gleise. Das dritte Pferd im Stall ist die 35 1019, die bis 1970 23 1019 hieß. Bei ihr handelt es sich um eine Neubaulok, die 1958 beim Lokomotivbau Babelsberg entstand. Lange Jahre verweilte sie auf dem Denkmalssockel in Hoyerswerda, ehe sich die Cottbuser ihrer annahmen und sie betriebsfähig aufarbeiteten. Die erste im Bunde, die 44 225, steht dagegen seit einiger Zeit wegen eines Zylinderschadens auf dem Abstellgleis. Ohne jeden Zweifel werden die engagierten Eisenbahnfreunde aber auch den Jumbo eines Tages wieder auf die Strecke schicken. Für Rangierarbeiten steht eine Köf 1 bereit. Sechs Reisezugwagen und ein Begleiterwagen ergeben einen stattlichen Sonderzug.

Strecke

Der Lausitzer Dampflokclub veranstaltet Sonderfahrten auf verschiedenen Bahnlinien. Eine Stammstrecke gibt es nicht. Auch beschränken sich die Bahnfreunde keineswegs auf Strecken der Lausitz, wie es der Name des Vereines nahe legen würde. Zu den ohne jeden Zweifel attraktivsten Leistungen gehören die Fahrten nach Polen.

Dort gibt es noch Dampf rund um die Stadt Wollstein, polnisch Wolsztyn, zu bewundern. Das Bahnbetriebswerk Wollstein ist längst zur Legende geworden, steht darin den Maschinen in nichts nach. Eine Reihe Bücher zeigt Fotos rund um die traditionsreiche Dienststelle. Der Sonderzug verlässt Cottbus kurz nach halb acht. Vorn stampfen die 03 204 und 35 1019. Die Reise führt über Guben, Gubin, Krosno, Sulechow und Zbaszyn, also quer durch jenen schönen Teil der Mark, der seit 1945 nicht mehr zu Brandenburg gehört. In Crossen (Krosno) stößt man auf die Oder.

⚠ Wussten Sie, dass …

… der Lausitzer Dampflokclub ein Bahnpostamt unterhält? Dieses arbeitet allerdings nur virtuell. Auf der Internet-Seite des Clubs klickt man »Bahnpostamt« an. Dann kann man eine Eisenbahnpostkarte per E-Mail versenden. Der Empfänger ruft die Karte durch Anklicken des Links auf und kann sie ausdrucken. Der Absender erhält vom LDC eine Bestätigungsemail.

Sehenswürdigkeiten

Fürst-Pückler-Park
Wer Cottbus besucht, sollte unbedingt dem zweiten Park des Fürsten Pückler (→ Seite 35) einen Besuch abstatten. 1846 begannen die Arbeiten an diesem Kunstwerk, an dessen westlichem Ende zwei Erdpyramiden stehen. In Schloss Branitz informiert eine Ausstellung über Leben und Arbeit des Gartenbaukünstlers, Literaten und Weltreisenden Hermann von Pückler. Kastanienallee 11, 03042 Cottbus; Tel. 03 55/7 51 50; Apr.–Okt. tgl. 10–18, Nov.–März 11–17 Uhr

Tierpark Cottbus
Der größte zoologische Garten Brandenburgs liegt nicht etwa in der Landeshauptstadt, sondern jottwehdeh, also janz weit draußen, in Cottbus. Mehr als 1000 Tiere 170 verschiedener Arten warten auf die Besucher. Im Spreeauenpark nebenan fand 1995 die Bundesgartenschau statt Tierpark Cottbus, Kiekebuscher Str. 5, 03042 Cottbus; Tel. 03 55/3 55 53 60; Kernöffnungszeit: 9–17 Uhr

Einkehrmöglichkeit

Ahorn
Unweit der Parks isst man gut und preiswert im »Ahorn« Auch die Übernachtungspreise sind günstig. Einige Zimmer verfügen über eine Kochgelegenheit. Bautzener Str. 134, 03050 Cottbus; Tel. 03 55/47 80 00

Fürst-Pückler-Park Cottus

Fürst Pücklers Bahn
Die Waldeisenbahn Muskau

Adresse
Waldeisenbahn Muskau
Jahnstr. 53 A
02943 Weißwasser
Tel. 0 35 76/20 74 72
Fax 0 35 76/20 74 73
www.waldeisenbahn.de
info@waldeisenbahn.de

Streckenverlauf

Strecke	Länge in km
■ Weißwasser, Teichstraße	
→ Kromlau	4,0
■ Weißwasser, Teichstraße	
→ Bad Muskau	7,7

Betriebszeiten
Saisonauftakt:
Am Karfreitag beginnt die
Waldbahnsaison. Bis Mitte
Juli fahren die Züge am Wo-
chenende. Zwischen Mitte
Juli und Anfang September
ist auch Donnerstag Be-
triebstag. Danach findet
wiederum am Wochenende
Bahnverkehr statt.
Saisonende:
Mit dem letzten Tag der
sächsischen Herbstferien
endet der Betrieb auf der
Waldeisenbahn

Geschichte
Den Fürsten Hermann von Pückler kennt ein jeder.
Seine köstliche Kombination von Erdbeer-, Vanille-
und Schokoladeneis mundet nicht nur jüngeren Er-
denbürgern. Weniger bekannt ist, dass das Ge-
schlecht der Pücklers einstmals ausgedehnte Wald-
flächen sein Eigen nannte. Zur Bewirtschaftung der
bei Weißwasser gelegenen Ländereien richtete
die fürstliche Gutsverwaltung eine Kleinbahn mit
600 Millimetern Spurweite ein. Anfangs schleppten
Pferde die Züge. Das wichtigste Transportgut jener
Jahre war neben dem Holz die Kohle. 1896 konnte
die Waldeisenbahn ihre ersten beiden Dampflokomotiven beschaffen. In den Folgejahren entwickelte
sich der Verkehr recht positiv. Die Waldeisenbahn
trug maßgeblich zur wirtschaftlichen Entwicklung
des Gebietes zwischen Weißwasser und Neiße bei.
Mit der Westverschiebung Polens lag die Waldeisenbahn plötzlich im Grenzgebiet. Natürlich geriet
sie nach der kommunistischen Machtübernahme in
Staatshand. In den siebziger Jahren endete der Betrieb. Schon damals machten Eisenbahnfreunde
Vorschläge für einen Traditionsbetrieb. Vorerst gelang es nur, im Mai 1979 die Lok 99 3317 in Weißwasser auf den Denkmalsockel zu heben. Erst mit
dem Bankrott der DDR kam Bewegung in die Sache.
1992 fuhr der erste Zug.

Technik

Im Laufe der Jahre gelang es den Waldeisenbahnern, einen gewaltigen Fahrzeugpark zusammenzutragen. Mit Fug und Recht kann man sagen, dass die Waldeisenbahn wichtige Teile der Geschichte von Industrie- und Feldbahnen widerspiegelt. Die Spurweite setzt der Fahrzeugbeschaffung natürlich Grenzen. Zum Einsatz kommen zwei Dampflokomotiven. Die »Diana« hieß einstmals 99 3312. 1912 entstand die Lok mit vier angetriebenen Achsen bei Borsig. Sechs Jahre später stellte Borsig die 99 3317 fertig, ebenfalls eine vierachsige Maschine. Die kleinen Lokomotiven verfügen über so genannte Kobelschornsteine. Ein breiter Aufsatz hält Funken zurück, ehe sie aus der Esse austreten und bei Trockenheit umliegendes Waldgebiet in Brand setzen können. Der Kobelschornstein verleiht den Fahrzeugen ein an US-amerikanische Lokomotiven erinnerndes Äußeres. Eine Reihe Diesellokomotiven stammt aus DDR-Tagen. Typen wie die Ns 2, die Ns 3 und die V 10 C fuhren bei zahlreichen Industriebetrieben in verschiedenen Spurweiten. Zahlreiche originalgetreu aufgearbeitete Güterwagen erinnern an die einstige Hauptaufgabe der Waldeisenbahn, die Versorgung der Güter und Bewirtschaftung des fürstlichen Grundbesitzes. Die ansprechend gestalteten Personenwagen erinnern an lang vergangene Kleinbahnzeiten.

Strecke

Die Waldeisenbahn wird ihrem Namen durchaus gerecht. Nur wenige Abschnitte der Strecke liegen nicht im Schatten altehrwürdiger Bäume. Wer einen der dampfbespannten Züge nimmt, kann also frische Luft schnappen und gleichzeitig Dampfatmosphäre schnuppern. Der Pückler'sche Hof hatte die Waldeisenbahn großzügig angelegt. Feldbahnstimmung will beim Besuch nicht aufkommen. Vielmehr erinnert die Bahn an die sächsischen Schmalspurbahnen, nicht nur weil manche Lokomotiven gewisse Ähnlichkeiten mit legendären sächsischen Maschinen aufweisen.

! Wussten Sie, dass …

… in Weißwasser einer der zwei Eishockey-Vereine der ersten DDR-Liga existierte? Jedes Jahr spielten Dynamo Weißwasser und Dynamo Berlin in mehreren Partien den Meister aus. Dynamo Berlin ging im EHC Eisbären auf. Weißwasser ist dagegen nicht in der Deutschen Eishockey-Liga vertreten.

… Weißwasser in sorbischer Sprache den Namen Bela Woda trägt?

Sehenswürdigkeiten

Schloss Kromlau und Park
Die Nordwestlinie der Waldeisenbahn führt zum Englischen Garten in Kromlau. Schloss Kromlau steht an der Halbendorfer Straße. In östlicher Richtung erreicht man auf ihr alsbald die linkerhand gelegene Azaleenschlucht und wenig später die Rhododendronschlucht. Der Rhododendronpark ist der größte seiner Art in Europa.
Tourismusbüro,
Halbendorfer Str. 6,
02953 Gablenz;
Tel. 0 35 76/22 28 28

Pückler-Park, Bad Muskau
Die östliche Strecke der Waldeisenbahn endet unmittelbar am Parkeingang. Im Süden stößt man auf die Hermannsquelle und die Freilichtbühne. Wer den Ortskern auf dem markierten Wanderweg passiert, kommt zum Alten und Neuen Schloss. Ein Nebenarm der Neiße durchzieht das Gelände. Er trägt den schönen Namen »Hermanns Neiße«.
Stiftung Fürst-Pückler-Park, Orangerie, 02953 Bad Muskau; Tel. 03 57 71/5 20 10

Einkehrmöglichkeit

Am Schlossbrunnen
Knapp außerhalb des Zentrums von Bad Muskau entdeckt man einen sehr gut geführten Familienbetrieb mit gepflegten Speisen zu recht günstigen Preisen.
Köbelner Str. 68,
02953 Bad Muskau;
Tel. 03 57 71/52 30;
Jan.–März nur Abendessen

Pückler-Park Bad Muskau

An die alte Grenze
Die Heidekrautbahn und die BEF

Adresse
Berliner Eisenbahnfreunde
An der Wildbahn 2 A
16352 Basdorf
Tel. 03 33 97/7 26 56
Fax 03 33 97/6 08 28
www.berliner-eisenbahn
freunde.de
info@berliner-eisenbahn
freunde.de

Streckenverlauf

Strecke	Länge in km
■ Wilhelmsruh → Basdorf	17,4
■ Karow → Schönerlinde	5,0
■ Schönerlinde → Schönwalde	3,1
■ Schönwalde → Basdorf	4,0
■ Basdorf → Wandlitz	4,0
■ Wandlitz → Wandlitzsee	1,4
■ Wandlitzsee → Klosterfelde	4,0
■ Klosterfelde → Lottschesee	2,9
■ Lottschesee → Ruhlsdorf-Zerpenschleuse	4,5
■ R.-Z. → Klandorf	4,1
■ Klandorf → Groß Schönebeck	3,2
■ Basdorf → Zühlsdorf	2,9
■ Zühlsdorf → Wensickendorf	2,7
■ Wensickendorf → Schmachtenhagen	5,6

Betriebszeiten
Die Verkehrstage und der Fahrplan stehen im Kursbuch der Deutschen Bahn in der Tabelle 12298. Das Museum ist jeden Samstag ab 11 Uhr geöffnet

Geschichte

Einen großen Umzug haben die Berliner Eisenbahnfreunde (BEF) hinter sich. Der Verein entstand 1978 im damaligen französischen Sektor der Stadt. Auf einem kurzen, ehemaligen Anschlussgleis in Reinickendorf fuhren die ersten Züge. Echten Museumsbetrieb verhinderte aber die DDR-Reichsbahn, die auch im Westteil für den Schienenverkehr verantwortlich war. Mit einem Verein aus einem der Westsektoren wollte sie nichts zu tun haben. Nach der deutschen Vereinigung gelang den BEF dann der Durchbruch. 1996 bezogen sie ein neues Vereinsheim im ehemaligen Bw Basdorf. Es liegt zwar in Brandenburg, doch diese Ländergrenze stört echte Berliner nicht im Geringsten. Das Bw Basdorf war Mittelpunkt der Heidekrautbahn. Einst führte sie von Berlin-Wilhelmsruh in die Schorfheide. Da der Bahnhof Wilhelmsruh an der Grenze zwischen französischem und sowjetischem Sektor lag, baute die Reichsbahn kurzerhand eine neue Stichstrecke zum Bahnhof Karow in Pankow. Nach der deutschen Vereinigung bekam die Niederbarnimer Eisenbahn (NEB) ihre Strecke zurück. Noch betreut sie nur die Gleisanlagen und beauftragt die Deutsche Bahn mit dem Zugverkehr. Ab Ende 2005 fahren aber zwischen Karow, Wensickendorf und Groß Schönebeck moderne NEB-Züge.

Technik

Wie so oft in Berlin beherrschen Zuwanderer die Szenerie. Schon der Name der 1925 bei Hanomag gebauten Lok »Ampflwang« deutet darauf hin, dass sie lange Zeit in südlichen Gefilden wirkte, genauer in Österreich. Als sie dort nicht mehr gebraucht wurde, kehrte sie nach Preußen zurück, in den eingemauerten Westteil von Berlin. Eine echte Babelsbergerin ist die 65 1057, die ab 1957 auf den Schienen der recht kleinen DDR-Welt unterwegs war. Das erste, betriebsfähige Fahrzeug der BEF gehörte einst der Bundesbahn: Es handelt sich um einen Schienenbus der Baureihe 798.

Strecke

Die Züge der NEB steuern auch weiterhin den Bahnhof Karow an. Fast bis zum alten Endpunkt Wilhelmsruh fahren dagegen die Sonderzüge der BEF. Die Hobbyeisenbahner halten die zuletzt als Anschlussgleis zu einem Industriebetrieb genutzte Strecke in Schuss. Lediglich beim letzten Teilstück mussten sie passen. In Wilhelmsruh wurde der Bahndamm von den DDR-Grenztruppen weitgehend zerstört. Deswegen enden die Züge am Wilhelmsruher Damm, wo Straßenbahn- und Busanschluss besteht. Im Nordwesten halten sie in Wensickendorf nur kurz. Dann geht es über eine alte Güterbahnlinie weiter nach Schmachtenhagen. Der in Berlin durcheilte Streckenteil ist übrigens länger als manch einer glauben möchte: Blankenfelde schaut zwar aus wie ein Dorf, ist aber ein Teil der Großstadt Berlin. Einen Gegensatz Stadt – Land gibt es in diesem Teil Berlins nämlich nicht.

Eisenbahnmuseum

Im Bw Basdorf richteten die BEF das Heidekrautbahnmuseum ein. Den Schwerpunkt der Ausstellung bildet natürlich die namensgebende Nebenbahn. Doch nicht nur auf dem Fahrzeugsektor zeigten sich die BEF für neue Lösungen offen. Die Basdorfer Sammlung umfasst das weite Feld der Eisenbahn, nicht nur im Raum Berlin.

⚠ Wussten Sie, dass …

… die NEB formal nie enteignet wurde? Während bei anderen Privat- und Kommunalbahnen der DDR 1949 die Reichsbahn die Betriebs- und Eigentumsrechte übernahm, blieb sie bei der NEB nur Betreiberin. Warum die DDR-Behörden so handelten, ist unbekannt.

… die NEB-Strecke nach Wensickendorf einst nach Liebenwalde führte? Leider ruht auf dem Abschnitt der Verkehr.

Sehenswürdigkeiten

Wandlitz

Vom Bahnhof aus ist es nur ein kurzer Abstecher zur ehemaligen Bonzensiedlung Wandlitz. Am Rande des Ortes siedelten hermetisch abgeriegelt die Mitglieder der DDR-Staatsführung. SED-Chef Erich Honecker hatte dort ebenso sein Häuschen im Grünen wie Erich Mielke, der gefürchtete Chef des Staatssicherheitsdienstes. So mancher Besucher registriert mit Befremden oder Erschrecken, wie bieder, spießbürgerlich die Herren des so genannten Arbeiter- und Bauernstaates lebten, seit sie aus Niederschönhausen weggezogen waren. Dieser Ortsteil von Pankow hatte mehr Niveau. Von der Bonzensiedlung ist es nur ein Katzensprung zum Wandlitzsee, einem Naherholungsgebiet inmitten der Schorfheide. Nicht nur an sommerlich heißen Tagen lohnt sich der Ausflug. Gemeinde, Prenzlauer Chaussee 157, 16348 Wandlitz; Tel. 03 33 97/6 60

Einkehrmöglichkeit

Zur Waldschänke

Mit Jagdtrophäen geschmückte Gasträume erblickt der Besucher in dem traditionsreichen Ausflugslokal. Das kulinarische Angebot ist gut und preiswert. Die geräumigen Fremdenzimmer sind mit gediegenem Wurzelholzmobiliar ausgestattet. Zühlsdorfer Chaussee 14, 16348 Wandlitz; Tel. 03 33 97/35 50

Bonzensiedlung Wandlitz

Mehr als 300 km
Die Historische S-Bahn

Adresse
Historische S-Bahn
Postfach 58 04 44
10414 Berlin
Geschäftsstelle: S-Bahnhof
Köpenick, direkt auf dem
Bahnsteig, geöffnet
Dienstag und Donnerstag
von 17 bis 20 Uhr
Tel./Fax 0 30/29 71 70 50
www.hisb.de
geschaeftsstelle@hisb.de

Ost oder Rost?

Berlin ist anders als andere Städte. Deswegen soll hier anstelle der Streckenkilometrierung ein besonderes Bauwerk vorgestellt werden, der Bahnhof Ostkreuz. Dort stoßen die Stadtbahn, die Vorortstrecken nach Erkner und Strausberg sowie die Ringbahn aufeinander. Letztere kreuzt die anderen im rechten Winkel. Ostkreuz entstand als gewaltiger Kreuzungsbahnhof. Im Laufe der Zeit setzte er Patina an, zu viel Patina. »Rostkreuz« spotten daher die Berliner. Für die kommenden Jahre steht eine umfassende Sanierung auf der Tagesordnung. Es empfiehlt sich also, dem Ostkreuz noch einmal seine Aufwartung mit dem Fotoapparat zu machen.

Betriebszeiten

Historische S-Bahnzüge sind in Berlin das ganze Jahr unterwegs. Sie fahren auf verschiedenen Strecken.

Geschichte

Wann fuhr die erste Berliner S-Bahn? Über diese Frage können sich nicht nur Eisenbahnfreunde in die Haare geraten. Die einen meinen, 1903 sei der Startschuss gefallen. In jenem Jahr begann der elektrische Betrieb zwischen Potsdamer Vorortbahnhof und Groß Lichterfelde-Ost. Lichterfelde war damals noch eine selbstständige Gemeinde. Anfangs galt der Verkehr als Probebetrieb, aber schon bald stieg er zum Regelbetrieb auf. Doch die Anlagen unterschieden sich etwas von der späteren S-Bahn. So fuhr die Lichterfelder Vorortbahn mit 550 und nicht mit 800 V Gleichstrom. Deswegen sagen andere, erst 1924 habe der eigentliche S-Bahnbetrieb begonnen, als die Strecke nach Bernau mit elektrischen Triebzügen bedient wurde. Diese Auffassung vertritt auch der Betreiber, die S-Bahn Berlin GmbH. Daher feierte sie 2004 den 80. Geburtstag der S-Bahn und nicht 2003 den 100.

Ganz gleich, wie man solche Ansichtsfragen beantwortet, gehört der Berliner S-Bahnverkehr zu den interessantesten in Europa. Auf einem Streckennetz von mehr als 300 km Länge herrscht dichter Zugbetrieb im mindestens 20, meist sogar 10 oder weniger Minuten Taktfolge. Nur der Abschnitt Strausberg–Strausberg Nord wird alle 40 Minuten bedient. Ein Sommerurlaub in Berlin reicht nicht aus, um auch nur den S-Bahnverkehr in seiner ganzen Vielfalt zu erkunden.

Technik

Seit seiner Gründung 1991 hat der Verein Historische S-Bahn einen gewaltigen Bestand wertvoller Fahrzeuge zusammengetragen. Die ältesten stammen aus dem Jahr 1924 und gehören zur Bauart Bernau. Selbstverständlich nennt der Verein auch Fahrzeuge der legendären Bauart Stadtbahn sein Eigen. Von keiner Bauart entstanden in Deutschland mehr Exemplare als vom Stadtbahner. Von ihm abgeleitet wurden die Peenemünder, die einst im Raketen-Versuchszentrum fuhren. Neben den 20 eigenen Fahrzeugen betreut die Historische S-Bahn 16 im Museumsdienst eingesetzte Trieb-, Steuer- und Beiwagen der S-Bahn Berlin.

Strecke

Die Museumszüge der Berliner S-Bahn können natürlich das ganze Netz befahren. Nicht selten bieten die S-Bahnfreunde deswegen mehrstündige Exkursionen an. Auf diese Weise lernt man nicht nur die S-Bahn, sondern auch Berlin kennen.

Zu den schönsten Strecken gehört die Stadtbahn, die sich vom Ostkreuz zum Westkreuz auf Viadukten eine Etage über den Straßen durch die Stadt schlängelt. Ihre manchmal engen Bögen sind nicht nur Folge früherer Bebauung, die der 1882 eröffneten Stadtbahn nicht weichen durfte. Ein Teil der Strecke nutzte den zugeschütteten Festungsgraben, der keineswegs geradlinig verlief. Die Stadtbahn durchquert beide Innenstädte Berlins. Am Alexanderplatz schaut man auf einen eher proletarisch geprägten Stadtkern, rund um den Zoologischen Garten auf den bürgerlichen Westen mit dem Kurfürstendamm im Mittelpunkt. Der Zug passiert zahlreiche Sehenswürdigkeiten wie das Rote Rathaus, den Fernsehturm, das Centrum Judaicum, die Kongresshalle, die Siegessäule und die Kaiser-Wilhem-Gedächtniskirche. Dass auch die Bahnbauten sehenswert sind, versteht sich fast von selbst.

! Wussten Sie, dass …

… die Berliner S-Bahn Stadtrundfahrten mit einem eigens umgebauten Panoramazug anbietet? Der 488 001, so die bahnamtliche Nummer, entstand aus einem Vorkriegstriebzug der Baureihe 477, der 1943/44 in Dienst gestellt wurde.

… sich niemand anderes als Otto von Bismarck rühmte, den Boulevard des Westens, den Kurfürstendamm, quasi erfunden zu haben?

Sehenswürdigkeiten

Reichstagsgebäude
Eigentlich müsste Paul Wallots Bau heute Bundestagsgebäude heißen. Schließlich ist der Reichstag schon seit mehr als 70 Jahren Geschichte, sieht man einmal vom Scheinparlament der NS-Diktatur ab. Dieses wurde in Berlin »Reichsgesangsverein« genannt, da die Sitzungen kurz, die Gesänge zu Beginn und am Ende umso länger waren. Der Reichstag steht täglich zur Besichtigung offen. An den Sitzungstagen kann man den Volksvertretern über die Schulter blicken. Oftmals ist wegen des gewaltigen Besucherandrangs Geduld angesagt. www.reichstag.de

Fernsehturm
Westlich des Bahnhofs Alexanderplatz erhebt sich der Fernsehturm. Er ist deutlich höher als der Funkturm im Westen der Stadt und bietet somit ein größeres Panorama. Die Kugel trägt den Spitznamen »Rache des Papstes«, weil sich auf ihr bei passender Sonneneinstrahlung ein Kreuz zeigt. www.berliner fernsehturm.de

Einkehrmöglichkeit

Döner Kebap
Wer in Berlin Station macht, sollte wenigstens einmal eine der zahlreichen Döner-Buden besucht haben. Heute prägen sie das Stadtbild wie einstmals die Currywurst-Buden.

Brandenburger Tor

Im Kupferrevier
Die Mansfelder Bergwerksbahn

Adresse
Mansfelder Bergwerksbahn
Hauptstr. 15
06308 Benndorf
Tel. 03 47 72/2 76 40
Fax 03 47 72/3 02 29
www.bergwerksbahn.de
mansfelder@
bergwerksbahn.de

Streckenverlauf

Strecke	Länge in km
■ Klostermansfeld → Boxtal	1,1
■ Boxtal → Thomdorf	3,9
■ Thondorf → Hettstedt Eduardschacht	4,3

Betriebszeiten
Der Bergswerksbahnverein organisiert über das Jahr verteilt eine große Zahl Sonderfahrten. Feste Betriebstage gibt es nicht.

Geschichte

Bergwerksbahnen gab und gibt es in Deutschland einige. Große Netze existieren beispielsweise noch in der Lausitz. Elektrisch angetriebene Züge transportieren die Braunkohle zu den Kraftwerken. Doch nicht nur Kohle wurde in Deutschland bergmännisch abgebaut. In Anhalt gab es seit 1199 auch bedeutende Kupferminen. Der Abbau fand bis zum Ende der DDR statt. Zwar war der Bergbau bereits in deren letzten Jahren extrem unwirtschaftlich. Der deutsche Teilstaat stand aber schon lange am Rande des Bankrotts. Deswegen konnte er nur in begrenztem Maße Rohstoffe einführen. Wann immer möglich, musste die Industrie auf heimische Bodenschätze zurückgreifen. So überdauerte der Mansfelder Bergbau die Zeiten und mit ihm die Bergwerksbahn.

Deren erste Strecke wurde 1880 eingerichtet. Sie führte von den bei Welfesholz liegenden Glückhilfschächten zur Kupferkammerhütte Hettstedt. Im Laufe der Jahre wuchs ein ausgedehntes Netz in der Spurweite 750 mm heran. Von Norden kommend, näherte sich der Schienenstrang langsam Klostermansfeld und führte sodann weiter bis vor die Tore Eislebens. Mehrere Stichstrecken erschlossen Randgebiete. In Siersleben entstand gar ein Gleisdreieck. Nach dem Ende des Bergbaus wurde die Bergwerksbahn natürlich eingestellt. Doch schon 1990 kehrte die Bahn in das Mansfelder Revier zurück. Im Folgejahr etablierte sich dann der Bergwerksbahnverein. Ihm gelang es, die Strecke zwischen Klostermansfeld und Hettstedt betriebsfähig zu erhalten. Mit einem kleinen, nichtsdestoweniger aber anspruchsvollen Programm erinnert er an eine Bergwerksbahn, die niemals Kohle transportiert hat.

Technik

Nicht weniger als vier Dampflokomotiven stehen im Schuppen des Vereins. Sie entstanden zwischen 1931 und 1939 bei Orenstein & Koppel. Mit vier angetriebenen Achsen konnten sie die im Bergwerksbetrieb anfallenden Lasten mühelos bewältigen. Zwischen 1961 und 1962 erhielten die Mansfelder Bergwerksbahnen vier Diesellokomotiven der Baureihe V 10 C. Diese rollten aus den Hallen des Lokomotivbaus Babelsberg. Bei diesem Betrieb handelte es sich um das verstaatlichte Orenstein-&-Koppel-Werk, sodass alle acht Lokomotiven des Mansfelder Bergwerksbahnvereins gewissermaßen Geschwister sind. Daher verwundert es nicht, dass sie alle am Museumsbetrieb mitwirken.

Strecke

Die Fahrt mit der Museumseisenbahn beginnt an der Bahnwerkstatt in Klostermansfeld. Der Begriff Bahnwerkstatt ist keineswegs übertrieben. In Klostermansfeld existiert eine echte Lokomotivwerkstatt, die über alle notwendigen Lizenzen verfügt. Nicht nur Museumsbahnen haben dort schon Fahrzeuge aufarbeiten lassen. Die Museumszüge fahren zunächst in Richtung Osten. An der Station Boxtal trafen die Züge aus Klostermansfeld einst auf die aus Eisleben kommenden Züge. Die Strecke führt durch eine von lange währenden Industriesiedlungen geprägte Gegend. An jeder Ecke spürt man das Flair jener Tage, als Arbeit noch Maloche bedeutete. Dies ist gar nicht so lange her, auch wenn es manchem wie eine Ewigkeit vorkommt.

Sehenswürdigkeiten

Mansfeld-Museum
In Hettstedt lädt das Mansfeld-Museum zum Besuch ein. Es stellt nicht nur Alltagsgegenstände aus der Geschichte des Mansfelder Landes vor, wie es in Heimatmuseen so üblich ist. Das Manfelder Museum verfügt über eine Reihe von Objekten, um die es die Kuratoren anderer Museen sicher sehr beneiden. Allen voran einen Nachbau der ersten in Deutschland gefertigten Dampfmaschine. Nachdem George Stephenson ein 14 Jahre währendes Liefermonopol für Dampfmaschinen gefordert hatte, beauftragte die Bergbauverwaltung Friedrich Bückling, eine Studienreise nach England zu unternehmen und danach eine Dampfmaschine zu bauen. Am 23. August 1785 nahm diese in Anwesenheit des Bergbauministers von Heinitz die Arbeit auf. Neben der Dampfmaschine besitzt das Mansfeld-Museum das betriebsfähige Lokomobile ES 7 von R. Wolf, Buckau.
Schlossstr. 7,
06333 Hettstedt;
Tel. 0 34 76/20 07 53;
Di–So 10–17 Uhr

Einkehrmöglichkeit

Pizzeria Akhtar P.
Preiswert und gut isst die ganze Familie in der Pizzeria Akhtar P. Für jeden Hunger oder Appetit spricht die Auswahl an.
Untere Bahnhofstr. 3,
06333 Hettstedt;
TRel. 0 34 76/20 11 76

! Wussten Sie, dass …

… in Mansfeld die weit verbreiteten schwarzen, quaderförmigen Pflastersteine erfunden wurden? Im 19. Jahrhundert wollte man die Schlacke aus dem Verhüttungsprozess nicht einfach wegkippen. Also schuf man etwas Neues, praktisch unverwüstliche Steine für die Straßenpflasterung.

… der Sage nach die Goslarer Knappen Nappian und Neucke den Kupferbergbau begründet haben?

Reaktivierung
Naumburger Ringstraßenbahn

Adresse
Naumburger Straßenbahn
Postfach 1840
06608 Naumburg
Tel. 0 34 45/70 30 02
Fax 0 34 45/71 18 51
www.naumburger
-strassenbahn.de
gmbh@naumburger
-strassenbahn.de

Streckenverlauf

Strecke	Länge in km
 Hauptbahnhof →	
Bahnhofstraße →	
Bergstraße →	
Jägerplatz →	
Poststraße →	
Marientor →	
Marienring →	
Theaterplatz	2,3

Betriebszeiten
Die Naumburger Ring-
straßenbahn verkehrt an
ausgewählten Tagen im
Jahr.

Foto oben:
Dom St. Peter und Paul in
Naumburg

Geschichte

Eigentlich war sie schon tot. Die Naumburger Stadt-
väter wollten sich von der Straßenbahn trennen, in
der sie ein altertümliches, unwirtschaftliches Verkehrsmittel sahen. Die Einstellung des Betriebes
am 18. August 1991 sollte endgültig sein. Doch
engagierte Straßenbahnfreunde machten ihnen einen Strich durch die Rechnung. 1999 nahmen sie
den Verkehr auf einem Teilstück des deutschlandweit einmaligen Rings wieder auf. Vorerst fahren
nur Touristenzüge. 2006 wollen die ehrgeizigen Betreiber aber wieder täglichen Planverkehr durch-
führen.

Nicht nur mit dem Ringbetrieb schrieb die 1892
eröffnete Straßenbahn Geschichte. Sie gehörte
auch immer zu den kleinsten Straßenbahnbetrie-
ben in Deutschland. Anfangs fuhren auf der
Meterspurstrecke Dampfzüge. Nach der Übernahme des privaten Betreibers durch die Stadt wurde
die »Wilde Zicke«, so der Kosename, 1907 elektrifiziert. Ab 1914 fuhr die Straßenbahn im Kreis. Damit
erreichte sie ihre größte Ausdehnung. Bis zur vor-
läufigen Einstellung änderte sich nichts.

Gleich nach der folgenschweren Entscheidung
der Stadtverwaltung begannen die Bemühungen,
den einzigartigen Betrieb zu erhalten. Noch 1991
fanden erste Sonderfahrten statt. Seit 1994 sind

die Nahverkehrsfreunde Naumburg Besitzer der Bahn. Für eine Mark jährlich pachteten sie Strecke und Fahrzeuge von der Stadt. Zug um Zug sanierten die Straßenbahnfreunde Strecken, Stromversorgung und Fahrzeuge. 1999 begann der Verkehr zwischen Jägerplatz und Vogelwiese. Seit 23. April 2004 erreichen die Züge auch wieder den etwas abseits gelegenen Hauptbahnhof der Stadt. Um wirklich im Planbetrieb bestehen zu können, braucht die Straßenbahn aber jüngere Fahrzeuge.

Technik

Der Fahrzeugpark spiegelt den Bestand eines Kleinbetriebes zum Ende der DDR wider. Er besteht vornehmlich aus zweiachsigen Zweirichtungstriebwagen, die der Waggonbau Gothe in den fünfziger und sechziger Jahren hergestellt hat. Lediglich Wagen 202 gehört zu den Drehgestellfahrzeugen. Er entstand 1965 in Gotha. Aus den siebziger Jahren stammen zwei Zweiachser, die im Raw Schöneweide hergestellt wurden. Daneben stehen vier zweiachsige Beiwagen zur Verfügung. Ein besonders schönes Stück der Sammlung stellt der zweiachsige Pferdebahnwagen aus dem Jahr 1894 dar. Er ist kein Naumburger, sondern kam 1994 aus Neuchâtel (Neuenburg/Schweiz) in die Domstadt.

Strecke

Die Ringstraßenbahn beginnt am Hauptbahnhof und umrundet die historische Altstadt Naumburgs, in deren Mittelpunkt der Dom steht. Zumeist liegen die Gleise im Straßenniveau. Lediglich in der Roßbacher Straße, am Wenzelsring und am Marienring verfügt die Straßenbahn über einen eigenen Bahnkörper. Eine Reihe Straßen trägt noch die alte Pflasterung. Sofern nicht moderne Autos ins Bild kommen, könnte man glauben, ein historisches Foto vor sich zu haben. Leider ist der Betrieb momentan auf einen kurzen Abschnitt des einstigen Ringes beschränkt. Mit etwas Fantasie kann man sich aber vorstellen, wie die Ringstraßenbahn einmal ausgesehen hat und vielleicht einmal wieder aussehen wird.

! Wussten Sie, dass …

… die Naumburger Straßenbahn zu den ersten Betrieben gehörte, die 1951 Neubauwagen des Typs Lowa erhielten? 3 m fester Achsstand waren aber zu viel für die engen Kurven der Stadt. 1957 wechselten die Wagen nach Cottbus.

… es in Deutschland kaum eine buntere Straßenbahn gibt als die Naumburger?

Sehenswürdigkeiten

Nietzsche-Haus
Unweit des Marktes arbeitete von 1858 bis 1897 der Philosoph Friedrich Nietzsche. Eine Dauerausstellung und wechselnde Sonderausstellungen widmen sich dem Leben und dem Werk des so großen wie umstrittenen Denkers.
Weingarten 18,
06618 Naumburg;
Tel. 0 34 45/20 16 38; Di–Fr 14–17, Sa, So 10–16 Uhr

Hildebrandt-Orgel
Die Orgel von Zacharias Hildebrandt in der Wenzelskirche kommt dem Bach'schen Orgelideal nahe.
Topfmarkt, 06618 Naumburg; Tel. 0 34 45/77 59 40; Apr. Mo–Sa 13–15, Mai–Okt. tgl. 10–12,
14–17 Uhr

Einkehrmöglichkeit

Zur Alten Schmiede
In dem alten Gemäuer der Huf- und Wagenschmiede etablierte sich ein Gasthof, der schon durch seine Dekoration Technikfreunde begeistern wird. Wohin man auch blickt, entdeckt man traditionelles Werkzeug. Zu günstigen Preisen serviert das Personal gepflegte Gerichte.
Lindenring 36, 06618 Naumburg; Tel. 0 34 45/2 43 60; Nov.–Apr. nur abends geöffnet

Stadt Aachen
Der Gasthof mit kuriosem Namen bietet eine gut bürgerliche Küche zu günstigen Preisen an.
Markt 11, 06618 Naumburg; Tel. 0 34 45/24 70

Nietzsche-Haus

Stets unter Dampf
Die Harzer Schmalspurbahnen

Adresse
Harzer Schmalspurbahnen
Friedrichstr. 151
38855 Wernigerode
Tel. 0 39 43/55 80
Fax 0 39 43/55 81 48
www.hsb-wr.de
info@was-wr.de

Streckenverlauf

Strecke	Länge in km
■ Wernigerode → Steinerne Renne	5,9
■ Steinerne Renne → Drei Annen Hohne	8,2
■ Drei Annen Hohne → Elend	4,8
■ Elend → Sorge	7,4
■ Sorge → Benneckenstein	4,4
■ Benneckenstein → Eisfelder Talmühle	12,5
■ Eisfelder Talmühle → Ilfeld	6,6
■ Ilfeld → Nordhausen	10,7
■ Gernrode → Mägdesprung	10,2
■ Mägdesprung → Alexisbad	4,4
■ Alexisbad → Straßberg	7,2
■ Straßberg → Friedrichshöhe	8,7
■ Friedrichshöhe → Stiege	5,2
■ Stiege → Hasselfelde	4,7
■ Alexisbad → Harzgerode	2,9
■ Stiege → Eisfelder Talmühle	9,0

Betriebszeiten
Im Harz herrscht das ganze Jahr über Plandampf. Die Kursbuchtabellen 325, 326 und 333 weisen die Fahrpläne aus.

Geschichte

Mit der Inbetriebnahme des Abschnittes Gernrode –Mägdesprung begann am 7. August 1887 die Zeit der Meterspurbahnen im Harz. Ursprünglich gab es verschiedene Gesellschaften für die Selketalbahn Gernrode–Hasselfelde und die Harzquerbahn Wernigerode–Nordhausen, die erst im Jahr 1905 miteinander verbunden wurden. In Alexisbad zweigte von der Selketalbahn eine Stichstrecke nach Harzgerode ab, in Drei Annen Hohne eine Bahn auf den Brocken.

Die Verstaatlichung nach 1945 führte die Bahnen bei der Reichsbahn zusammen. Das blieb auch nach der deutschen Vereinigung so. Zum 1. Februar 1993 übernahmen die kommunalen Harzer Schmalspurbahnen (HSB) den Betrieb. Nach der Niederbarnimer Eisenbahn (→ Seite 36) handelte es sich um die zweite nichtbundeseigene Bahn in den neuen Bundesländern. Ihr Ziel, den Tourismus im Harz zu fördern und zugleich den Nah- und Güterverkehr aufrechtzuerhalten, haben die HSB mühelos erreicht.

Technik

Auf allen drei Strecken der HSB herrscht Plandampf. Den Regelbetrieb bewältigen die Reichsbahn-Neubaulokomotiven der Baureihe 99.23, die in den fünfziger Jahren beim Lokomotivbau Babelsberg entstanden. 17 Maschinen gehören zum Bestand, die aber nicht alle betriebsfähig sind. Hinzu kommt mit der 99 222 eine Einheitslok von 1931. Aus den Beständen der einstigen Harzquerbahn erbte die HSB sieben Lokomotiven der Baujahre 1897 bis 1939. Drei der Dieseltriebwagen fuhren in Langeoog, ehe sie 1995 in den Harz wechselten. Ein Wismarer gehörte einstmals der Harzquerbahn, ein Dessauer der Selketalbahn. Seit 18. November 2004 steht für Sonderfahrten ein im Stil der zwanziger Jahre restaurierter Wagen zur Verfügung. Er ist Eigentum der Interessengemeinschaft Harzer Schmalspurbahnen.

Strecke

Ist der Harz der schönste, deutsche Landstrich? Über solcherlei Thesen kann man natürlich geteilter Ansicht sein. Sicher ist aber, dass sich wohl keine andere Dampfbahn durch eine ähnlich anheimelnde, vielfältige Gegend schlängelt. Die Harzquerbahn verläuft in Nord-Süd-Richtung. Ihr Streckenprofil ist durch einige starke Neigungen gekennzeichnet. Zwischen Steinerne Renne und dem Betriebsbahnhof Drängetal durcheilt der Zug den etwa 70 m langen Thumkuhlenkopftunnel, den einzigen Tunnel der Schmalspurbahnen in den neuen Bundesländern. Die Selketalbahn beschreibt zwischen Hasselfelde und Alexisbad eine Ost-West-Linie. Das Gleis liegt in weitgehend unberührter Landschaft. In Alexisbad schwenkt die Hauptlinie nach Norden ab. Momentan endet sie noch in Gernrode. Die Arbeiten für die Verlängerung in die Weltkulturerbestadt Quedlinburg laufen aber bereits.

Die beiden attraktiven Strecken werden aber noch überboten von der Brockenbahn. Bis 1992 sah sie keinen Zugbetrieb, denn sie lag im so genannten Grenzsperrgebiet. Seitdem schnaufen die Reibungslokomotiven wieder zum 1125 m ü. NN gelegenen Brockenbahnhof hinauf. Vom höchsten Gipfel Norddeutschlands aus hat man eine hervorragende Sicht weit über den Nationalpark Hochharz – tief verschneit besonders schön!

⚠ Wussten Sie, dass …

… die Harzer Schmalspurbahnen das größte Schmalspurnetz in Deutschland betreiben?

… zwischen Nordhausen und Ilfeld Hybrid-Straßenbahnen fahren? Diese legen im Nordhauser Straßenbahnnetz den Stromabnehmer an. Nach dem Wechsel auf HSB-Gleise am Bahnhof Nordhausen versorgt ein Dieselmotor die Fahrmotoren mit Strom.

Sehenswürdigkeiten

Harzmuseum Wernigerode
In einem klassizistischen Fachwerkbau stellt ein sehenswertes Museum Fauna, Flora und Geologie des Harzes vor. Neben dem naturkundlichen Bereich gibt es eine Abteilung, welche der Wernigeroder Geschichte, der Fachwerkarchitektur und der Harzmalerei gewidmet ist.
Klint 10,
38855 Wernigerode;
Tel. o 39 43/ 65 44 54;
Mai–Sept. Di–So 10–17,
Okt–April Mo–Sa 10–17 Uhr

Altstadt Nordhausen
Nordhausen ist nicht nur der Straßen- und Dampfbahn wegen einen Besuch wert. Auch ein Abstecher in die Altstadt lohnt sich. In der Eingangshalle des Neuen Rathauses am Markt 15 empfängt der aus einem Eichenstamm geschnitzte Roland die Besucher. Mit zwei ungleichen, schiefen Türmen überrascht die im Nov. 2004 wiedereröffnete St.-Blasii-Kirche.
Stadtinformation, Markt 1,
99734 Nordhausen;
Tel. o 36 31/69 67 97

Einkehrmöglichkeit

Zum Brockenwirt
Ein Brockenbesuch ohne Erbsensuppe mit Bockwurst vom »Brockenwirt« ist wie eine Harzreise ohne Besuch der Dampfbahn. Neben der Erbsensuppe können sich auch die Harzer Spezialitäten und feinste Wildgerichte sehen lassen.
Brockenplateau, 38879 Schierke, Tel. 03 94 55/1 20

Harzmuseum Wernigerode

Linie 4
Die Thüringerwaldbahn

Adresse

Thüringerwaldbahn und
Gothaer Straßenbahn
Waltershäuser Str. 98
99867 Gotha
Tel. o 36 21/43 10
Fax o 36 21/43 11 11
www.waldbahn-gotha.de
info@waldbahn-gotha.de

Streckenverlauf

Strecke	Länge in km
Gotha Hbf → Sundhausen	5,2
Sundhausen → Boxberg	2,9
Boxberg → Leina	1,8
Leina → Wahlwinkel	2,4
Wahlwinkel → Gleisdreieck	1,9
Gleisdreieck → Schnepfenthal	0,7
Schnepfenthal → Reinhardsbrunner Teiche	1,8
R. Teiche → R.-Friedrichsroda	0,8
R.-Friedrichsroda → Friedrichsroda	0,7
Friedrichsroda → Marienglashöhle	1,1
Marienglashöhle → Tabarz	2,4
Gleisdreieck → Waltershausen	2,4

Betriebszeiten

Die Thüringerwaldbahn ist
keine Museumsbahn. Folg-
lich findet das Jahr über
ganztägig Betrieb statt. Zu
verschiedenen Terminen
fahren Traditionszüge. Leider hat die Deutsche Bahn
die Thüringerwaldbahn aus
ihrem Kursbuch gestrichen.

Geschichte

Wie so oft im Leben täuscht der erste Eindruck. Wer
in der schönen Stadt Gotha nach dem Zug der Thüringerwaldbahn Ausschau hält, sollte sich vom Anblick des Elektrotriebwagens nicht irritieren lassen:
Was wie eine simple Straßenbahn ausschaut, ist
die Thüringerwaldbahn oder, kurz, die Linie 4.

Es war eine kluge Entscheidung der Erbauer,
die Überlandstrecke zur Erschließung kleinerer Ortschaften bei Gotha in der gleichen Spurweite zu errichten wie die Gothaer Straßenbahn. Diese existiert seit 1894. 35 Jahre später nahm der erste Zug
den Weg nach Tabarz und Waltershausen. Zwar gab
es in der Gegend bereits eine Nebenstrecke der Eisenbahn. Die heute zwischen Friedrichsroda und
Waltershausen viermal haltenden Staatsbahnzüge
fuhren aber einstmals in Orte wie Georgenthal und
Fröttstädt, also nicht unbedingt dorthin, wo die Bewohner des Thüringer Waldes hin wollten. Zwischen Friedrichsroda und Georgenthal ruht längst
der Reiseverkehr. Die Thüringerwaldbahn ist dagegen voll in das Netz der Gothaer Straßenbahnen
integriert, als Linie 4 eben.

Technisch betrachtet, können sämtliche Fahrzeuge auf beiden Netzen eingesetzt werden. Neben
der Spurweite – 1000 mm – stimmt auch das
Stromsystem überein. Die Fahrleitungen von Stra-

ßen- wie Waldbahn führen Gleichstrom mit 600 V Spannung. Ein flexibler Alltagsbetrieb bereitet somit keine Schwierigkeiten. Zum Wohle der Bewohner der Gegend, aber auch zum Wohle der Bahnfreunde, die in und um Gotha beides in Reinkultur erleben können: modernen Straßenbahnverkehr und Traditionsbetrieb.

Technik

Gotha gehörte über Jahrzehnte zu den Zentren des deutschen Schienenfahrzeugbaus. Die Gothaer Waggonbauer genossen weltweit hohes Ansehen. In den fünfziger Jahren entwickelten Gothaer Ingenieure mehrere Standardfahrzeuge für Straßenbahnbetriebe der DDR. Das Grundkonzept für den Gothaer Großraumwagen und den Gelenkwagen stammte aus den USA. Bauartähnliche Fahrzeuge fertigte Duewag in Westdeutschland. Selbstverständlich gehören verschiedene Gothaer Fahrzeuge zum Traditionsbestand. Das älteste stammt von 1929. Die elektrische Ausrüstung des Triebwagens 56 trägt das Logo »AEG«. Die Elektrik der zu DDR-Zeiten gebauten Fahrzeuge stammte vom LEW. Als »LEW« firmierte das enteignete Hennigsdorfer AEG-Werk bis zur deutschen Vereinigung. Der Triebwagen 43 stammt von 1956, der Gelenkwagen 215 aus dem Jahr 1967.

Strecke

Die Thüringerwaldbahn gehört zu den längsten und schönsten Straßenbahnlinien Deutschlands. Die Linie 4 beginnt am Gothaer Hauptbahnhof. Zunächst geht es 15 Minuten lang durch die einstige Residenzstadt. Sundhausen heißt die letzte Stadthaltestelle. Der Schienenstrang begleitet den Großen Inselsberg. An einem Gleisdreieck trennen sich die Strecken nach Waltershausen und Tabarz. Die Züge der Linie 4 fahren nach Tabarz weiter. Auf der Stichstrecke pendeln Wagen. Hinter Schnepfenthal verlaufen Staatsbahn und Waldbahn auf etwa 2 km auf gleichem Bahnkörper. Hinter Friedrichsroda geht es dann mitten hinein in den Thüringer Wald.

⚠ Wussten Sie, dass ...

... die Thüringerwaldbahn auch alle innerstädtischen Haltestellen in Gotha bedient? Bis 1990 war das nicht der Fall.

... Abkömmlinge des Gothaer Herrschergeschlechtes in Bulgarien Karriere machten? Das Haus Sachsen-Coburg-Gotha stellte lange Jahre den König des Landes. In jüngerer Zeit wurde ein Sachsen-Coburg-Gothaer Ministerpräsident, dies unter dem Namen Sakskoburgotski.

Sehenswürdigkeiten

Besucherbergwerk
Unweit des Haltepunktes Marienglashöhle befindet sich der Eingang zu einem Besucherbergwerk.
Kur- und Tourismus, Marktstr. 13/15, 99894 Friedrichsroda;
Tel. 0 36 23/30 49 53;
April–Okt. tgl. 9–17,
Nov.–März tgl. 9–16 Uhr Führungen

Schloss Tenneberg
Hoch über Waltershausen, im Schloss Tenneberg, stellt das Heimatmuseum unter anderem die Geschichte der Puppen- und Spielwarenindustrie vor.
Tennebergstr.,
99880 Waltershausen;
Tel. 0 36 22/6 91 70;
Mai–Okt. Di–So 9–16,
Nov.–Apr. Mi–So 9–16 Uhr

Haus der Versicherungsgeschichte
Versichert ist praktisch jeder. Doch wie arbeitet eine Versicherung? Wie entstanden die Betriebe? Antworten findet man im Haus der Versicherungsgeschichte.
Bahnhofstr. 3, 99867 Gotha; Buchung von Gruppenführungen: Gotha-Information, Blumenbachstr. 1–3, 99867 Gotha;
Tel. 0 36 21/22 21 38

Einkehrmöglichkeit

Waldbahn-Hotel
Unweit des Gothaer Bahnhofs lädt das Restaurant des Waldbahn-Hotels zu stilvollem Essen mit regelmäßigen Spezialitätenwochen ein.
Bahnhofstr. 16, 99867 Gotha; Tel. 0 36 21/23 40

Marienglashölhe

Wilder Robert
Die Döllnitzbahn

Adresse
Döllnitzbahn
Bahnhofstr. 6
04769 Mügeln
Tel. 03 43 62/3 23 43
Fax 03 43 62/3 24 47
www.doellnitzbahn.de
info@doellnitzbahn.de

Streckenverlauf

Strecke	Länge in km
Oschatz Hbf → Lichtstr.	2,0
Lichtstr. → Südbf	1,0
Südbf → Altoschatz-Rosenthal	1,0
A.-R. → Thalheim	1,0
Thalheim → Naundorf	2,0
Naundorf → Schweta	3,0
Schweta → Grauschwitz Flocke	1,0
G. F. → Mügeln Bf	1,0
Mügeln Bf → Mügeln Stadt	2,0
Mügeln Stadt → Altmügeln	1,0
Altmügeln → Nebitzschen	2,0
Nebitzschen → Kemmlitz Ort	1,0
Kemmlitz Ort → Kemmlitz Bf	1,0

Betriebszeiten

Die Döllnitzbahn fährt täglich. Die Fahrzeiten stehen im DB-Kursbuch in der Tabelle 502. An ausgewählten Tagen setzt der »Förderverein Wilder Robert« Sonderzüge ein.

Foto oben:
Rathaus und Stadtkirche
St. Aegidien in Oschatz

Geschichte

Auf eine bewegte, jüngere Geschichte blickt die Döllnitzbahn im Norden Sachsens zurück. Nach der deutschen Vereinigung wollte sich die Staatsbahn von der Schmalspurbahn mit 750 mm Spurweite trennen. Ein neuer, eventuell kommunaler Betreiber fand sich nicht. Zu gering erschien das Verkehrsaufkommen zwischen Oschatz, Mügeln und Kemmlitz. Hinter dem südlichen Endbahnhof existiert zwar eine Kaolingrube. Doch ist es reichlich aufwändig, den Rohstoff erst in Schmalspurgüterwagen zu verladen, um ihn dann in Oschatz in Regelspurfahrzeuge umzuladen. Alternativ hätten Schmalspurfahrzeuge natürlich Regelspurwagen huckepack befördern können. Doch auch dieses Verfahren ist sehr umständlich. Folglich wird der Rohstoff inzwischen in Lastwagen transportiert. Unter anderem benötigen Porzellanhersteller Kaolin.

Der Döllnitzbahn drohte das Aus. Hilfe kam aus Berlin. Dort machte sich der Deutsche Bahnkunden-Verband (DBV) für neue Konzepte im regionalen Schienenverkehr stark. Der DBV gründete die Deutsche Regionaleisenbahn, die er anfangs »DR« abkürzte. Die darin steckende Ironie – die Buchstaben galten auch für die DDR-Reichsbahn – kam aber nicht überall an, weshalb schnell ein »E« angehängt wurde. Die DRE übernahm die Döllnitzbahn. Ihr gelang es, mit den zuständigen staatlichen Stellen ein Verkehrskonzept zu entwickeln. Standbein der 1884 eröffneten Bahn ist der Schülerverkehr. Doch gelingt es immer wieder, auch Güterzüge auf die 750-mm-Gleise zu bringen.

Technik

Schon im Planbetrieb bietet die Döllnitzbahn Nostalgie in Reinkultur. Sicher, so mancher Eisenbahnfreund kann mit Diesellokomotiven vergleichsweise wenig anfangen. Der wahre Liebhaber schätzt aber alle Triebfahrzeuge, die putzigen Schmalspurdiesel ebenso wie die urigen, »Ludmilla« genannten Giganten aus der Ukraine. Die Döllnitzbahn setzt Diesellokomotiven verschiedener Bauarten ein. Einige von ihnen beschaffte sie in Österreich. Die Dampflokomotiven sind dagegen echte Sächsinnen. Die Bauart IV K hat zwei einzeln angetriebene Drehgestelle und ein Verbundtriebwerk. Wenn eine dampfbespannte Lok um die Ecke kommt, kann man sich unschwer vorstellen, weshalb die Anwohner ihre Bahn schon kurz nach der Eröffnung »Wilder Robert« tauften.

Strecke

Die ersten Kilometer dampft Robert durch den beschaulichen Ort Oschatz. Man braucht nicht viel Fantasie, um die Bedeutung der Schmalspurbahn in jenen Zeiten zu begreifen, als Autos noch große Seltenheiten darstellten. Am Südbahnhof halten nur die Züge der Schmalspurbahn. Eine Regelspurstrecke hat es dort nie gegeben. Kurz hinter Altoschatz-Rosenthal endet die dichte Bebauung. Bis Mügeln begleiten nur wenige Dörfer die Strecke. Zumeist hat man freien Blick auf das karge Land. Wie lange es noch seinen Charakter bewahren wird? Es liegt ziemlich genau in der Mitte zwischen Dresden und Leipzig. Sicher werden beide Städte recht schnell ein gemeinsames Umland haben. Die meisten Züge enden derzeit in Altmügeln. Ein Dampfzug sowie Sonderzüge fahren weiter zum Endpunkt, der hoffentlich bald wieder täglich bedient wird.

ⓘ Wussten Sie, dass …

… rund um Mügeln einstmals ein ausgedehntes Schmalspurnetz existierte? Neben der Döllnitzbahn gab es Strecken von Mügeln nach Döbeln und von Nebitzschen nach Neichen. In Döbeln begann zudem eine Schmalspurstrecke nach Lommatzsch und Meißen-Trebischtal.

… Oschatz an der ersten deutschen Fernbahn, der 1839 durchgehend eröffneten Strecke Leipzig–Dresden liegt?

Sehenswürdigkeiten

Waagenmuseum
Eine in Europa einzigartige Ausstellung beherbergen die Oschatzer Stadtmauern. Dies im wörtlichen Sinne, denn das Stadt- und Waagenmuseum befindet sich in der Amts- und der Ratsfronfeste der Stadtmauer.
Frongasse 1, 04758 Oschatz; Tel. o 34 35/ 92 02 85; Di–Fr 10–17, Sa, So 14–17 Uhr und nach Vereinbarung

Neumarkt Oschatz
Auf dem schönen Marktplatz fallen nicht nur die architektonisch wertvollen Bürgerhäuser in das Auge. Der Marktbrunnen entstand 1588/89 unter den Händen des Leipziger Steinmetzes Gregor Richter, der einen Leipziger Stadtbrunnen nachahmte.
Oschatz-Information, Neuer Markt 2, 04758 Oschatz; Tel. o 34 35/97 02 42

Landesgartenschau 2006
Vom 22. April bis 8. Oktober 2006 findet in Oschatz die Landesgartenschau unter dem Motto »Hier blüht Sachsen« statt.
Landesgartenschau, Parkstr. 12 A, 04758 Oschatz; Tel. o 34 35/66 67 80; www.lago2006.de

Einkehrmöglichkeit

Gasthaus Zum Schwan
Direkt am Neumarkt kann man in elegantem Ambiente seine Mahlzeit genießen. Der Gasthof stammt aus dem 15. Jh.
Sporerstr. 2, 04758 Oschatz; Tel. o 34 35/97 53 00

Landesgartenschau 2006

Dackel im Grund
Die Traditionsbahn Radebeul

Adresse
Traditionsbahn Radebeul
Sidonienstr. 1 a
01445 Radebeul
Tel. 03 51/46 14 80 01
Fax 03 51/4 61 48 04
www.traditionsbahn
-radebeul.de
verein@trr.de

Streckenverlauf

Strecke	Länge in km
Radebeul Ost → Weißes Roß	1,6
Weißes Roß → Lößnitzgrund	1,9
Lößnitzgrund → Friedewald Hp	1,3
Friedewald Hp → Friedewald Bad	1,3
Friedewald Bad → Moritzburg	2,5
Moritzburg → Cunnertswalde	1,7
Cunnertswalde → Bärnsdorf	1,2
Bärnsdorf → Berbisdorf	2,4
Berbisdorf → Berbisdorf Anbau	1,3
Berbisdorf Anbau → Radeburg	1,4

Betriebszeiten
Der Lößnitzdackel fährt täglich. Sein Fahrplan steht im Kursbuch der Deutschen Bahn. Die Tabellennummer lautet 509.

Geschichte

Bis 2004 setzte die Deutsche Bahn Dampflokomotiven ein. Freilich nicht vor Schnell- oder Güterzügen auf gut ausgebauten Hauptstrecken. Nördlich Dresdens dampften aber Schmalspurlokomotiven von Radebeul nach Radeburg. Betrieben von der Deutschen Bahn. 2004 übernahm dann die BVO Verkehrsbetriebe Erzgebirge den Betrieb, selbstverständlich mit Dampftraktion.

Die Strecke in der sächsischen Standardspurweite 750 mm entstand 1884. Wie alle sächsischen Schmalspurbahnen diente sie der Erschließung des platten Landes, hatte also eine wichtige Verkehrsfunktion. Mit der wachsenden Motorisierung ging diese natürlich Zug um Zug verloren. Anfang der siebziger Jahre standen die sächsischen Schmalspurbahnen unter keinem guten Stern. Die stolzen Sachsen kämpften aber um jede einzelne Bahn und erreichten, was Landstrichen mit weniger Bürgersinn versagt blieb. Die Reichsbahn musste nachgeben und die Radebeuler Bahn unter Denkmalschutz stellen. Der heutige Traditionsbahn-Verein trat 1974 ins Leben.

Technik

Natürlich herrscht auch im Lößnitzgrund die berühmte sächsische IV K. Zwei Maschinen nennt der

Verein sein eigen, die 99 539 und 564. Die vierachsigen Nassdampflokomotiven sind natürlich beliebte Fotoobjekte und werden daher gern vor die so genannten Fotozüge gespannt. Womöglich ist der Kosename »Lößnitzdackel« für die Strecke auf den etwas nickenden Lauf der IV K zurückzuführen.

Die leistungsstärkere, aber nicht weniger ansehnliche 99 713 repräsentiert die VI K. Bei dieser handelt es sich um die letzte Generation sächsischer Schmalspurlokomotiven. Die von der Reichsbahn in Dienst gestellten Neubaumaschinen werden von vielen Eisenbahnfreunden als »VI K« bezeichnet. Natürlich stimmt diese sächsische Nummer fachlich nicht. Die Lokomotiven passen aber recht gut in die Familie, weshalb die Bezeichnung durchaus passend erscheint.

Wer den Lößnitzdackel besucht, sollte aber nicht nur den Triebfahrzeugen seine Aufmerksamkeit schenken. Die Sammlung historischer Schmalspurgüterwagen ist absolut sehenswert. Auch so mancher langjährige Eisenbahnfreund ist bass erstaunt, welche Vielfalt einstmals im Güterwagenpark auf schmaler Spur geherrscht hat. Von Zeit zu Zeit schicken die Traditionsbahner auch Fotogüterzüge auf die Strecke. Den Lokführern gelingt es fast immer, den Anschein zu erwecken, als hätte die kleine Maschine ordentlich Last am Haken.

Strecke

In Radebeul Ost halten die S-Bahnen der Linie 1. Alternativ kann man mit der Straßenbahn oder an einem besonders schönen Wochenende im Dampfschiff an- oder abreisen. Die beiden Stationen hinter Radebeul liegen noch innerhalb des Dresdener Bebauungsgebietes. Die Schmalspurbahn hat also gewissermaßen den Charakter einer Vorortstrecke. Danach geht es hinaus in den grünen Lößnitzgrund. Insbesondere linker Hand liegen mehrere kleine Seen in Reichweite der Bahn. In Moritzburg kann man an August- und September-Sonntagen etwas Außergewöhnliches erleben: die Kreuzung dreier, dampfbespannter Züge.

! Wussten Sie, dass …

… die Traditionsbahn Radebeul zu den Karl-May-Festspielen stets eine Reihe Sonderzüge einsetzt? Der Romancier, der übrigens nie in Amerika oder im Orient war, schrieb den Großteil seiner Werke in Radebeul.

… Sie im Traditionszug Ihr Fahrrad mitnehmen können? Eine vorherige Anmeldung empfiehlt sich aber nicht nur bei gutem Wetter.

Sehenswürdigkeiten

Dresden
Wer die Traditionsbahn im Lößnitzgrund besucht, kommt eigentlich gar nicht drum herum, Dresden seine Aufwartung zu machen. Schon zu DDR-Tagen putzte sich die sächsische Hauptstadt prächtig heraus. Nach der deutschen Vereinigung begann in Dresden das bedeutendste gesamtdeutsche Aufbauvorhaben, die Wiederherrichtung der Frauenkirche. Diese war nach dem sinnlosen Bombardement im Februar 1945 eingestürzt. Zum Glück wurden die geborgenen Steine nicht zum »sozialistischen Aufbau« genutzt, sondern eingelagert. Inzwischen fanden die ersten Veranstaltungen im alt-neuen Gemäuer statt.
Unweit der Frauenkirche befindet sich das Johanneum. Es beherbergt das Verkehrsmuseum, das nicht nur die sächsische Verkehrsgeschichte umfassend vorstellt. Zwinger, Grünes Gewölbe, Semper-Oper und viele andere Bauten laden zur Besichtigung ein. In »Elbflorenz« kann man Wochen verbringen.
Tourist-Information, Prager Str. 2 A, 01069 Dresden; Tel. 03 51/49 19 20

Einkehrmöglichkeit

Landgasthof Berbisdorf
Ländlich schlicht wirkt das Hotel-Restaurant. Bei günstigen Preisen speist es sich besonders angenehm in der Weinstube.
Hauptstr. 38,
01471 Radeburg;
Tel. 03 52 08/20 27

Semperoper Dresden

Zug ohne jede Eile
Eisenbahn Zittau–Oybin–Jonsdorf

Adresse

Sächsisch-Oberlausitzer
Eisenbahn-Gesellschaft
Bahnhofstr. 41
02763 Zittau
Tel. 0 35 83/54 05 40
Fax 0 35 83/51 64 62
www.soeg-zittau.de
info@soeg-zittau.de

Streckenverlauf

Strecke	Länge in km
Zittau → Zittau Hp	1,1
Zittau Hp → Zittau Süd	1,5
Zittau Süd → Zittau Vorstadt	1,7
Zittau Vorstadt → Olbersdorf Niederdorf	1,3
Olbersdorf Niederdorf → Olbersdorf Oberdorf	1,7
Olbersdorf Oberdorf → Bertsdorf	2,6
Bertsdorf → Kurort Oybin Niederdorf	1,0
Kurort Oybin Niederdorf → Kurort Oybin	2,3
Bertsdorf → Kurort Jonsdorf Hst	2,1
Kurort Jonsdorf Hst → Kurort Jonsdorf	1,7

Betriebszeiten

Die Bahn wird ganzjährig
bedient. Im Kursbuch der
Deutschen Bahn steht der
Fahrplan in der Tabelle 238

Geschichte

Im Gegensatz zu anderen sächsischen Schmalspurbahnen entstand die Zittau-Oybin-Jonsdorfer Eisenbahn (ZOJE) auf private Initiative. Der Staat sah den
Bahnbau als unnötig an. 1890 ging die Strecke in
Betrieb. Von Beginn an bewältigten die Sächsischen
Staatsbahnen den Betrieb, die 1906 auch Eigentümer wurden. Den privaten Investoren war die Rendi-
te der Schmalspurbahn einfach zu niedrig. Schleu-
nigst erweiterten die Staatsbahnen die Kapazitäten.
1911 wurde ein zweites Gleis zwischen Zittau und
Bertsdorf verlegt. Leider demontierten es 1945 die
sowjetrussischen Besatzer. Bis etwa 1960 stiegen
die Beförderungszahlen. Doch auch in der DDR
nahm der Straßenverkehr zu, nur nicht so extrem
wie im Westen. Mehr und mehr gewann die ZOJE
den Charakter einer Ausflugsbahn. Trotzdem hielt
sich der Güterverkehr bis zur deutschen Vereinigung. Die Staatsbahn zeigte aber kein Interesse am
Weiterbetrieb der ZOJE. Deswegen gingen Strecken
und Fahrzeuge in kommunale Hand über. Seit 1996
zeichnet die Sächsisch-Oberlausitzer Eisenbahn-
Gesellschaft (SOEG) für die ZOJE verantwortlich.

Technik

Die SOEG blieb bis heute den Dampflokomotiven
treu. Zum Einsatz kommen Maschinen der Baureihe

SACHSEN

99.73. Bei diesen handelt es sich um Schmalspur-Einheitslokomotiven, welche die Reichsbahn zwischen 1928 und 1933 bauen ließ. Daneben steht ein aus Rumänien stammender Triebwagen bereit. Der Interessenverband Zittauer Schmalspurbahnen unterhält eine sächsische IV und die von der Trusetalbahn kommende 99 4532. Zudem arbeiten die Eisenbahnfreunde den Triebwagen VT 137 322 auf.

Strecke

Die Schmalspurbahn beginnt am Vorplatz des Zittauer Bahnhofs. Sie begleitet zunächst die Regelspurbahn nach Görlitz. Zunächst kreuzt sie diese ebenerdig, natürlich durch entsprechend gesichert. An der Neiße führt die Regelspurlinie dann auf einem Sandsteinviadukt mit 39 Bögen und 745 m Länge über die Schmalspurbahn. Diese biegt vor dem Grenzfluss nach Süden ab. Bis zum Bahnhof Zittau Vorstadt beschreibt die ZOJE einen Halbkreis. Zwischen Zittau Vorstadt und Olbersdorf Niederdorf steigt das Niveau schon deutlich an. Auf den kommenden Metern bis Olbersdorf Oberdorf müssen die Züge nur eine geringe Neigung bewältigen. Danach ist bis Bertsdorf erstmals Schwerarbeit angesagt. Die Steigung hat durchaus Gebirgsbahncharakter. Bertsdorf ist nicht nur der Abzweigbahnhof der Streckenäste nach Jonsdorf und Oybin. Er diente lange Zeit auch als betrieblicher Mittelpunkt der ZOJE. In Bertsdorf entstand über die Jahre ein architektonisch interessantes Gebäudeensemble. Kurios schaut das Dach über einem Bahnsteigzugang aus. Damit Regelspurwagen auf Rollwagen passieren konnten, errichtete man ein quer zum Bahnsteig stehendes Spitzdach. Das Teilstück nach Jonsdorf ist das anspruchsvollere. Dort erreicht die ZOJE ihre maximale Neigung von 33 ‰. Die Trasse begleitet zunächst den Weißen Stein, einen Felssporn, um dann am Jonsberg vorbeizuführen. Der Oybiner Ast umfährt den Ameisenberg und den Töpfer. Am Endbahnhof lässt sich gut das Verkehrswachstum früherer Jahre nachvollziehen. Er wuchs Gebäude um Gebäude und erreicht heute eine stattliche Länge.

⚠ Wussten Sie, dass …

… in Zittau bis 1945 eine weitere Schmalspurbahn begann? Sie führte nach Markersbach und weiter nach Hermsdorf und Friedland. Das Reststück der Strecke bis zur Neiße-Grenze diente bis 1960 als Anschlussgleis.

… die Reichsbahn 1962 auf der ZOJE die V 36.48 erprobt hat? Die Diesellokomotiven taugten aber nichts und wurden nach wenigen Kilometern Fahrleistung in Zittau verschrottet.

Im Schmetterlingshaus

Sachsens zweite
Die Weißeritztalbahn

Adresse
Interessengemeinschaft
Weißeritztalbahn
Dresdener Str. 280
01705 Freital
Tel. 03 51/6 41 27 01
Fax 03 51/6 41 14 95
www.weisseritztalbahn.de
igw@weisseritztalbahn.de

Streckenverlauf

Strecke	Länge in km
■ Freital-Hainsberg → Coßmannsdorf	1,5
■ Coßmannsdorf → Rabenau	3,7
■ Rabenau → Spechtritz	1,6
■ Spechtritz → Seifersdorf	1,9
■ Seifersdorf → Malter	2,1
■ Malter → Dippoldiswalde	4,0
■ Dippoldiswalde → Ulberndorf	2,5
■ Ulberndorf → Obercarsdorf	1,5
■ Obercarsdorf → S.-Naundorf	1,9
■ Schmiedeberg-N. → Schmiedeberg	1,4
■ Schmiedeberg → Buschmühle	1,2
■ Buschmühle → Kipsdorf	2,8

Betriebszeiten
Wegen des Hochwassers im August 2002 findet derzeit kein Planbetrieb statt. Der Förderverein bemüht sich aber, von Zeit zu Zeit auf einem Teilstück Dampfzüge einzusetzen.

Geschichte

Die Weißeritztalbahn wurde während der Hochwasserkatastrophe von 2002 auf praktisch ganzer Länge von den zu Tale strömenden Wassermassen der Weißeritz zerstört. Lange zögerte die Deutsche Bahn, die Weißeritztalbahn wieder aufzubauen. Der Bund und das Land Sachsen stellten aber das nötige Geld zur Verfügung. So fand 2004 der erste Spatenstich statt. Wann der Zug wieder auf ganzer Strecke fahren wird, kann momentan niemand sagen.

Wenigstens auf einem Teilstück dampften aber schon wieder Züge. Der Förderverein Weißeritztalbahn beließ es nämlich nicht dabei, Forderungen an Staat und Politik zu stellen. Die Eisenbahnfreunde machten Nägel mit Köpfen und zeigten, welche große Attraktion der Gegend verloren ginge, würde man auf den Wiederaufbau der reizvollen Dampfbahn verzichten. Der Förderverein ist denn auch in die touristische Konzeption eingebunden, die das neue Leben der bis zum Hochwasser dienstältesten, dampfbetriebenen, deutschen Schmalspurbahn begleiten soll. Als Betreiberin ist die BVO im Gespräch, die auch auf der Lößnitzgrundbahn Dampfzüge einsetzt (→ Seite 50).

Der Bau der Weißeritztalbahn begann im Sommer 1881. Gut zwei Jahre später erfolgte der erste Abfahrtspfiff. Damit war die Strecke Freital-Hainsberg–Kurort Kipsdorf die zweitälteste Schmalspurbahn der Königlich Sächsischen Staatseisenbahnen. Zuvor ging nur die Strecke zwischen Wilkau-Haßlau und Carlsfeld in Betrieb. Diese gehört aber schon seit längerem zu den nur noch museal betriebenen Schmalspurbahnen (→ Seite 60), während die Weißeritztalbahn bis zur Zerstörung Planbetrieb gesehen hat.

Technik
Den Planbetrieb bewältigten Dampfrösser der Baureihen 99.73 und 99.77. Bei diesen handelte es sich um die Neubaumaschinen beider Reichsbahnen, der vor und nach 1945 arbeitenden. Die ab 1928 gebauten 99.73 entstanden in der Sächsischen Maschinenfabrik, Chemnitz, also unweit des Einsatzortes. Eine längere Reise haben die 99.77 hinter sich, die aus Babelsberg kommen. 1952 verließ die erste Neubaulok das Werk.

Strecke
Die Reise durch das Tal der Weißeritz ist so außergewöhnlich, dass man sie auch ohne Bahnbetrieb antreten sollte. Selbstverständlich hat die Deutsche Bahn einen Schienenersatzverkehr eingerichtet, setzt also Busse ein. Mit der Gummibahn kommen Besucher in alle Gemeinden am Schienenstrang. Nicht nur für fotografierfreudige Eisenbahnliebhaber empfiehlt sich aber die eine oder andere, längere Wanderung entlang der Bahntrasse.

Zu den größten Attraktionen gehört das Naturschutzgebiet Rabenauer Grund. Eigentlich ist es zu schön, um in wenigen Minuten durchfahren zu werden. Die zwei, drei Stunden Zeit für einen ausgedehnten Spaziergang sind gut angelegt. In Kipsdorf dann kommen Eisenbahn- und Naturfreunde gleichermaßen voll auf ihre Kosten. Das Empfangsgebäude der Endstation ist das größte seiner Art auf deutschen Schmalspurbahnen. Im Inneren stellen prachtvolle Gemälde Geschichte und Natur der Gegend vor.

! Wussten Sie, dass …

… der Höhenunterschied zwischen Freital-Hainsberg und Kipsdorf stattliche 352 m beträgt?

… die Königlich Sächsischen Staatseisenbahnen einst auf der Weißeritztalbahn neue Lokomotiven erprobten?

… zwischen Freital-Potschappel und Freital-Hainsberg ein Dreischienengleis liegt?

Sehenswürdigkeiten
Talsperre Malter
Bei Malter ist die Weißeritz aufgestaut. Die gewaltige Talsperre entstand zwischen 1908 und 1913. Während der Bauarbeiten wurde auch die Trasse der Weißeritztalbahn verlegt. Verlief sie zunächst auf der linken Talseite, errichtete man nunmehr einen Bahnköper rechts des Flusses.

Grubenlok »Dorothea«
In den Städtischen Sammlungen von Freital steht die erste elektrische Grubenlok der Welt. Sie entstand 1882 bei Siemens und arbeitete bis 1927 bei den Königlichen Steinkohlewerken Zauckerode. Danach kehrte sie zum Hersteller zurück, der sie dem Museum als Dauerleihgabe zur Verfügung stellte. Zum Museum gehört die Tagesstrecke Oberes Revier.
Schloss Burgk, Altburgk 61, 01705 Freital; Tel. 03 51/ 6 49 15 62; Di–Fr 10–16, Sa, So 10–17 Uhr geöffnet; Tagesstrecke Di, Do 13–16 Uhr sowie 1. Sa im Monat 10–16 Uhr

Einkehrmöglichkeit
Rabenauer Mühle
Direkt am Bahnhof Rabenau befindet sich das Hotel und Restaurant Rabenauer Mühle. Von ihm aus hat man einen hervorragenden Blick auf die Strecke. Die Küche ist gut bürgerlich, das ganze Ambiente passt so richtig zum Bahntag.
Bahnhofstr. 23, 01734 Rabenau; Tel. 03 51/4 60 20 61

Hotel-Restaurant Rabenauer Mühle

Auferstanden
Die Preßnitztalbahn

Adresse
Interessengemeinschaft
Preßnitztalbahn
Am Bahnhof 78
09477 Jöhstadt
Tel. 03 73 43/8 08 07
Fax 03 73 43/8 08 09
www.pressnitztalbahn.de
verein@pressnitztalbahn.de

Streckenverlauf

Strecke	Länge in km
■ Wolkenstein → Steinbach	15,2
■ Steinbach → Stolln	1,3
■ Stolln → Schmalzgrube	2,4
■ Schmalzgrube → Schlössel	2,9
■ Schlössel → Jöhstadt	1,2

Betriebszeiten
Die Züge der IG Preß-
nitztalbahn fahren im Jah-
resverlauf an ausgewählten
Tagen. Der Fahrplan steht
im Kursbuch der Deutschen
Bahn. Die Tabellennummer
lautet 12600.

Geschichte

Um die Preßnitztalbahn von Wolkenstein nach Jöhstadt war es eigentlich schon geschehen. 1892 ging
der Schienenstrang in Betrieb. Er zweigte in Wolkenstein von der Zschopautalbahn ab, einer in Flöha beginnenden Nebenstrecke, die über Annaberg-
Buchholz und Schwarzenberg nach Aue führte. Dort
bestand Anschluss nach Zwickau, in Flöha hielten
die Züge auf der Magistrale Chemnitz–Dresden.
Heute endet der Verkehr auf der Flöhatalbahn bereits in Willischthal, gut 10 km nördlich von Wolkenstein.

Die Schmalspurbahn mit 750 mm Spurweite erschloss also ein Nebental. Auf den ersten 15 km
brauchte sie nicht ein einziges Mal zu halten, so
dünn besiedelt war die Gegend. Deswegen verwundert es nicht, dass die Preßnitztalbahn schon in
DDR-Tagen als überholt galt. 1984 stellte die
Reichsbahn den Betrieb ein, endgültig, wie sie
meinte. Obwohl der Staatsbetrieb sicherheitshalber sogleich den Abbruchzug losschickte, ließen
die Eisenbahnfreunde aber nicht locker. Noch zu
DDR-Zeiten entstand eine Arbeitsgemeinschaft im
Deutschen Modelleisenbahn-Verband. Diesem gehörten nicht nur Freunde der kleinen, sondern auch
der großen Eisenbahn an, so, wie die einzige DDR-
Zeitschrift für Eisenbahnfreunde »Modelleisenbah-

ner« hieß und nicht etwa »Züge« oder »Eisenbahn-Journal«. 1988 erfolgte die Eintragung der Arbeitsgemeinschaft, die selbstverständlich den Zusammenbruch der DDR überdauerte. Nur formal musste sie noch einmal gegründet werden, diesmal als eingetragener Verein nach west- und gesamtdeutschem Recht. »Interessengemeinschaft Preßnitztalbahn« nannte er sich. Die Eisenbahnfreunde gingen ans Werk. Nichts weniger als den Wiederaufbau des interessantesten Teiles der Strecke hatten sie sich vorgenommen. Inzwischen fahren wieder Züge zwischen Jöhstadt und Steinbach. Ein vollständiger Wiederaufbau der Preßnitztalbahn wird sich leider kaum realisieren lassen, denn dazu müssten einige Brücken neu errichtet werden.

Technik

Selbstverständlich setzt die Preßnitztalbahn vornehmlich Lokomotiven sächsischer Herkunft ein. Im Mittelpunkt steht die IV K, die sächsische Schmalspurdampflok schlechthin. Gleich drei Exemplare, die 99 1542, 99 1568 und 99 1590, nennt der Verein sein Eigen. Sie entstanden zwischen 1899 und 1913 bei Richard Hartmann in Chemnitz und gehören zur so genannten Bauart Günther-Meyer. Als solche definiert man Maschinen mit zwei angetriebenen Drehgestellen. Die beiden Achsen des hinteren werden von einem Hochdruckzylinder in Bewegung versetzt. Dabei entspannt der Dampf nur teilweise. In einem Niederdruckzylinder kann er weitere Arbeit verrichten, genauer: die Achsen des vorderen Drehgestells mit Antriebsenergie versorgen.

Strecke

Die Preßnitztalbahn führt durch eine reizvolle Mittelgebirgslandschaft. In gemächlichem Tempo zuckeln die Züge an dichten Wäldern und beschaulichen Ortschaften vorbei. Insgesamt passieren sie auf den gut 8 km fünf Haltepunkte, ehe sie ihre Endstation erreichen. Jöhstadt liegt direkt an der deutsch-tschechischen Grenze. Wanderer erreichen in gut einer Stunde Weipert (Vejprty).

⚠ Wussten Sie, dass …

... Schmalkalden an der Preßnitztalbahn das Zentrum der deutschen Kühlschrankherstellung war? Zu DDR-Zeiten wurden auch hunderttausende in der Bundesrepublik verkaufte Geräte im Erzgebirge hergestellt. Ihr Abtransport erfolgte bis zur Stilllegung der Preßnitztalbahn auf der Schiene.

... Ende 2004 die ersten Fahrzeuge der Museumsbahn eine neue Halle am Jöhstädter Ortsausgang bezogen?

Sehenswürdigkeiten

Steinbach
Die Gemeinde Steinbach liegt von Erhebungen umgeben im Tal des Steinbachs. Der höchste Berg, der Hirstein am östlichen Ortsausgang, erhebt sich auf 891 m. Kurz dahinter erreicht man die Grenze zu Tschechien. Steinbach liegt in 550 bis 600 m Seehöhe. Das Erklimmen des Hirsteins bereitet also keine großen Mühen. An den Bergbau in der Gemeinde erinnert der »Andreas-Gegentrum-Stollen«, den Heimatfreunde mit großem Engagement seit 1984 für die Nachwelt bewahren. In der Weihnachtszeit ist es ein Erlebnis, die mit Sternen, Schwibbögen und anderem erzgebirgischen Kunsthandwerk geschmückten Fenster der Gemeinde zu betrachten.

Kirche zu Steinbach
1686 erhielt Steinbach, 1401 erstmals urkundlich erwähnt, seine eigene Kirche. Sie ersetzte eine Kapelle, die 1706 abgerissen wurde. Das Vorbild der Steinbacher Kirche steht in Bernsbach.

Einkehrmöglichkeit

Schlösselmühle
Gegenüber des Jöhstädter Bahnhofs liegt ein kleines, familiengeführtes Restaurant. Die solide bürgerliche Küche schont den Geldbeutel von Familien.
Schlösselstr. 60,
09477 Jöhstadt;
Tel. 03 73 43/8 05 22

Fahrradtour im Preßnitztal

Aufwärts mit Dampf
Die Fichtelbergbahn

Adresse

BVO Bahn GmbH
Bahnhofstr. 7
09484 Kurort
Oberwiesenthal
Tel. 03 73 48/15 10
Fax 03 73 48/1 51 29
www.fichtelbergbahn.de
fichtelbergbahn@bvo.de

Streckenverlauf

Strecke	Länge in km
Cranzahl → Unterneudorf	2,74
Unterneudorf → Neudorf	1,79
Neudorf → Vierenstraße	1,44
Vierenstraße → Kretscham-Rothensehma	2,05
Kretscham-Rothensehma → Niederschlag	2,28
Niederschlag → Hammerunterwiesenthal	3,32
Hammerunterwiesenthal → Unterwiesenthal	2,1
Unterwiesenthal → Oberwiesenthal	1,63

Betriebszeiten

Die Fichtelbergbahn fährt ganzjährig mit Dampf. Regelmäßig finden Sonderfahrten und Veranstaltungen statt. Im Kursbuch der Deutschen Bahn steht der Fahrplan in Tabelle 518.

Geschichte

Bis 1897 mussten sich die Oberwiesenthaler und ihre Kurgäste gedulden, ehe sie Anschluss an den Schienenverkehr erhielten. Die in Cranzahl beginnende Bahn wurde in der sächsischen Standardspurweite von 750 mm errichtet. Ab 1899 konnten die Schmalspurzüge auch Regelspurgüterwagen befördern. Güterzüge fuhren dann bis zum Zusammenbruch der DDR auf der Erzgebirgs- oder Fichtelbergbahn – beide Namen sind überliefert und korrekt.

In den neunziger Jahren stand ihre Existenz auf des Messers Schneide, da weder Reichsbahn noch Deutsche Bahn Interesse am Schmalspurbetrieb zeigten. Der Landkreis sprang in die Bresche und übernahm zum 1. Juni 1998 die Schmalspurbahn. Den Betrieb übertrug er der BVO, die weiterhin Dampflokomotiven einsetzt. Die Fichtelbergbahn wurde in das touristische Konzept der Gegend integriert. Somit ist ihre Zukunft auf absehbare Zeit gesichert.

Technik

Auf der Fichtelbergbahn fahren Dampflokomotiven der Baureihe 99.77, die ab 1952 beim Lokomotivbau Babelsberg entstanden. Dampflokfreunde bezeichnen die Maschinen, welche zu den letzten in Deutschland gebauten Dampflokomotiven zählen, wegen ihres vergleichsweise jungen Alters gern als Neubaulokomotiven. Das mag dem einen oder anderen albern erscheinen. Für Lokomotiven sind 50 Jahre indessen nur ein schönes, aber noch lange kein stolzes Alter. Die bestens gepflegten fünf Maschinen dürften also noch einige Jahrzehnte regen Dampflokleben vor sich haben. Die BVO heizt sie ausschließlich mit hochwertiger Steinkohle. 135 t mögliche Zughakenlast belegen eindrucksvoll die Leistungsfähigkeit der 99.77.

Strecke

Cranzahl liegt 653, Oberwiesenthal 892,7 m ü. NN. 238 m Höhendifferenz müssen die kleinen Maschinen also auf 17,4 km Streckenlänge bewältigen. Die größte Neigung liegt bei 1 m auf 30 m Strecke, also 33 ‰. Bei 25 km/h zulässiger Höchstgeschwindigkeit brauchen die Züge etwa eine Stunde, bis sie ihren Endbahnhof erreicht haben.

Zunächst folgt der Schienenstrang südwärts dem Flüsschen Sehma. Unterneudorf und Neudorf werden passiert. In Neudorf blieb das 1897 errichtete Empfangsgebäude bis heute erhalten. Hinter dem Haltepunkt Vierenstraße kreuzt der Zug den Weißen Schmabach. Um die Steigung bis Kretscham-Rothensehma überwinden zu können, muss die Bahn ein kleines Seitental ausfahren. Die Rote Sehma erhielt ihren Namen vom Roteisenstein, der ihr ein charakteristisches Aussehen verleiht. In einem weiten Bogen geht es durch dichten Wald weiter nach Niederschlag. Links nähert sich das Gleis dem Pöhlbach. Er markiert die Grenze zu Tschechien. Im engen Tal haben auf dem Abschnitt nur noch die beiden Verkehrswege Schiene und Straße Platz. Die Stationen Hammerunterwiesenthal und Unterwiesenthal liegen auf dem Weg zum Endbahnhof. Bevor dieser erreicht wird, überquert die Trasse das gewaltige Hüttenbachtal, auf einer eindrucksvollen, 110 m langen und 23 m hohen eisernen Brücke. In Oberwiesenthal existiert ein nur für Fußgänger geöffneter Grenzübergang nach Tschechien.

! Wussten Sie, dass …

… Oberwiesenthal die Stadtrechte besitzt? Es handelt sich um die höchstgelegene Stadt Deutschlands.

… der Haltepunkt Unterneudorf wegen entsprechender Vegetation im nahen Umfeld »Stachelbeerbahnhof« genannt wird?

…ein am Bahnbau beteiligter Norweger namens Olsen die Ski nach Oberwiesenthal gebracht haben soll?

Sehenswürdigkeiten

Fichtelbergbahn
Unweit des Endbahnhofs der Fichtelbergbahn beginnt eine weitere Bahn, diesmal aber eine Seilbahn. Sie führt auf den Fichtelberg, der über der Stadt thront. 1214 m Höhe misst die Erhebung. Die Seilbahn bewältigt den Höhenunterschied auf einer Strecke von 1173 m Länge.

Neudorfer Kirche
Sehenswert ist die Kirche von Neudorf. 1599 wurde der Bau geweiht. Das Gotteshaus liegt unweit des »Erlebnispfades Bimmelbahn«, der die Erzgebirgsbahn begleitet.

Cheops-Pyramide
Unterhalb des Bahnübergangs von Kretscham-Rothensehma steht ein Bau, der so gar nicht nach Sachsen passt. Karl-Hugo Eberwein ließ 1916 eine Nachbildung der Cheops-Pyramide errichten, nachdem er 1914 während einer Rundreise durch Ägypten das Original bestiegen hatte.

Einkehrmöglichkeit

Vier Jahreszeiten
Die regionale und die internationale Karte weisen moderate Preise aus.
Annaberger Str. 83, 09484 Oberwiesenthal; Tel., 03 73 48/73 26

Die Buffetwagen »Fichtelberg« und »Kielberg« führen die sächsische Speckfettbemme, Kuchen, Kaffee und Getränke.

Cheops-Pyramide

Die Erste
Museumsbahn Schönheide

Adresse
Museumsbahn Schönheide
Am Fuchsstein
Lokschuppen
08304 Schönheide
Tel. 03 77 55/43 03
Fax 03 77 55/25 61
www.museumsbahn
-schoenheide.de
museumsbahn
-schoenheide@web.de

Streckenverlauf

Strecke	Länge in km
■ Wilkau-Haßlau → Kirchberg	7,5
■ Kirchberg → Stützengrün-Neulehn	17,4
■ Stützengrün-Neulehn → Stützengrün	0,5
■ Stützengrün → Neuheide	1,6
■ Neuheide → Schönheide Mitte	1,8
■ Schönheide Mitte → Schönheide Süd	5,5
■ Schönheide Süd → Carlsfeld	7,3

Betriebszeiten
An den Betriebstagen findet auf der Strecke ein dichter Verkehr statt. Praktisch das ganze Jahr über sind die Museumseisenbahner aktiv.

Geschichte

1881 begann die Geschichte sächsischer Schmalspurbahnen mit dem ersten Spatenstich für die Strecke Wilkau-Haßlau–Carlsfeld. Ihr Ausgangspunkt lag an der Strecke Zwickau–Aue. Der erste Abschnitt führte nach Kirchberg. Noch im gleichen Jahr erreichten die Züge den im Erzgebirge liegenden Endbahnhof.

Die in der sächsischen Standardspurweite 750 mm errichtete Bahn gehörte leider nicht zu denen, die dem wachsenden Straßenverkehr Paroli bieten konnten. Schrittweise legte die Reichsbahn die Strecke zwischen 1967 und 1977 still. Als dann 1977 der letzte Güterzug sein Ziel erreicht hatte, begann der Abbau. Die rohstoff- und devisenarme DDR konnte es sich nicht leisten, einfach Gleise in der Landschaft liegen zu lassen. An einen späteren Museumsbetrieb dachten zu dieser Zeit nur Eisenbahnenthusiasten.

Ihre Stunde schlug mit der deutschen Vereinigung. Gleich 1990 machten sie sich an ein ehrgeiziges Projekt: die Reaktivierung der Schmalspurbahn oder wenigstens eines Teilstückes von ihr. Eine andere Variante des Aufbaus Ost, eine ohne großes, staatliches Geld. Mit riesigem Engagement gelang es, auf dem Abschnitt Stützengrün-Neulehn–Schönheide-Mitte wieder Gleise zu verlegen. Er misst immerhin 3,9 km Länge, ein knappes Zwölftel der früheren Bahn. Doch wäre es wohl durchaus im Sinne der Schmalspurfreunde, Carlsfeld und dem Erzgebirge wieder ein Stück näher zu kommen. Schritt für Schritt, versteht sich.

Technik

Der Traditionszug präsentiert sich im Erscheinungsbild der sechziger Jahre, also mehr oder minder der Endphase der Schmalspurbahn. Sowohl der Traglastenwagen als auch ein aus Länderbahntagen stammender Reisezugwagen zeigen sich im Kleid der Sechziger. In dieses Ambiente passen die Reko-Personenzugwagen sowie der gedeckte Güterwagen bestens. An der Spitze des Zuges steht eine sächsische IV K. Dem Verein gehören drei Exemplare dieser beliebten Gattung. Zudem steht im Schönheider Schuppen eine 1960 gebaute Diesellok der Bauart V 10 C, die früher den Anschluss der Papierfabrik Willischthal bediente. Sie trägt die Nummer 199 051.

Strecke

Obwohl sie noch relativ kurz ist, lässt die wieder aufgebaute Strecke doch schon spüren, wie die Schmalspurbahn Wilkau-Haßlau–Carlsfeld einmal ausgesehen haben muss. Schönheide und Stützengrün sind zwei recht dicht nebeneinanderliegende Orte. Die Distanzen kann man natürlich mühelos zu Fuß oder auf dem Fahrrad zurücklegen. Doch darum geht es nicht. Die Trasse lehnt sich auf weiten Abschnitten an den Fels an. Aus den Wagen hat man einen hervorragenden Blick auf das dem Erzgebirge vorgelagerte Land. Auch wer in südlichen Regionen daheim ist, wird angesichts der Gebirgskulisse begeistert sein.

Der Schönheider Lokschuppen blieb im Original erhalten. Als Unterkunft der vereinseigenen Fahrzeuge hat er natürlich durchaus musealen Charakter. Doch dient er weiterhin seinem ursprünglichen Zweck, also als Unterkunft der Lokomotiven und natürlich auch als Werkstatt.

Wussten Sie, dass …

… nach Schönheide eine weitere Bahnlinie führte? Die inzwischen auch stillgelegte Strecke Muldenthal–Eibenstock begleitete die Zwickauer Mulde und kreuzte die Schmalspurbahn bei Schönheide-Süd.

… die Königlich Sächsischen Staatseisenbahnen ihre Lokomotivschuppen als »Heizhäuser« bezeichnete? Schließlich wurden die Dampflokomotiven in ihnen angeheizt.

Sehenswürdigkeiten

Kuhberg
Zwischen Schönheide und Stützengrün befindet sich der 795 m hohe Kuhberg. Die Bergwanderung ist zu jeder Jahreszeit ein Erlebnis. Im Winter finden Langläufer Loipen vor. 1894 wurde auf dem Berg ein 20 m hoher Aussichtsturm eingeweiht. Bei guter Sicht blickt man bis in das Vogtland. Zudem gibt es das Berghotel Kuhberg, Schönheider Str. 90 A, 08328 Stützengrün; Tel. 03 77 55/24 90

Bürstenmuseum
Direkt neben der Martin-Luther-Kirche in Schönheide richtete der Heimatverein in einem schmucken Fachwerkbau das Bürsten- und Heimatmuseum ein. Es erinnert unter anderem mit einem Musterzimmer an einen traditionsreichen Manufaktur- und Industriezweig im Erzgebirge. Außerdem: regionalgeschichtliche Themen, beispielsweise die Eisenindustrie. Hauptstr. 49, 08304 Schönheide; Tel. 03 77 55/6 66 38 Sa, So 13–18 Uhr

Einkehrmöglichkeit

Zum Forstmeister
Das aus einem Ferienheim hervorgegangene Hotel liegt idyllisch am Waldesrand. Die Preise sind günstig, wie sich der »Forstmeister« überhaupt als familienfreundlich erweist. Hauptstr. 43, 08304 Schönheide; Tel. 03 77 55/6 30

Preußenzug
Museums-Eisenbahn Minden

Adresse
Museums-Eisenbahn
Minden (MEM)
Postfach 11 01 31
32404 Minden
Tel. 05 71/5 83 00
Fax 05 71/5 30 40
www.vereine.minden.de
/mem

Streckenverlauf

Strecke	Länge in km
■ Minden → Minden Friedrich-Wilhelm-Straße	3,0
■ M Fr.-W.-Str. → Nammen-Bad	7,0
■ Nammen Bad → Kleinenbremen	6,0
■ Minden → Specken	11,0
■ Specken → Hille	3,0
■ Holzhausen-Heddinghausen → Preußisch Oldendorf	4,0
■ Preußisch Oldendorf → Rabber	6,0
■ Rabber → Bad Essen	4,0
■ Bad Essen → Bohmte Ost	6,0

Betriebszeiten
Die Museums-Eisenbahn
Minden fährt an zahlrei-
chen Verkehrstagen im Jahr.
Die Fahrpläne stehen im
Kursbuch der Deutschen
Bahn in den Tabellen 12377
und 12387.

Geschichte

Das Jahr 1977 hat in der deutschen Eisenbahngeschichte eine ganz besondere Bedeutung. Fast wie
1835, als der erste Zug von Nürnberg nach Fürth
schnaufte, oder 1879, als Werner Siemens die Elektrolok erfand. 1977 gewöhnte die Bundesbahn ihren Lokomotiven das Rauchen ab. Mehr noch: Sie
erließ ein striktes Qualmverbot.

Zahlreichen Eisenbahnfreunden schmeckte
das natürlich gar nicht. Sicher, sie konnten ausge-
musterte Dampflokomotiven kaufen. Zu fahren war
dagegen nur wenigen Vereinen vergönnt. Zu ihnen
gehörte die Museums-Eisenbahn Minden (MEM),
gegründet 1977. In Minden lagen nämlich nicht nur
Bundesbahn-Gleise. Bei den Mindener Kreisbahnen
aber hatte die Bundesbahn nichts zu verbieten.
Nach Kleinenbremen und nach Hille durften die Museumszüge ungestört fahren.

Die Mindener Eisenbahnfreunde machten aus
der Not eine Tugend. Wenn großer Betrieb von der
großen Bahn verhindert werde, sagten sie sich, machen wir eben kleinen Betrieb auf der Kleinbahn.
Für die Strecken der Mindener Kreisbahnen stellten
sie einen Zug zusammen, wie ihn die preußischen
Staatsbahnen auf Nebenlinien einsetzten. Der
»Preußische Nebenbahn-Zug« war geboren, heute
das Markenzeichen der Museumseisenbahner.

NORDRHEIN-WESTFALEN, NIEDERSACHSEN

Technik

Den Preußen-Zug bespannt der Veteran im Lokbestand. Bei den preußischen Staatsbahnen trug die Lok die Bezeichnung »Hannover 7512«. 1908 stellte die Königsberger Union die Maschine her, die zur preußischen Gattung T 11 zählte. Vier Jahre jünger ist die ebenfalls aus Königsberg stammende »Stettin 7906«. Die zur Gattung T 13 gehörende Lok fuhr zuletzt bei der Erfurter Industriebahn und kam bereits 1977 nach Minden. Bei der Gerresheimer Glashütte arbeitete die 1910 bei Hohenzollern in Düsseldorf gebaute »Alice Heye«. Die Lok mit zwei angetriebenen Achsen ist momentan leider abgestellt. Zwei Einheitslokomotiven ergänzen den Bestand an Nebenbahnfahrzeugen. Die 86 744 entstand 1942 bei Orenstein & Koppel, die 89 6237 1924 bei Linke-Hofmann-Busch. Nicht betriebsbereit ist die »Mevissen 4« von der Zeche Diergardt-Mevissen in Rheinhausen. Von den zwei Schienenbussen ist der VT 98 in echter Bundesbahner. Der Triebwagen T 2 stammt von der Moerser Kreisbahn. Sein Hersteller war die Waggonfabrik Uerdingen, die auch den DB-Schienenbus entwickelte.

Strecken

Um das ganze Netz der MEM bereisen zu können, muss man sich etwas Zeit nehmen. Die Gleise führen durch reizvolle, höchst unterschiedliche Landschaften. An den Rand des Weserberglandes kommt, wer sich nach Kleinenbremen begibt. Die nördliche Strecke der Mindener Kreisbahnen bleibt dagegen der Norddeutschen Tiefebene treu, an deren Rand Minden liegt. Vom Endpunkt Hille aus erreicht man nach kurzem Fußweg den Mittellandkanal. Wer mag, fährt mit dem Schiff nach Minden zurück. Von der Strecke Bünde–Rahden geht in Holzhausen-Heddinghausen die Wittlager Kreisbahn ab. In Bohmte kreuzt sie die Hauptbahn Osnabrück–Bremen. Das Große Moor beginnt gleich hinter der Gemeinde Schwegermoor, dem Endpunkt der Strecke. Beide Bahnlinien laden zu ausgedehnten Wanderungen und Fahrradtouren ein.

! Wussten Sie, dass …

… die Museums-Eisenbahn Minden zu den Pionieren des deutsch-deutschen Handels gehört? Da die Betreiber in der Bundesrepublik kaum Chancen sahen, brauchbare Nebenbahn-Dampflokomotiven zu erhalten, schauten sie sich jenseits der Demarkationslinie um. Suche, Besichtigung und Vertragsabschluss gestalteten sich mitunter höchst abenteuerlich, wissen die Verantwortlichen zu berichten.

Mindener Dom

Dampf im Ruhrtal
Die DGEG und ihre Aktivitäten

Adresse

DGEG Eisenbahnmuseum
Bochum-Dahlhausen
Dr.-C.-Otto-Str. 191
44879 Bochum
Tel. 02 34/49 25 16
Fax 02 34/54 06 99
www.eisenbahnmuseum
-bochum.de
info@eisenbahnmuseum
-bochum.de

Streckenverlauf

Strecke	Länge in km
■ Hattingen → Heinrichshütte	2,2
■ Heinrichshütte → Blankenstein Burg	3,3
■ Blankenstein Burg→ Blankenstein	1,8
■ Blankenstein → Herbede	1,9
■ Herbede → Ruine Hardenstein	1,9
■ Ruine Hardenstein → Witten-Bommern	2,6
■ Witten-Bommern → Wengern Ost	3,4

Betriebszeiten

Das Dahlhauser DGEG-Museum ist Mittwoch und Freitag von 10 bis 17 sowie an Sonn- und Feiertagen von 10 bis 15 Uhr geöffnet. Mitte Dezember bis 1. März schließt das Museum. Die Dampfzüge fahren an jedem ersten Sonntag in den Monaten April bis Oktober. Selbstverständlich organisiert die DGEG weitere Sonderveranstaltungen.

Geschichte

Zu den traditionsreichen Institutionen der Eisenbahnszene gehört die Deutsche Gesellschaft für Eisenbahngeschichte. Wie so viele Vereine entstand sie aus dem Antrieb heraus, das vom Aussterben bedrohte Dampfross zu retten. Die Initiatoren beließen es aber nicht dabei, sondern schufen einen Verein, der durchaus als Dachverband der deutschen Eisenbahnvereine wirken könnte.

Technik

Star der DGEG-Sammlung ist die 38 2267, welche die Museumszüge im Ruhrtal schleppt. Die Maschine der preußischen Gattung P 8 entstand 1918. Die P 8 zählt zu den meistgebauten Dampflokomotiven Europas. Neben den preußischen Staatsbahnen stellten weitere europäische Bahnen die robusten, leistungsstarken Lokomotiven in Dienst, beispielsweise in Litauen und Rumänien. In Polen wurde die P 8 mit einigen Änderungen nachgebaut. Vom Vorbild war nach dem Versailler Friedensvertrag eine große Zahl ins Land gekommen.

Leider nicht betriebsfähig ist derzeit die 66 002. Die Baureihe 66 gehört zu den letzten, von der Bundesbahn beschafften Dampflokomotiven. Nur zwei Exemplare entstanden von der Konstruktion, die Fachleute als die gelungenste der Bundesbahn ansehen. Gebraucht wurde die Lok aber nicht mehr. Diesel- und Elektrobetrieb hatten der Dampflok den Garaus gemacht.

Ein Dieseltriebwagen bringt denn auch die Besucher in das Museum. Am Bahnhof Dahlhausen wartet ein liebevoll »Schweineschnäuzchen« genannter Schienenbus der Waggonfabrik Wismar.

Strecke

Die Museumslinie folgt auf ganzer Linie der Ruhr. Einstmals erschloss sie die jenseits der Magistralen gelegenen Gemeinden. Dass diese nicht unbedingt klein sein müssen, sieht man nebenan im Sauerland. Städte wie Lüdenscheid und Iserlohn bekamen ebenfalls keinen Hauptbahnanschluss. Wirtschaftliche Überlegungen der anfangs privaten Bahngesellschaften trugen ebenso dazu bei wie der Zufall. Der DGEG-Zug passiert eine malerische Landschaft. Die sanften Hügel, das Grün und natürlich der Fluss zur Linken gefallen dem Auge. Man glaubt kaum, nur wenige Kilometer von Bochum entfernt zu sein. In Blankenstein begann einst die Kleinbahn nach Bossel, in Witten-Höhe die Bahn nach Gevelsberg.

Eisenbahnmuseum

Das größte private Eisenbahnmuseum des Landes befindet sich in Bochum-Dahlhausen. Die DGEG richtete es im ehemaligen Bw ein. Nicht weniger als 40.000 qm Fläche stehen für die Präsentation von Fahrzeugen und Eisenbahntechnik zur Verfügung. Die Sammlung der DGEG kann problemlos mit staatlichen oder halbstaatlichen Museen mithalten, beispielsweise dem DTM in Berlin (→ Seite 118) oder dem Verkehrsmuseum Nürnberg (→ Seite 119), das heute vom DB-Konzern getragen wird.

Besonders beliebt bei den Gästen sind die Museumstage, zu denen verschiedene Dampflokomotiven angeheizt werden. Die Dämmerstunden im Museum bieten ein Bahnerlebnis der besonderen Art. In den Schulferien kümmern sich die Museumseisenbahner besonders um die Kinder, für die sie eigene Museumstage organisieren.

! Wussten Sie, dass ...

... die DGEG ein weiteres Eisenbahnmuseum in Neustadt an der Weinstraße unterhält (→ Seite 80)?

... die DGEG regelmäßig eisenbahnkundliche Studienfahrten organisiert?

... die DGEG eine große Zahl wichtiger eisenbahnhistorischer Bücher und Schriften herausgegeben hat?

Sehenswürdigkeiten

Räder und Radsätze
In der Revierstadt residiert der Bochumer Verein. Bei diesem handelt es sich keineswegs um eine gesellige Vereinigung, sondern um einen der bedeutendsten Hersteller von Rädern und Radsätzen. Das Unternehmen richtete an seinem Stammsitz das Räder- und Radsatz-Museum ein. Nach Vereinbarung kann es besichtigt werden.
Alleestr. 70, 44793 Bochum; Tel. 02 34/6 89 10

Dahlhauser Heide
Auch dieser Name führt etwas in die Irre. Die Dahlhauser Heide ist ein Denkmal- und kein Naturschutzgebiet. Hinter dem Namen verbirgt sich eine zwischen 1906 und 1915 von Robert Schmohl geschaffene Arbeitersiedlung. Sie gehörte zu den Mustersiedlungen von Krupp. Der Konzern betrieb die nahe gelegene Zeche Hannover. Jedes Haus hatte einen eigenen Garten mit Stall. Dies war nötig, da die Löhne der Bergarbeiter nicht immer für die Versorgung der Familie ausreichten. Also bauten sie im Garten Kohl an, in Bochum »Kappes« genannt, und im Stall hauste eine Ziege.

Einkehrmöglichkeit

Mutter Wittig
Das Restaurant in der Innenstadt gilt als Institution. In liebevoller Atmosphäre speist man gutbürgerlich.
Bongardstr. 35, 44787 Bochum; Tel. 02 34/1 21 41

Museum Bochum-Dahlhausen

Im Kaiserwagen
Die Schwebebahn im Wuppertal

Adresse
Wuppertaler Stadtwerke
Bromberger Str. 39–41
42281 Wuppertal
Tel. 02 02/56 90
Fax 02 02/5 69 45 90
www.wsw-online.de
wsw@wsw-online.de

Streckenverlauf

Strecke	Länge in km
■ Strecke über der Straße in Vohwinkel	3,3
■ Strecke über der Wupper	10,0

Betriebszeiten
Im Regelbetrieb fährt die Schwebebahn täglich in dichtem Takt. Der Kaiserwagen kommt zu Sonderfahrten an verschiedenen Tagen im Jahr auf die Strecke.

Geschichte

Um 1900 dachten zahlreiche Städte über die Schaffung neuer Nahverkehrssysteme nach. Von der Hochbahn über die Unterpflasterbahn bis hin zur tiefer liegenden Untergrundbahn reichten die Vorschläge, wie man Arbeiter, Angestellte und Beamte zügig und kostengünstig zwischen den Wohnquartieren und den Betrieben oder Behörden befördern kann. Eine eigenwillige Variante der Hochbahn wählten die Städte Vohwinkel, Elberfeld und Barmen im Tal der Wupper. Ihre Bahn fuhr nicht auf zwei Schienen, sondern hing an einer. Eugen Langen hatte das Prinzip entwickelt. Während andere Städte es prüften und verwarfen, nutzten die drei Städte im Wuppertal die Chance und schufen ein einmaliges Verkehrssystem, das längst zur bekanntesten Sehenswürdigkeit Wuppertals aufgestiegen ist. 1901 ging der erste Abschnitt in Betrieb. Bis 1903 war die Strecke fertig.

Technik

Schweben, naja, von Schweben kann eigentlich keine Rede sein. Schließlich bewegt sich die Bahn nicht frei im Raum. Sie hängt an der Fahrschiene, auf der die Räder ganz konventionell vorwärts rollen. Physikalisch betrachtet, wäre der Begriff »Pendelbahn« korrekt. Nach links und rechts schlägt der

Wagen, technisch das Pendel, leicht aus, versucht also, durch sachte Bewegungen, technisch Schwingungen, die natürliche Ruhestellung einzunehmen. Für einen Ingenieur ist die Berechnung dieser Bewegungen kein Kunststück. Der Einschienenbetrieb mit Fahrwerk oberhalb der Kabine lässt sich leicht beherrschen. Die Schwebebahn fuhr denn auch in der Vergangenheit weitgehend unfallfrei. Das einzige schwere Unglück geschah infolge menschlichen Versagens: Arbeiter hatten eine an der Fahrschiene befestigte Kralle abzunehmen vergessen. Der erste Zug fuhr auf, entgleiste und stürzte in die Wupper.

Planmäßig verkehren heute Gelenktriebwagen, die Anfang der siebziger Jahre entstanden. Aus den Anfangstagen blieb ein Wagen erhalten, der heute den Namen »Kaiserwagen« trägt. Bereits Wilhelm II. hatte der Bahn seine Reverenz erwiesen.

Strecke

Die Strecke führt in Ost-West-Richtung durch die Stadt. Der Großteil der kunstvoll angelegten, stählernen Trasse verläuft direkt über der Wupper. In Vohwinkel begleitet die Schwebebahn einen Straßenzug. Wer in einen der orange/blauen Wagen steigt, braucht also keine Stadtrundfahrt mitzumachen.

Doch lohnt es sich auch, die Schwebebahn von unten zu betrachten. Die Stahlkonstruktion der Trasse ist nicht nur für Ingenieure interessant. Viele der Bahnhöfe stiegen im Laufe der Jahre zu kleinen Kunstwerken auf. Ab und an finden denn auch attraktive Lichtinstallationen statt. Schon die Fotos davon zu betrachten, bereitet größtes Vergnügen. Eine Reihe Stationen ist in den vergangenen Jahren modernisiert worden, wie überhaupt die gesamte Anlage der Schwebebahn. Die Stadtwerke achteten dabei darauf, dass der ursprüngliche Charakter so gut wie möglich erhalten blieb. Alles Wünschenswerte ließ sich natürlich nicht realisieren, schon deswegen nicht, weil Träger und andere Stahlteile wegen der höheren Lasten des zunehmenden Betriebes verstärkt werden mussten.

Wussten Sie, dass …

… die Stadt Wuppertal deutlich jünger ist als ihre Schwebebahn? Erst in den zwanziger Jahren schlossen sich die Gemeinden im Wuppertal zu Wuppertal zusammen.

… 1950 ein Elefant mit der Schwebebahn fuhr? Vor Schreck sprang das Tier ab und plumpste in die Wupper.

… Friedrich Engels aus Barmen kommt?

Sehenswürdigkeiten

Kindermuseum
Ein außergewöhnliches Kindermuseum entdeckt man im Stadtteil Langerfeld. Es präsentiert keine Ausstellungen für Kinder, sondern Ausstellungen von Kindern. Hunderte Bilder, Skulpturen und andere Schöpfungen geben Einblick in die kindliche Kreativität. Besonders sehenswert ist die Sammlung von Musikinstrumenten, die Kinder erfunden haben.
Beyeröhde 1,
42389 Wuppertal;
Tel. 02 02/60 52 78;
Di, Do, Fr 10–13, Mi 10–13, 15–18 Uhr

Von-der-Heydt-Museum
Eine Kunstsammlung besonderer Güte präsentiert sich im umgebauten Elberfelder Rathaus. Werke des Surrealisten Salvador Dalí entdeckt man dort ebenso wie die Kunst der Brücke-Schule, für die z. B. August Macke steht. Das Museumscafé hat der französische Künstler Daniel Buren gestaltet.
Turmhof 8, 4103 Wuppertal;
Tel. 02 02/5 63 62 31;
Di, Mi, Fr–So 11–18,
Do 11–20 Uhr

Einkehrmöglichkeit

Pizza Fun
Nach dem Rundgang stärkt man sich am besten mit einer Pizza. Das Haus hält, was der Name verspricht, bei familienfreundlichen Preisen.
Schützenstr. 73,
42281 Wuppertal;
Tel. 02 02/2 81 91 80

Von-der-Heydt-Museum

Im Kaltenbachtal
Die Bergischen Museumsbahnen

Adresse
Bergische Museumsbahnen
Postfach 13 19 36
42349 Wuppertal
Tel. 02 02/47 02 51
Fax 02 02/4 78 16 38
www.bmb-wuppertal.de
bmb@wtal.de

Streckenverlauf

Strecke	Länge in km
■ Kohlfurter Brücke → Mörschenborn	3,2

Betriebszeiten
Die Züge der Bergischen Museumsbahnen verkehren an ausgewählten Tagen. Das Museum öffnet Samstag von 11 bis 17 Uhr. Zwischen Mai und Oktober ist es auch an Sonn- und Feiertagen zu den gleichen Zeiten geöffnet.

Geschichte

Der Name Wuppertal ist in erster Linie mit der Schwebebahn verbunden (→ Seite 66). Neben diesem Verkehrsmittel stellt die Eisenbahn die Verbindung in die weite Welt sicher, während der Bus die Fläche bedient. In Vergessenheit geraten ist, dass Wuppertal einstmals auch über ein recht ansehnliches Straßenbahnnetz verfügte. Einige Strecken entstanden in Regel-, andere in Meterspur. Auch einige Kleinbahnen der Gegend fuhren einst auf 1000 mm Spurweite.

In den fünfziger und sechziger Jahren unterließ es die Stadtverwaltung dann, größere Investitionen in das Netz zu tätigen. Die scheinbar unmoderne Straßenbahn sollte langfristig dem Bus weichen. Bis 1970 war das meterspurige Netz zerstört. Als Letzte stellte die Linie 25 zwischen Dönberg und Elberfeld den Betrieb ein. Im Mai 1987 war es dann auch auf Regelspur vorbei.

Doch frühzeitig begannen engagierte Straßenbahnfreunde damit, die Spuren dieses Stücks Technik- und Heimatgeschichte zu sichern. 1969 schlossen sich mehrere Vereine zu den Bergischen Museumsbahnen zusammen. Nach langwierigen Verhandlungen konnten sie 1973 das ehemalige Betriebshof-Gelände an der Kohlfurter Brücke und die dort beginnende Strecke nach Solingen-Mühlenhof pachten. Zehn Jahre lang mussten die Fahrzeuge unter freiem Himmel ausharren. Dann stand der Rohbau der in Eigenregie gebauten Fahrzeughalle. 1989 war auch die Gleichrichterstation fertig, welche die Stück für Stück instand gesetzte Strecke mit 650 V Gleichstrom versorgt. 1992 begann auf einem Teilstück der Museumsbetrieb.

Technik

Den Straßenbahnfreunden gelang es, eine Reihe Wuppertaler Originale zu sichern. Die meisten fuhren schon bei den Vorläuferbetrieben, beispielsweise der Triebwagen 239, der als 39 bei der Barmer Straßenbahn im Einsatz war. Andere Fahrzeuge traten eine weitere Reise an, ehe sie in das Museum kamen. Triebwagen 226 wechselte beispielsweise aus Frankfurt am Main an die Wupper, Triebwagen 107 aus Aachen und Triebwagen 106 aus Darmstadt. Letzterer fuhr übrigens in Wuppertals Nachbarstadt Remscheid, bevor er nach Darmstadt gelangte. Das älteste Fahrzeug ist eine Arbeitslore von 1894.

Strecke

Die Museumsstrecke führt durch das malerische Kaltenbachtal. Dieses liegt zwischen Wuppertal und Solingen und ist heute ein Landschaftsschutzgebiet. Die heutige Museumsstrecke führte einst bis Solingen-Mühlenhof weiter. Es lohnt sich durchaus, den Spuren des Schienenweges weiter zu folgen oder einfach eine ausgedehnte Wanderung durch die liebliche Landschaft anzutreten.

Eisenbahnmuseum

Den Betriebshof an der Kohlfurter Brücke 59 richteten die Straßenbahnfreunde zum Museum her, das die Fahrzeugsammlung in voller Schönheit präsentiert. An den Betriebstagen sind natürlich einige Wagen unterwegs. Zudem haben die Straßenbahnfreunde zahlreiche Original-Gegenstände aus dem Wuppertaler Straßenbahnbetrieb sichergestellt und für die Nachwelt konserviert.

(!) Wussten Sie, dass …

… im Jahr rund 27 000 Interessierte das Museum besuchen und 15 000 mit der Straßenbahn fahren? Damit sind die Bergischen Museumsbahnen die Nummer 2 hinter dem Von-der-Heydt-Museum in Wuppertal.

… den Museumsbetrieb niemand anderes als Johannes Rau eröffnete? Der spätere Bundespräsident war 1992 Ministerpräsident in Nordrhein-Westfalen. Er wohnt in Wuppertal.

Sehenswürdigkeiten

Manuelskotten
Unweit der Museumsstrecke befindet sich die letzte erhaltene Schleifanlage, die mit Wasserkraft arbeitet. Um 1880 lagen allein am Kaltenbach sechs Wasserkraftanlagen. Die jüngste Anlage blieb erhalten. Noch heute stellt ein Schleifer dort Cuttermesser sowie Spezialmesser für die fleischverarbeitende Industrie her. Neben dem Wasserrad können auch Diesel- und Elektromotor die Anlage antreiben.
Kaltenbacher Kotten 1,
42349 Wuppertal;
Tel. 02 02/5 63 64 98;
nur nach Anmeldung

Laurel & Hardy Museum
Nach einem Besuch der Museumsbahn empfiehlt sich ein Abstecher in die Nachbarstadt Solingen. Im Walder Kotten entstand ein Museum, das an zwei bekannte Komiker erinnert. Der Walder Kotten ist ein Denkmal der frühen Industrialisierung Solingens.
Locher Str. 17,
42719 Solingen;
Tel. 02 12/81 61 09;
www.laurel-hardy-museum.de; letztes Wochenende im Monat
Sa 12–17, So 11–17 Uhr

Einkehrmöglichkeit

La-Vita
Das »La-Vita« wird seinem Namen vollauf gerecht. Die Speisen munden bestens und der Geldbeutel hat keinerlei Grund zu klagen.
Friedrich-Ebert-Str. 242,
42719 Solingen;
Tel. 02 12/31 07 14

Laurel & Hardy Museum

An die Grenze
Die Selfkantbahn

Adresse
**IG Historischer
Schienenverkehr**
Postfach 10 07 02
52007 Aachen
Tel. 02 41/8 23 69
Fax 02 41/72 45
www.selfkantbahn.de
info@selfkantbahn.de

Streckenverlauf

Strecke	Länge in km
■ Gillrath → Stahe	0,8
■ Stahe → Gerlindchen	1,7
■ Gerlindchen → Birgden	1,3
■ Birgden → Schierwaldenrath	1,6

Betriebszeiten
Saisonbeginn:
Am Ostersonntag nehmen
die Selfkantbahner den
Betrieb auf. An jedem
Sonn- und Feiertag setzen
sie Nostalgiezüge ein.
Saisonende:
Ende September rollen die
Fahrzeuge zur Winterpause,
die natürlich für zahlreiche
Arbeiten genutzt wird, in
den Schuppen.
Der Fahrplan steht im Kurs-
buch der Deutschen Bahn
in der Tabelle 12422.

Geschichte

Zu Beginn des 20. Jh. entstand eine große Zahl
kommunaler und privater Bahnen, welche das Land
jenseits der großen Hauptlinien erschlossen. Eine
recht lange Strecke nannten die Geilenkirchener
Kreisbahnen ihr Eigen. Sie führte vom Berg-
mannsort Alsdorf über Puffendorf, Geilenkirchen,
Gillrath und Schierwaldenrath nach Tüddern, einen
Ort an der Grenze zu den Niederlanden. Jenseits
dieser liegt Sittard, sodass man Tüddern gewissermaßen als Vorort betrachten kann. In Alsdorf und
Geilenkirchen bestand Anschluss an die Staatsbahnen, in Puffendorf endete eine Strecke der Dürener
Kreisbahn. Leider führte der Schienenstrang im
Westen nie nach Sittard hinein, um am dortigen
Staatsbahnhof zu enden.

Die meterspurigen Kreisbahnen hatten in der
dünn besiedelten, landwirtschaftlich geprägten Gegend zeitlebens mit Geldknappheit zu kämpfen.
Der wachsende Straßenverkehr besiegelte dann
Anfang der siebziger Jahre das Schicksal der
Kommunalbahn. Doch bereits am 14. August 1971
hatten Eisenbahnfreunde den ersten Nostalgiezug
auf die Fahrt geschickt. Sie übernahmen den verbliebenen Abschnitt der Kreisbahnen und sanierten
Zug um Zug die maroden Anlagen. Seit 1996 steht
in Schierwaldenrath eine Museumshalle.

NORDRHEIN-WESTFALEN

Technik

Besonders stolz sind die Mitglieder des Vereins natürlich auf die Diesellok V 11. Diese wurde 1955 von Klöckner-Humboldt-Deutz an die Geilenkirchener Kreisbahnen geliefert. Nach der Stilllegung der Strecken gelangte die Lok nach Togo in Westafrika. 2000 kehrte sie in den Selfkant zurück.

Im Laufe der Jahre gelang es, rund 50 Meterspurfahrzeuge aus ganz Deutschland vor dem Schneidbrenner zu bewahren. Die ursprünglichen Einsatzgebiete reichen von Sylt, Herkunft der V 14, bis Baden, wo verschiedene Fahrzeuge im Dienste der Mittelbadischen Eisenbahn standen.

Strecke

Die erhaltene Strecke führt durch einen landschaftlich reizvollen Teil des Norddeutschen Tieflandes. Das Selfkant liegt am Rande des Reviers. Nördlich von Aachen, südlich von Geilenkirchen wurde lange Jahre Kohle abgebaut. Die Bergwerke sind längst stillgelegt. Verkehrshistorisch ist der von der Museumsbahn betriebene Abschnitt der interessanteste der einst 37,7 km langen Strecke. Auf den wenigen Kilometern liegen nicht weniger als fünf Orte mit Bahnstationen. Die Strecke hat echten Nebenbahncharakter. Praktisch überall entdeckt man reizvolle Motive, die während eines Spazierganges zum Ablichten einladen.

Eisenbahnmuseum

Direkt am Bahnhof Schierwaldenrath richteten die Selfkantbahner ihr Eisenbahnmuseum ein. In der Halle präsentieren sie nicht nur die gesammelten Fahrzeuge, sondern auch zahlreiche Dokumente rund um den Kleinbahnbetrieb. An den Fahrzeugen können aufmerksame Besucher gewissermaßen hautnah miterleben, wie gerettete Objekte dank vieler fleißiger Hände langsam wieder im alten Glanz erstrahlen. Das Eisenbahnmuseum ist verbunden mit der Werkstatt und den Lokbehandlungsanlagen. Vom Kohlebunker bis zur Wasserbefüllungsanlage ist alles vorhanden, was Dampfrösser brauchen.

ⓘ Wussten Sie, dass …

… im Selfkant eine Lok fährt, die aus Polen anreiste? Die Dampflok 5 »Regenwalde« wurde 1930 von Borsig an die Rügensche Kleinbahn geliefert. Sie gelangte zu den Pommerschen Landesbahnen und dann zu den PKP.

… Sie das Selfkant auch bestens mit dem Fahrrad erkunden können? Der Tourist-Service hat mehrere Empfehlungen für Radwanderungen ausgearbeitet.

Sehenswürdigkeiten

Wildpark Gangelt
Etwas südwestlich der Bahn liegt die Gemeinde Gangelt, zu der Schierwaldenrath amtlich gehört. Am Rande Gangelts lockt ein Hochwild-Freigehege Alt und Jung. Seltene Greifvögel bekommt man ebenso zu Gesicht wie die wilden Verwandten unserer Stubentiger, also den Luchs und die Wildkatze. Auch Elche, Waschbären und Fischotter tummeln sich auf dem Gelände.
Heinsberger Str. 15, 52538 Gangelt; Tel. o 24 54/24 59; www.wildpark-gangelt.com; tgl. 9–19 Uhr

Museumsmühle Breberen
Von Schierwaldenrath aus erreicht man nach einem kleinen Spaziergang den Ortsteil Breberen, dessen größte Attraktion die Museumsmühle mit den Bilau-Metallflügeln darstellt. Diese Flügelart lässt sich leichter bedienen als die üblichen Gatterflügel. Zudem ist der Wirkungsgrad höher.
Mühlenstraße, 52538 Gangelt; Tel. o 24 52/ 13 40 27; Besichtigung nach Vereinbarung

Einkehrmöglichkeit

Zur Selfkantbahn
In Schierwaldenrath blieb die Bahnhofsgaststätte erhalten, die eine gutbürgerliche Küche bietet.
Am Bahnhof 13, 52538 Gangelt; Tel. o 24 54/ 69 62; tgl. ab 17 Uhr, So zusätzlich 9.30–13 Uhr, an Verkehrstagen der Museumsbahn ganztägig

Gasthof zur Selfkantbahn

Ohne H
Dampfbahn Rur-Wurm-Inde

Adresse
Dampfbahn Rur-Wurm-Inde
Moltkestr. 16
52351 Düren
Tel. 0 24 21/22 28 54
Fax 0 24 21/22 28 53
www.drwi.de
info@drwi.de

Streckenverlauf

Strecke	Länge in km
■ Düren → Kuhbrücke	2,6
■ Kuhbrücke → Lendersdorf	1,0
■ Lendersdorf → Niederau-Tuchmühle	1,2
■ Niederau-Tuchmühle → Kreuzau Bf	1,5
■ Kreuzau Bf → Kreuzau Eifelstraße	0,9
■ Kreuzau Eifelstraße → Üdingen	1,9
■ Üdingen → Untermaubach-Schlagstein	1,8
■ U.-Schlagstein → Obermaubach	1,9
■ Obermaubach → Zerkall	4,8
■ Zerkall → Nideggen Brück	1,0
■ Nideggen Brück → Abenden	3,0
■ Abenden → Blens	2,6
■ Blens → Hausen	1,5
■ Hausen → Heimbach	3,2

Betriebszeiten
Die Museumszüge setzen sich an ausgewählten Tagen im Jahr in Bewegung.

Geschichte

Rund um Düren hat weniger die Staatsbahn das Sagen als eine höchst aktive Kommunalbahn. Auf verschiedenen Strecken bietet die Dürener Kreisbahn (DKB) Personennahverkehr an. Zudem betreibt sie verschiedene Linien im Güterverkehr. Die Ausdehnung des einstigen Kleinbahnnetzes erreichen die aktuellen Verbindungen der DKB zwar nicht. Die Aktivitäten des Betriebes können sich aber sehen lassen. Vielleicht wächst der Aktionsradius ja auch noch ein Stück.

Eine der von der DKB im Nahverkehr bedienten Strecken ist die Rurtalbahn. Sie folgt dem namensgebenden Fluss, der sich ohne »h« schreibt und bei Roermond in die Maas fließt. Eine Nebenlinie wie so viele, gäbe es nicht die 1993 gegründete Dampfbahn Rur-Wurm-Inde. Diese ging aus einem Arbeitskreis des Bergbaumuseums Alsdorf hervor. Der kurios anmutende Name stammt von den drei Flüssen der Gegend. Auch das Bergbaurevier ist in Fachkreisen unter dem Namen der Gewässer bekannt, es sei denn, man spricht nur kurz vom »Wurmrevier«. Das gehört aber zu den Geschmackssachen, über die man bekanntlich nicht streiten sollte. Auf der Rurtalbahn kann sich die rekonstruierte Kriegslokomotive der Dampfbahnfreunde wunderbar austoben.

NORDRHEIN-WESTFALEN

Technik

Die 52 8148 entstand 1943 bei der Berliner Maschinenbau-Aktiengesellschaft. Diese ging aus dem Lokomotivwerk von Louis Schwartzkopff hervor, einem der Pioniere des Dampflokbaus in Deutschland. Einst trug die Lok die Nummer 52 457. 1965 wurde sie aber bei der Reichsbahn rekonstruiert und danach umgezeichnet. Erst 1993 rollte sie auf das Abstellgleis. Allerdings leistete sie zuletzt keinen Plandienst mehr. Kurz vor 1990 hatte auch die Reichsbahn die Umstellung auf Diesel- und Elektrobetrieb vollzogen und die Dampfrösser beiseite gestellt. Eine Reihe Maschinen dienten aber noch als Reserve. Die 52 8148 gelangte schließlich zur Pfalzbahn, die sie 1996 dem jungen Verein im Revier abtrat. Daneben hegen und pflegen die Dampffreunde noch eine Diesellok. Als Lok 20 – die Nummer blieb bis heute erhalten – trat sie 1960 ihren Dienst bei der Grube »Erin« in Castrop-Rauxel an und wechselte 1984 zur Grube »Westfalen« in Ahlen. 1992/93 gehörte sie dem Alsdorfer Bergbaumuseum. Selbstverständlich ist die 175-kW-Lok mit zwei angetriebenen Achsen betriebsfähig.

Strecke

Die Fahrt von Düren nach Heimbach führt durch die nördlichen Ausläufer der Eifel. Vom nahen Revier ist dort wenig zu spüren. Immer dem Lauf der Rur folgend, passiert der Zug schroffe Felsen, eilt durch unberührt erscheinende Wälder und passiert weite Felder. In Untermaubach blickt man auf die aus dem 14. Jahrhundert stammende Burg, die leider öffentlich nicht zugänglich ist. In Obermauberg begleitet die Strecke auf einigen Metern den Stausee. Hinter Zerkall wechselt die Rur von der rechten auf die linke Seite des Schienenstranges. Wiederum im 14. Jahrhundert entstand die Burg Nideggen. Kurz hinter Abenden führt erneut eine Brücke über den Fluss. In Heimbach wartet ein Bus, der die Reisenden zur Rurtalsperre bringt. Eine Dampferfahrt auf dem gewaltigen Stausee setzt einem nostalgischen Tag die Krone auf.

⚠ Wussten Sie, dass …

… unweit Dürens die Euregiobahn unter anderem mit der Reaktivierung der Strecke von Stolberg Bahnhof nach Stolberg Stadt Schlagzeilen schrieb? Sie ist in ein weitreichendes Nahverkehrskonzept eingebunden, das dem Schienenverkehr im äußersten Westen Deutschlands neuen Schwung verleihen soll. Gedankenspiele beziehen auch grenzüberschreitende Strecken in die Niederlande und nach Belgien ein.

Sehenswürdigkeiten

Bergbaumuseum Alsdorf
Etwa 25 km von Düren entfernt liegt Alsdorf. Zwar wird im rund um Alsdorf gelegenen »Wurmrevier« kein schwarzes Gold mehr abgebaut. Der rührige Museumsverein hält aber die Erinnerung an jene Zeiten aufrecht, als man nördlich Aachens noch einstieg und weniger daran dachte, mit der Alemannia im Fußball aufzusteigen. Selbstverständlich kommt im Bergbaumuseum auch die Bahn zu ihrem Recht. Die Initiatoren stellten eine Reihe Fahrzeuge sicher, die nicht nur Zechenbahnen bedienten. Zu ihnen gehört zum Beispiel die Lok »Anna 8«, deren Karriere bei der Hersfelder Kreisbahn begann.
Bergbaumuseum Wurmrevier, Herzogenrather Str. 101, 52477 Alsdorf;
Tel. 0 24 04/55 87 80,
Fax 0 24 04/5 58 78 19;
www.bergbaumuseum -grube-anna2.de, grube -anna-2@t-online.de; geöffnet an ausgewählten Tagen

Einkehrmöglichkeit

Klostermühle
Am Endpunkt der Rurtalbahn speist man gut in einer Wassermühle. Sie wurde einst von Mönchen des Trappistenklosters genutzt. Im Restaurant hängen zahlreiche sehr schöne Bilder mit Motiven aus dem Kloster.
Hengebachstr. 106 A, 52396 Heimbach;
Tel. 0 24 46/8 06 00;
Jan. geschl.

Bergbaumuseum Alsdorf

Stolzer Tunnel
Die Westerwaldbahn

Adresse
Eisenbahnfreude Betzdorf
Nizzaweg 25
57518 Betzdorf
Tel. 0 27 41/2 39 25
www.eisenbahnfreunde
-betzdorf.de
Vorstand.EfB@MiBaOne.de

Streckenverlauf

Strecke	Länge in km
■ Scheuerfeld → Elben	5,6
■ Elben → Gebhardshain-Steinebach	1,7
■ Gebhardshain-Steinebach → Bindweide	3,3
■ Bindweide → Elkenroth	3,1
■ Elkenroth → Weitefeld	3,0

Betriebszeiten
Die Züge der Eisenbahnfreunde Betzdorf fahren zu ausgewählten Terminen im Jahr.

Geschichte
Als am 12. Januar 1862 der letzte Abschnitt der Strecke von Köln nach Siegen und Gießen eröffnet wurde, galt die heutige Hauptstrecke Betzdorf–Siegen als Zweigstrecke der Linie Betzdorf–Haiger–Gießen. Mit dem Lückenschluss zwischen Siegen und Haiger sank die Bedeutung der bogenreichen Hellertalbahn Betzdorf–Haiger. In Betzdorf existierte von 1861 an, als der erste Schienenstrang die Stadt erreichte, eine Werkstatt, später ein Bw. 1975 verlor es seine letzten Dampflokomotiven. 1984 wurde die Dienststelle aufgelöst. Bis auf die Museumsstrecke sehen alle Linien noch Planbetrieb.

Technik
Mit Mietfahrzeugen nahmen die Eisenbahnfreunde Betzdorf 1987 den Museumsbetrieb auf. Als erstes eigenes Fahrzeug stellten sie eine Motordraisine in Dienst. So richtig Dampf machen können sie seit 1993, als sie die 52 8121 erwarben. Diese gehört zu den so genannten Kriegslokomotiven. Im Zweiten Weltkrieg fertigten die Lokfabriken in Deutschland und den besetzten Ländern in großer Stückzahl einfach gebaute Dampflokomotiven. Die DDR-Reichsbahn rekonstruierte die Maschinen und reihte sie als Baureihe 52.80 ein. Die 52 8121 trug zuvor die Nummer 52 5585. Aus der 52 7138 wurde nach der

Rekonstruktion die 52 8134. Sie gehört seit 1997 den Eisenbahnfreunden. Neben verschiedenen Wagen der Baujahre 1931 bis 1986 nennen sie auch zwei Schienenbusse ihr Eigen.

Strecke

Der Westerwald gehört zu den nicht gerade leicht per Bahn zu erschließenden Gegenden. Schließlich können Züge nicht beliebige Steigungen erklimmen. Die Hauptlinie von Köln nach Siegen beschreibt denn auch zahlreiche Schleifen und durchfährt nicht weniger als elf Tunnel. Betrieblicher Mittelpunkt der Strecke war einstmals Betzdorf. Dort gingen nicht nur zwei Nebenbahnen ab, dort existierte auch ein großes Dampf-Bw. Eine Station westlich von Betzdorf liegt Scheuerfeld. In der Gemeinde mündet die Nebenlinie aus Bindweide und Weitefeld in die Hauptbahn.

Zunächst führt die Linie fast schnurstracks südwärts. Kurz hinter Scheuerfeld musste die Westerwaldbahn einen Tunnel graben. Er misst 303 m – ein stolzer Wert für eine Nebenbahn. Zwischen Gebhardshain-Steinebach und Bindweide beschreibt die Trasse dann einen scharfen Linksbogen. Hinter Bindweide zweigte früher die Bahn nach Rosenheim und Nauroth ab. Dort herrscht momentan kein Zugverkehr. Der Nostalgiezug durchfährt eine Linkskurve, um dann in einem weiten Rechtsbogen den Endpunkt zu erreichen. Derzeit fahren auf der Linie nur die Museumszüge. Hoffentlich sieht sie aber eines Tages wieder Planzüge. Die großen Reaktivierungs- und Privatisierungserfolge lassen sich vielleicht auch im Westerwald erzielen.

Neben ihrer Stammstrecke nutzen die Eisenbahnfreunde Betzdorf auch DB-Gleise für Sonderfahrten. Das Programm ist abwechslungs- und umfangreich. So mancher Enthusiast reist von weither an, um sich die Westerwälder Dampferlebnisse nicht entgehen zu lassen. Zu den Höhepunkten der Saison gehört das Lokschuppenfest, das alljährlich Mitte September zum Tag des offenen Denkmals im Bw Siegen stattfindet.

❗ Wussten Sie, dass …

… die heutige Museumsstrecke einst über Weitefeld hinaus nach Oberdreisbach und nach Friedewald führte? Weiter ging es dann zum Truppenübungsplatz Emmerzhausen.

… das Bw Betzdorf im Laufe der Zeit nicht weniger als fünf Bahndirektionen unterstand? Erst war Frankfurt zuständig, dann Köln, dann Mainz, dann Wuppertal und schließlich Essen.

Sehenswürdigkeiten

Grube Bindweide
Eine Attraktion besonderer Art winkt Eisenbahnfreunden, die in Gebhardshain-Steinebach Station machen. In fußläufiger Entfernung vom Bahnhof wartet ein Besucherbergwerk auf Gäste. In ihm kann man nicht nur erleben, wie einstmals unter Tage gearbeitet wurde. Man fährt selbst mit der Grubenbahn ein. Kontaktaufnahme über die Gemeinde; Sonderführungen für Gruppen.
Besucherbergwerk,
Rathausplatz 1;
57580 Gebhardshain,
Tel. 0 27 47/ 8 09 54;
April–Okt. Mi,
Sa 13–17 Uhr

Ottoturm
Auf dem Kahlberg unweit von Betzdorf ließ Otto Stein, ein Industrieller aus der Gemeinde Kirchen, einen 18 m hohen, eisernen Aussichtsturm bauen. Seine Stufen können ganzjährig von Ausflüglern erklommen werden. Einen Fahrstuhl zur Plattform gibt es in dem historischen Bau nicht.

Einkehrmöglichkeit

Breidenbacher Hof
Der Gasthof aus dem 19. Jh. überzeugt durch gute Küche zu familienfreundlichen Preisen in gediegenem Ambiente. Ein Landhauskamin macht den Aufenthalt in der Gaststube zum vollendeten Genuss.
Klosterhof 7,
57518 Betzdorf;
Tel. 0 27 41/9 77 90

Wanderparadies Westerwald

Dampf am Vulkan
Die Brohltaleisenbahn

Adresse
Interessengemeinschaft
Brohltal Schmalspur-
eisenbahn
Kapellenstr. 12
56651 Niederzissen
Tel. 0 26 36/8 03 03
Fax 0 26 36/8 01 46
www.vulkan-express.de
buero@vulkan-express.de

Streckenverlauf

Strecke	Länge in km
■ Brohl → Schweppenburg	3,3
■ Schweppenburg → Bad Tönisstein	0,9
■ Bad Tönisstein → Burgbrohl	1,3
■ Burgbrohl → Weiler	1,8
■ Weiler → Niederzissen	2,9
■ Niederzissen → Oberzissen	1,7
■ Oberzissen → Brenk	3,8
■ Brenk → Engeln	1,9

Betriebszeiten

Saisonauftakt:
Die Saison des Vulkan-
Express' beginnt Anfang
April mit Wochenend- und
Feiertagsverkehr. Ab Mai
herrscht auch Dienstag und
Donnerstag Betrieb.
Saisonende:
Ende Oktober rollen die
Fahrzeuge in den Schup-
pen. Den genauen Fahrplan
finden Sie in Tabelle 12426
im DB-Kursbuch.

Geschichte

Oberhalb des Rheins, in der Vulkaneifel, fanden
sich erhebliche Phonolith-Vorkommen. Zum wirtschaftlichen Abtransport des graugrünen Erguss-
gesteins errichtete man zur Jahrhundertwende eine
Meterspurbahn. 1901 nahm die Brohltaleisenbahn
den Betrieb auf. Bis Oberzissen ähnelte sie anderen
Schmalspurbahnen in Deutschland. Dahinter begann eine Steilstrecke, die Mensch und Material alles abverlangte. Von Beginn an war das nötige Umladen in Brohl höchst aufwändig. Der Güterbahnhof
lag am Rheinufer, sodass die Ladung in Schiffen
zum Bestimmungsort gebracht werden konnte. Bis
1992 aber zog sich die Brohltal Eisenbahn Gesellschaft aus dem aktiven Geschäft zurück. Der
1987 von Eisenbahnfreunden gegründete Verein
übernahm die Strecke und auch den Phonolith-
Transport. Eigens dafür wurde die Brohltal Schmal-
spureisenbahn-Betriebs-GmbH ins Leben gerufen.
Im Brohltal herrscht mehr als nur musealer Dampfbetrieb.

Technik

Für den letzten Abschnitt brauchte die Brohltalbahn
stets besonders leistungsstarke Lokomotiven. Daran hat sich bis heute nicht viel geändert. Im Museumsbetrieb schleppen Dampflokomotiven die

Reisezüge bis Oberzissen. Dort wird umgespannt. Eine zugkräftigere Diesellok nimmt die Wagenschlange an den Haken. Die beiden heute eingesetzten Dampflokomotiven stammen aus Polen. Dort trugen sie die Bezeichnung D. Seit 1951 stehen sie im Dienst. Orenstein & Koppel baute 1964 die drei Diesellokomotiven der Bauart C. Für den Steilstreckendienst steht auch eine Mallet-Lok im Schuppen. Sie harrt der Aufarbeitung. In Spanien erwarb die Brohltalbahn eine schwere Diesellok. 1966 verließ sie die Werkshalle von Henschel. Im Brohltal machte sie sich vor allem vor Güterzügen nützlich. Der Wagenpark ist schön bunt und schafft echtes Kleinbahn-Ambiente. Die Wagen kommen aus verschiedenen Gegenden. Deutsche Eisenbahnfreunde schauen beispielsweise besonders gern auf das von der Bayerischen Zugspitzbahn übernommene Fahrzeug. Im Sommer bietet ein offener Wagen ein Reiseerlebnis besonderer Art.

Strecke

Die Vulkaneifel gehört zu den landschaftlich besonders attraktiven Teilen des deutschen Mittelgebirges. Der Name verrät bereits die Entstehungsgeschichte. Vielfach unbekannt ist, dass es in der Eifel bis heute aktive Vulkane gibt. Vor einem Ausbruch à la Vesuv braucht sich aber niemand zu fürchten; deutsche Vulkane sind absolut friedfertige Gesellen. Hinter Brohl schlängelt sich die Strecke nach Schweppenburg hinauf. Mehrere ansehnliche Mühlen säumen den Weg. Auf den ersten Abschnitten der Strecke hat man zudem immer wieder einen schönen Blick auf den Rhein. Die Station von Bad Tönisstein galt lange als die kleinste in Deutschland. Inzwischen musste der Ort seine Position aber abtreten; an einer reaktivierten Strecke bei Pforzheim existieren Bahnsteige, die so kurz sind, dass die Fahrgäste nur die erste Tür des eingesetzten Triebwagens benutzen dürfen. Ein siebenbogiger Viadukt wartet auf die Bahnfreunde, ehe der Zug in den einzigen Tunnel der Brohltalbahn einfährt. Bei Brenk befindet sich das Phonolith-Bergwerk.

Sehenswürdigkeiten

Geo-Spiel-Garten
Die Vulkaneifel lädt Alt und Jung förmlich zu geologischen Forschungen ein. Eine gute Ausgangsbasis bietet der Geo-Spiel-Garten. An dessen Eingang wird der Besucher in die Zeit vor etwa 350 Mio. Jahren zurückversetzt, als in der Eifel noch ein Flachmeer existierte. Langsam führt der Weg über die Trias mit Eifelsauriern – vor etwa 220 Mio. Jahren – und das Tertiär – im Raum von 65 bis 2 Mio. vor der Zeitenwende wurden die ersten Vulkane aktiv – in die Zeit der Kelten. Dieses Handelsvolk lebte in der vorrömischen Periode in weiten Teilen Europas. Die Römer führten den bis heute andauernden Steinabbau in der Vulkaneifel zu einer ersten Blüte. Der Geo-Spiel-Garten liegt am Bahnhof Engeln.
Tourist-Information
Brohltal,
Kapellenstr. 12,
56651 Niederzissen;
Tel. o 26 36/1 94 33;
www.brohltal.de,
tourist@ brohltal.de

Einkehrmöglichkeit

Royal's Vulkan-Stube
Direkt im Endbahnhof des Vulkan-Express können Sie gut speisen. Das rustikale Ambiente passt so richtig zur Museumseisenbahn. Die Züge sind bewirtschaftet. Die Museumsbahner verkaufen kleinere Speisen und Erfrischungsgetränke.
Bahnhof, 56746 Engeln;
Tel. o 26 55/96 04 76

Wussten Sie, dass ...

… die Brohltalstrecke früher über Engeln hinaus nach Kempenich führte? Der Abschnitt war 6,4 km lang.

… es früher auf der gegenüberliegenden Seite des Rheins eine weitere Schmalspurbahn gab? Die Kleinbahn Rheinbrohl–Mahlberg hatte die Spurweite 750 mm.

… der Zug bis Engeln 400 Höhenmeter überwindet?

Geo-Spiel-Garten bei Engeln

Im Feuer geboren
Bahnbetriebswerk Gerolstein

Adresse
Eifelbahn
Bahnhofstr. 4
54568 Gerolstein
Tel. 0 65 91/9 82 92 50
Fax 05 91/9 82 92 51
www.eifelbahn.de
www.eifelquerbahn.de
eifelbahn@t-online.de

Streckenverlauf

Strecke	Länge in km
■ Gerolstein → Pelm	3,2
■ Pelm → Hohlenfels	5,4
■ Hohlenfels → Dockweiler-Dreis	5.7
■ Dockweiler-Dreis → Daun	9,5
■ Daun → Darscheid	4,5
■ Darscheid → Ulmen	8,8
■ Ulmen → Uersfeld	7,5
■ Uersfeld → Laubach-Müllenbach	4,4
■ Laubach-Müllenbach → Kaisersesch	5,4

Betriebszeiten
Saisonauftakt:
Der Fahrbetrieb auf der
Eifelquerbahn beginnt Ende
Mai. Am Wochenende und
an Feiertagen gibt sich der
Schienenbus die Ehre.
Saisonende:
Von Ende Oktober an ruht
der Betrieb auf der
Eifelquerbahn.

Geschichte

Zu den Gegenden, in denen der Rotstift der Bahn besonders im Streckennetz gewütet hat, gehört die Eifel. Vor allem Hauptbahnen durchziehen den Landstrich noch. Die Nebenlinien sind bis auf wenige Ausnahmen alle den Kostenrechnern in den höheren Bahnetagen und der Politik zum Opfer gefallen. Das einst dicht geknüpfte Bahnnetz ist zu einer Ansammlung von Strecken geworden, die nur noch an zentralen Punkten miteinander verknüpft sind. Dies hatte natürlich auch für die Bahnbetriebswerke der Gegend Folgen. Wo keine Züge fahren, braucht man auch keine Werkstätten. Bw um Bw schloss; selbst die Zahl der Eisenbahndirektionen schrumpfte gewaltig. Hinzu kam natürlich, dass moderne Fahrzeuge weniger wartungsintensiv sind als Dampffrösser.

So verlor auch das Bw Gerolstein seine Existenzberechtigung. Die Bundesbahn schloss es und überließ die Anlagen sich selbst. Doch hatte sie die Rechnung ohne die Eisenbahnfreunde gemacht. 1995 entstand der Verein Eifelbahn, der es sich zum Ziel setzte, das Bw zu erhalten. Die Eisenbahnfreunde sehen dabei über den Tellerrand des reinen Betriebsgeschehens. Sie wollen die Entwicklung der Bahn als Teil der Wirtschafts- und Sozialgeschichte in der Gegend darstellen.

Technik

Selbstverständlich setzen sie deshalb im Museumsbetrieb Fahrzeuge ein, die typisch für den Verkehr auf den Nebenlinien in der Pfalz waren. Alterspräsidentin ist zweifellos die 94 1538. 1922 entstand die Lok, die anfangs noch unter einer preußischen Bezeichnung fuhr. Die Reichsbahn war damals zwar schon gegründet. Ein einheitliches Nummernschema für die von den Länderbahnen übernommenen Fahrzeuge gab es aber noch nicht. So erhielt die Lok die Gattungsbezeichnung T 16.1 und die Betriebsnummer »Essen 8763«. Die Eifelbahner holten das stolze Fahrzeug 1997 vom Denkmalsockel.

Jüngeren Datums ist der Schienenbus des Vereins. Er sicherte sich die einmotorige Variante des roten Brummers, den VT 95, selbstverständlich mit Beiwagen. Beide Fahrzeuge werden bei Besuchern wehmütige Erinnerungen an jene Zeit wecken, als die markanten Uerdinger Triebwagen noch im ganzen Bundesgebiet anzutreffen waren. Der 795 256 verließ 1953 die Werkshallen.

Strecke

Im Schienenbus hat man eine Möglichkeit, die der Einsatz (dampf)lokbespannter Züge nicht bietet. Man kann die Strecke in voller Länge quasi aus der Lokführerperspektive verfolgen. Keine Trennwand zwischen Führerstand und Fahrgastraum beeinträchtigt die Sicht. Zumindest im Geiste wird so mancher Bahnfreund da selbst zum Lokführer.

Die Hausstrecke der Gerolsteiner hört auf den Namen Eifelquerbahn. Sie beginnt in Gerolstein und führt nach Kaisersesch. Dort kann man in einen Zug der Transregio steigen, die den Nahverkehr auf der Linie nach Andernach übernommen hat. Der Schienenstrang führt mit zahlreichen Schleifen und engen Bögen durch die wildromantische Vulkaneifel, eine im Feuer geborene Landschaft. Der Zug durcheilt Waldgebiete, Weiden und Äcker. Die Stationen liegen weit auseinander – wohl mit ein Grund, weshalb die Fahrgastzahlen nicht den von der Bahn gewünschten Wert erreichten.

! Wussten Sie, dass …

… die Eifelbahner auch Eifelrundfahrten und Exkursionen zu Strecken ohne Reisezugverkehr organisieren? Auf manchen Trassen liegen noch Schienen für den Güterverkehr.

… der Schienenbus in den Monaten Juli und August an jedem Mittwoch von Gerolstein in die Fachwerkstadt Monreal fährt? Im Fahrpreis ist eine Führung durch die engen Gassen der Stadt und zu den Burgen inbegriffen.

Sehenswürdigkeiten

Mausefallenmuseum
Ein kurioses Museum existiert in Neroth unweit Gerolsteins. In den Notzeiten vergangener Jahrhunderte stellten die Menschen in Heimarbeit Mausefallen her, um Ernte und Vorräte vor den gefräßigen Nagern zu bewahren. Der Heimatverein Neroth konservierte eine im Originalzustand erhaltene Werkstatt und richtete in ihr das Museum ein.
Mühlenweg, 54570 Neroth; Tel. 0 65 91/58 22; www.neroth.de; Mi 14–16, Fr 15–17 Uhr; für Gruppen mit mindestens acht Personen Führungen nach Vereinbarung

Naturkundemuseum
In Gerolstein informiert das Naturkundemuseum über die Geschichte der nicht nur geologisch hochinteressanten Gegend. Die bewegte Vergangenheit der Erde hatte natürlich auch Auswirkungen auf Fauna und Flora. Im Dachgeschoss befindet sich eine sehenswerte Schmetterlingssammlung.
Hauptstr. 42, 54568 Gerolstein, Tel. 0 65 91/1 31 80; www.gerolsteiner-land.de; Apr.–Okt. Mo–Fr. 14–17, Sa, So 11–17 Uhr

Einkehrmöglichkeit

Costa Verde
Ein gutes Angebot zu moderaten Preisen offeriert die Pizzeria »Costa Verde«.
Hauptstr. 40, 54568 Gerolstein; Tel. 0 65 91/36 25

Naturkundemuseum Gerolstein

Tief in den Wald
Das Kuckucksbähnel

Adresse
Deutsche Gesellschaft für
Eisenbahngeschichte
(DGEG) – Museum
Neustadt
Schillerstr. 3
67434 Neustadt
Tel. 0 63 21/3 03 90
Fax 0 63 21/3 25 72
www.eisenbahnmuseum
-neustadt.de
info@eisenbahnmuseum
-neustadt.de

Streckenverlauf

Strecke	Länge in km
Neustadt Hbf → Lambrecht	6,5
Lambrecht → Frankeneck	1,8
Frankeneck → Erfenstein	3,8
Erfenstein → Breitenstein	1,8
Breitenstein → Helmbach	1,8
Helmbach → Elmstein	3,8

Betriebszeiten
Das Kuckucksbähnel
verkehrt ganzjährig zu
ausgewählten Terminen.
Sie finden sich, wie auch
der Fahrplan, im Kursbuch
der Deutschen Bahn.
Die Tabellennummer
lautet 12670.
Das Neustädter Eisen-
bahnmuseum ist Dienstag
bis Freitag von 10 bis 13,
am Wochenende und an
Feiertagen von 10 bis
16 Uhr geöffnet.

Foto oben:
Rathaus und Marktplatz in
Neustadt an der Weinstraße

Geschichte

Als das pfälzische Eisenbahnnetz entstand, gehörte
dieser Landstrich zum Königreich Bayern. Eisenbahnfreunde sprechen denn auch gern von der
Bahngeschichte des linksrheinischen Teils Bayerns. Die pfälzischen Bahnen entstanden durch
eine private Gesellschaft, die erst nach der Jahrhundertwende in den Königlich Bayerischen Staatseisenbahnen aufging. Die erste Strecke in der Pfalz,
die Ludwigsbahn, führte 1847 von Neustadt nach
Ludwigshafen. Sie ist heute Teil der Hauptlinie, die
im Westen nach Saarbrücken und weiter nach Lu-
xemburg und Frankreich führt. In Lambrecht zweigt
die Nebenstrecke nach Elmstein ab.

Technik

Der Museumsbetrieb auf dem Kuckucksbähnel
steht im Zeichen der preußischen T 3. Die 89 7159
ist eine echte Vertreterin dieser Bauart. 1910 verließ die Maschine mit drei angetriebenen Achsen
das Kasseler Henschel-Werk. Lange Zeit dampfte
sie unter dem Namen »Altona« in Hamburg. Sechs
Jahre älter ist die Schlepptenderlok »Speyerbach«.
Konstruktiv weist sie einige Ähnlichkeiten mit der
alten Preußin auf. Die »Speyerbach« entstand bei
Humboldt in Köln und diente einstmals als Industriebahnlok. Zuletzt bewältigte sie unter dem

Namen »Waldum 5« anspruchsvolle Leistungen auf Werkbahnen. Im Laufe ihrer Einsatzzeit erfuhr sie mehrere Umbauten.

Strecke

Neustadt gehört bis heute zu den wichtigsten pfälzischen Bahnknoten. Die Hauptstrecke Ludwigshafen–Kaiserslautern–Saarbrücken trifft dort auf die aus Karlsruhe und Landau kommende Nebenlinie sowie die Bahn nach Bad Dürkheim. In früheren Jahren begann unweit des Hauptbahnhofes noch die meterspurige Lokalbahn nach Speyer. Die Museumszüge nutzen auf den ersten Kilometern die Hauptstrecke. Auf dieser liegt auch der einzige Tunnel, der 320 m lange Wolfsbergtunnel. In Lambrecht beginnt die eigentliche Museumsbahn, das Kuckucksbähnel. Zunächst verläuft das Gleis parallel zur Hauptstrecke. Hinter Frankeneck schwenkt die Strecke dann in südwestliche Richtung und führt tief in den Pfälzer Wald hinein. Die Trasse begleitet den Speyerbach. Der Zug hält in beschaulichen Orten. Ein jeder lädt zur Besichtigung ein. Hinter Helmbach beginnt eine starke Steigung. Den Lokomotiven wird dort einiges abverlangt. Die Endstation liegt inmitten des Naturparks Pfälzerwald.

Eisenbahnmuseum

Ungekrönte Königin des Neustädter Eisenbahnmuseums ist zweifellos die 18 505. Sie gehört zur bayerischen Gattung S 3/6 und entstand 1924 bei Maffei. Sie steht neben mehr als 30 Exponaten, die nicht nur die pfälzische Bahngeschichte dokumentieren. Jüngst rollte eine etwas modernere Maschine in den Museumsbestand, eine Schnellfahrlok der Baureihe 103. Diese fuhr als erste Baureihe bei der Bundesbahn planmäßig mit 200 km/h. Die Neustädter Lok ist ein besonderes Exemplar ihrer Familie, trägt sie doch das knallbunte Farbkleid des »Touristikzuges«, der in den neunziger Jahren kurzzeitig Furore machte. Das Museum entstand um eines der ältesten erhaltenen Bahngebäude Deutschlands herum, den Neustädter Lokschuppen.

! Wussten Sie, dass …

… die DGEG ein weiteres Eisenbahnmuseum in Bochum-Dahlhausen unterhält (→ Seite 64)?

… Rheinland-Pfalz als erstes Bundesland im Nahverkehr einen Integralen Taktfahrplan anbot? Bei diesem sind alle Strecken so miteinander verknüpft, dass die Reisenden an bestimmten Bahnhöfen, den Taktknoten, ohne langes Warten in ihren Anschlusszug steigen können.

Sehenswürdigkeiten

Ruine Spangenberg
Die Ruine Spangenberg erreicht man von der Station Erfenstein aus nach einem kurzen Fußweg. Von ihr aus hat man einen hervorragenden Blick in das Tal. Die Feste stammt aus dem 11. Jh. 1688 zerstörten die Franzosen die Burg. Besichtigung nach Vereinbarung: Tel. 063 25/ 78 73; Sa 13–19, So 10–19 Uhr; Jan. geschl.

Burg Erfenstein
Wer in Erfenstein aussteigt, sollte auch einen Besuch der Burg Erfenstein nicht versäumen. Sie entstand im 12. Jh. Erhalten sind Teile zweier Bergfriede und der Ringmauer.

Ruine Breitenstein
Ein weiteres mittelalterliches Gemäuer befindet sich unweit der Station Breitenstein. Im 13. Jh. entstand die gleichnamige Burg, die 1470 von kurpfälzischen Truppen zerstört wurde. www.burgenwelt.de

Einkehrmöglichkeit

Bahnhofsgaststätte
Hier sind Eisenbahnfreunde immer richtig. Die Neustädter Bahnhofsgaststätte stimmt schon mal auf den Besuch im Museum ein. Bahnhofplatz 6, 67434 Neustadt; Tel. 0 63 21/8 44 06

Die Museumszüge sind bewirtschaftet. Ein Gepäckwagen von 1902 wurde von der DGEG zu einer rollenden Schänke umgebaut.

Ruine Spangenberg

Post im Zug
Bahnpostmuseum Losheim

Adresse
Bundesarbeitsgemein-
schaft Bahnpost
Ralf Heinz
Hohlweg 16
66709 Weiskirchen
www.uqp.de/bahnpost
BArGe.Bahnpost@epost.de

Streckenverlauf

Strecke	Länge in km
■ Merzig → Merzig Ost	2,2
■ Merzig Ost → Brotdorf	3,1
■ Brotdorf → Bachem	2,5
■ Bachem → Losheim	5,1

Betriebszeiten

Das Bahnpostfest in Losheim findet am zweiten Wochenende im August statt. Des Weiteren öffnet das Museum an ausgewählten Tagen im Jahr seine Pforten. Zum Fest und zu den Öffnungstagen setzt der MEC Losheim in der Regel dampfbespannte Sonderzüge ein. Weitere Sonderzüge verkehren auf der Museumsstrecke unabhängig vom Bahnpostmuseum. Im Kursbuch der Deutschen Bahn steht der Fahrplan in der Tabelle 12685. Von Zeit zu Zeit gehen die Bahnpostfreunde mit ihren beiden Wagen auch auf goße Tour und fahren in einem Sonderzug beispielsweise nach Basel.

Geschichte

1997 ging eine Epoche zu Ende. Die Deutsche Post gab die Bahnpost auf. Das bedeutete zwar nicht, dass sie der Bahn insgesamt untreu wurde. Container mit Paketen rollten beispielsweise auch weiterhin ihrem Ziel auf Schienen entgegen. Der Einsatz von Bahnposten mit Umarbeitung fand aber letztmals in der Nacht vom 30. zum 31. Mai 1997 statt. Unter Umarbeitung verstand man unter anderem das Sortieren und Stempeln der Sendungen während der Fahrt. Echte Bahnpost bedeutete stets, dass Postbeamte im Bahnpostwagen oder im Bahnpostabteil mitfuhren.

Seit 1973 befasste sich eine Arbeitsgemeinschaft im Bund Deutscher Philatelisten mit der Geschichte der Bahnpost. In Mittelpunkt des Interesses der Mitglieder standen natürlich Briefmarken und postalische Stempel. Gute Philatelisten aber blicken über den Tellerrand. So auch die Bahnpostfreunde, die in Losheim ein Museum einrichteten und inzwischen sogar mit eigenen Wagen unterwegs sind.

Technik

Mit der Aufgabe der Bahnpost, 1997, beschlossen die Philatelisten, auch Bahnpostwagen der Nachwelt zu erhalten. Von der Deutschen Post erwarben sie zwei Exemplare der Baujahre 1955 und 1967.

Diese bilden zum einen den Kern des Losheimer Bahnpostmuseums. Zum anderen sind sie seit 2003 auch wieder betriebsbereit und verfügen über die nötige Zulassung.

Strecke

Die Merzig-Büschfelder Eisenbahn war eine klassische Nebenbahn, wie es sie in vielen Teilen Preußens gab. Sie zweigte ab von der Magistrale Saarbrücken–Trier. Über Büschfeld hinaus führte der Schienenstrang nach Nonnenweiler und dort wiederum bestand Anschluss an die Hochwaldbahn Trier–Hermeskeil–Türkismühle. Kein Zweifel, in früheren Jahren erschloss die Bahn auch das platte Land recht ordentlich. Allerdings bot sie auf vielen Nebenbahnen nur wenige Zugpaare am Tag an. Nur warme Luft zu transportieren, konnte sich die Staatsbahn nie leisten.

Die Museumsstrecke beginnt im Tal der Saar, die bei Trier in die Mosel fließt. Noch im Stadtgebiet von Merzig verlässt sie den namensspendenden Fluss des Saarlandes, das zwischen 1920 und 1935 sowie zwischen 1945 und 1957 nicht zu Deutschland gehörte. Der Schienenstrang führt durch die reizvolle Landschaft der südlichen Ausläufer des Hochwaldes, der dem Hunsrück angehört. Hinter Bachem erklimmen die Lokomotiven eine ansehnliche Steigung. Neben den beschaulichen Ortschaften fällt kraftvolles Grün ins Auge. Man glaubt kaum, dass wenige Kilometer südlich eine von Bergbau und Hütten geprägte Gegend beginnt.

Eisenbahnmuseum

Die beiden Bahnpostwagen wurden nicht nur äußerlich bestens konserviert. Im Inneren sind Originaleinrichtungen vorhanden, die anschaulich darstellen, was die Postbeamten einstmals während der Reise zu tun hatten. Zudem trugen die Bahnpostfreunde im Laufe der Jahre wertvolle Dokumente wie Grund- und Aufrisszeichnungen der Wagen zusammen. Besonders empfehlenswert ist der Besuch des Bahnpost- und Dampflokfestes im August.

ⓘ Wussten Sie, dass …

… die Bahnpostfreunde einen Katalog mit mehr als 25.000 verschiedenen Bahnpoststempeln zusammengestellt haben?

… die Arbeitsgemeinschaft einmal jährlich einen Band des Bahnpostwagen-Archivs herausgibt?

… die Mitglieder die Deutsche Post bei der Herstellung von Modellen der Bahnpostwagen fachkundig beraten?

Sehenswürdigkeiten

Stausee Losheim
1972 begannen die Arbeiten am 31 ha großen und bis zu 14 m tiefen See. 1973 wurde er geflutet. Bei Normalstau speichert er rund 1,5 Mio. cbm des kostbaren Nass'. Ein Rundwanderweg misst etwa 3,8 km. Auf der Wanderung lernt man die Schönheit des südlichen Hochwaldes gut kennen. Daneben beginnen am Stausee weitere fünf interessante Wanderwege. Auskunft über Veranstaltungen im Freizeitzentrum gibt die Tourist-Information: Merziger Str. 3, 66679 Losheim; Tel. 068 72/16 16.

Garten der Sinne
Zwischen Stephans- und Kreuzberg in Merzig entstand eine einmalige Gartenanlage. In verschiedenen Bereichen kann man beispielsweise einen Garten der Klänge, einen Theatergarten oder einen Duftgarten erkunden.
Eller Weg, 66663 Merzig; Tel. 0 68 61/91 10 68; Mai-Aug. Di, Do, Fr 8–16, Mi 8–20, Sa 16–20, So 10–20 Uhr; Apr., Sept.,Okt. Di–Do 8–16, Fr 8–15, So 10–18 Uhr

Einkehrmöglichkeit

Hochwälder Brauhaus
Regionale Speisen tischt das Hochwälder Brauhaus am Stausee auf. In gemütlicher Atmosphäre lernt man die Gegend zu günstigen Preisen kulinarisch gut kennen.
Zum Stausee, 66679 Losheim; Tel. 0 68 72/50 57 72

Garten der Sinne in Merzig

Dampfmetropole
Historische Eisenbahn Frankfurt

Adresse

Historische Eisenbahn
Frankfurt
Postfach 90 03 45
60443 Frankfurt am Main
Tel. 0 69/43 60 93
www.HistorischeEisenbahn
Frankfurt.de
info@HistorischeEisenbahn
Frankfurt.de

Streckenverlauf

Strecke	Länge in km
■ Übergabebahnhof Griesheim → Mainkur	6

Betriebszeiten

Sowohl die Betriebstage in
Frankfurt am Main als auch
die Fahrtage im Bundes-
gebiet sind über das ganze
Jahr verteilt.

Geschichte

Eine 01 nennen nur wenige Institutionen ihr eigen.
Vor allem Museen sind darunter mit zumeist nicht
betriebsfähigen Schaustücken. Nur wenigen Vereinen war es vergönnt, in den Besitz einer 01 zu gelangen. Der 1978 gegründete Verein Historische Eisenbahn Frankfurt (HEF) gehört zu ihnen. Er setzt
die 01 118 nicht nur in Hessen, sondern auf Sonderfahrten in ganz Deutschland ein.

Die ersten Sonderfahrten des Vereines fanden
auf der Frankfurter Hafenbahn statt. Man schrieb das
Jahr 1979. Bei der Bundesbahn herrschte absolutes
Dampfverbot. Zwischen Eiserner Steg, Mainkur
(Stellwerk IV) und Griesheim Übergabebahnhof galt
dieses aber nicht. Auch auf der Frankfurt-Königstei-
ner Eisenbahn, einer Kommunalbahn, konnten sich
die Frankfurter Dampffreunde austoben.

Technik

Die 01 118 entstand 1934 bei Krupp in Essen. Sie
misst 23 940 mm Länge und weist eine Leistung von
1635 kW auf. Mit 130 km/h Höchstgeschwindigkeit
kann sie Sonderzüge auch über Hauptbahnen
schleppen, ohne den Planbetrieb zu beeinträchti-
gen. Etwas langsamer ist das zweite Zugpferd des
Vereines, die 52 4867. Die 1943 entstandene
Kriegslokomotive kann auf 80 km/h beschleunigen.

Ursprünglich war die Baureihe 52 vor allem für den Güterzugdienst gedacht, doch schleppten die Maschinen im Plandienst auch Reisezüge. Von den Saarbergwerken übernahmen die Eisenbahnfreunde die 81 1001. Die Lok mit vier angetriebenen Achsen entstand 1949 bei Krupp. Zwei Diesellokomotiven der Baureihe V 36 von 1950 und der 798 629, ein DB-Schienenbus, ergänzen den Bestand.

Strecke

Zu den attraktivsten Angeboten der HEF gehören die Sonderfahrten rund um Frankfurt, lange Jahre Sitz der Bundesbahn. Das Streckennetz der Stadt ist weit verzweigt und lädt überhaupt zur Erkundung vom Bahnfenster aus ein. Aus dem Reisezugwagen schaut man auf den Kaiserdom ebenso wie auf die Museumsmeile am Mainufer. Auch die Türme der Banken und Versicherungen hinterlassen einen ganz anderen Eindruck, werden sie aus dem fahrenden Zug betrachtet. Selbstverständlich gewährt die Bahnreise durch Frankfurt auch den beliebten Blick in die Hinterhöfe der Stadt. Eine Bahnfahrt rund um Frankfurt macht schlichtweg Spaß. Was will man mehr?

Eine weitere Sonderfahrt über eine größere Distanz. Jahr für Jahr veranstaltet die HEF eine Reihe interessanter Sonderfahrten. Teils finden diese auf eigene Initiative statt, teils fahren die Züge im Auftrag des Nürnberger Verkehrsmuseums.

Eisenbahnmuseum

Die HEF betreibt selbst kein Museum. Doch gibt es in der Stadt eine sehenswerte Sammlung historischer Feldbahnfahrzeuge. Das Frankfurter Feldbahnmuseum befindet sich Am Römerhof 15 A nahe des Messegeländes. Fahrbetrieb findet im Rebstockgarten statt. Dort liegen Gleise mit 600 mm Spurweite, die bei Feldbahnen weit verbreitet ist. Die Fahrzeuge stammen aus allen Teilen Deutschlands. Geöffnet hat das Museum am ersten Freitag im Monat von 17 bis 19 Uhr und am ersten Sonntag von 14 bis 17 Uhr (Tel. 0 69/70 92 92).

⚠ Wussten Sie, dass …

… man bei der Entwicklung der Baureihe 52 davon ausging, dass diese nur etwa fünf Jahre im Dienst stehen würde? Danach sollten neuere Bauarten die Kriegslok ablösen?

… Preußen und Hessen Ende des 19. Jh. den ersten Eisenbahnverbund in Deutschland schufen? Die preußischen Staatsbahnen hatten die Federführung. Hessen profitierte vom Verbund dank hoher Gewinnausschüttungen.

Foyer des Postmuseums

Auf der Straße
Deutsche Museums-Eisenbahn

Adresse

Deutsche Museums-
Eisenbahn
Steinstr. 7
64291 Darmstadt
Tel. 0 61 51/37 64 01
Fax 0 61 51/37 76 00
www.museumsbahn.de
info@museumsbahn.de

Streckenverlauf

Strecke	Länge in km
■ Darmstadt Ost → Bessunger Forsthaus	4,5

Betriebszeiten

Die Sonderfahrten finden an verschiedenen Verkehrstagen über das Jahr verteilt statt. Das Museum ist jeden Sonntag von 10 bis 16 Uhr geöffnet. Zwischen April und September kann man die Sammlung zu den gleichen Zeiten auch Mittwoch besichtigen.

Geschichte

Darmstadt gehört zu den eher unbekannten Städten Deutschlands. Sie liegt im Schatten von Frankfurt am Main, jener Metropole, der es ja sogar gelingt, die benachbarten Landeshauptstädte Mainz und Wiesbaden unsichtbar zu machen. Wiesbaden ganzjährig, Mainz außerhalb der Karnevalssaison. 1859 ging im Großherzogtum eine wichtige Ost-West-Verbindung in Betrieb, die Strecke Mainz–Darmstadt–Aschaffenburg. Ihr Name verrät den Rang, den die Linie seinerzeit inne hatte: Ludwigsbahn, benannt nach dem Großherzog. In Kranichstein entstanden ein Rangierbahnhof und eine Lokwerkstatt. Der heute noch erhaltene Lokschuppen stammt aus dem Jahr 1914. 1960 löste die Bundesbahn die Dienststelle auf. Zehn Jahre später trafen sich Eisenbahnfreunde, die einen Museumszug auf die Strecken rund um Darmstadt schicken wollten. Im Bw fanden sie 1976 ihre Heimstatt, die zum Zuhause stolzer Exponate wurde.

Technik

»Von Manteuffel« fuhr einstmals bei der Zschipkau-Finsterwalder Eisenbahn. 1897 verließ die Dampflok die Hallen von Hohenzollern. Jüngeren Datums ist die 56 3007. 1929 gelangte sie von Linke-Hofmann-Busch zur Lübeck-Büchener Eisenbahn. Diese traditionsreiche Privatbahn wurde 1938 verstaatlicht und die Fahrzeuge bekamen Reichsbahn-Nummern. Die 98 727 begann 1903 ihre Karriere bei den Königlich Bayerischen Staatseisenbahnen. Maffei stellte die Verbundlok her. Eine Preußin aus Hannover ist die G 8 mit der Bahnnummer »4981 Münster«. 1913 übernahmen die Staatsbahnen die bei Hanomag gefertigte Lok. Die 41 024 und die 44 404, beides Henschel-Werke, repräsentieren die Einheitslokomotiven der Zwischenkriegszeit. Erstere trat 1939 ihren Dienst an, Letztere 1941, also nach Kriegsbeginn. Die Bauzeichnungen stammen aber aus den zwanziger und dreißiger Jahren. Geradezu ein Jüngling ist die 23 042, die 1954 bei Henschel entstand.

Strecke

Die große Museumsbahn der Darmstädter beginnt am Ostbahnhof. Eine viertel Stunde braucht der Dampfzug, um die Station Bessunger Forsthaus zu erreichen. Die Strecke führt am Kohlberg vorbei. Höchst außergewöhnlichen Betrieb können Eisenbahnfreunde auf den Straßen der einstigen Residenzstadt erleben. Dort arbeiten die Museumseisenbahner eng mit den örtlichen Verkehrsbetrieben zusammen, der HEAG. Meterspurlokomotiven schleppen Sonderzüge über Straßenbahngleise. In Deutschland ist das einmalig.

Eisenbahnmuseum

»Tradition bewahren heißt nicht, Asche aufzuheben, sondern eine Flamme am Brennen zu halten.« Was wie der Aphorismus eines Dichters oder Philosophen klingt, stammt von einem großen, sozialistischen Politiker und Denker, dem Franzosen Jean Jaurès. Gemeinsam mit dem langjährigen Vorsitzenden der SPD, August Bebel, legte er die Wurzeln für die deutsch-französische Aussöhnung – vor dem Ersten Weltkrieg, wohlgemerkt. Mit ihrem Wahlspruch stellten sich die Darmstädter Museumseisenbahner gewissermaßen unter Jaurès' Patronat. Dessen Vermächtnis erfüllen sie eindrucksvoll mit einer stetig wachsenden, technischen Sammlung.

! Wussten Sie, dass …

… die museal betriebene Strecke einst über Bessunger Forsthaus hinaus nach Groß Zimmern führte? Am Endpunkt bestand Anschluss an die Nebenbahn Dieburg–Reinheim.

… die Museumsstrecke den Eisenbahnfreunden gehört? 1984 kauften sie die Linie von Darmstadt Ost zum Bessunger Forsthaus und rüsteten sie nach und nach mit historischer Streckentechnik aus.

Sehenswürdigkeiten

Jagdschloss Kranichstein
1578 ließ sich Landgraf Georg I. in Kranichstein ein Jagdschloss errichten. Die Ausstellung gibt Einblicke in das höfische Leben jener Tage und präsentiert auch zahlreiche alte Jagdwaffen. Mathildenhöhe, Kranichsteiner Str. 261, 64289 Darmstadt; Tel. o 61 51/ 71 86 13; Apr.–Okt. Mi–Sa 13–18, So 10–18 Uhr, Nov.–März Mi–Sa 14–17.30, So 10–17.30 Uhr

Residenzschloss
Eine Ausstellung zur Geschichte der Landgrafenschaft und des Großherzogtums Hessen befindet sich im Residenzschloss. Rheinstr., 64295 Darmstadt; Tel. o 61 51/ 2 40 35; Besichtigungen nur mit Führung möglich.

Einkehrmöglichkeit

Jagdschloss-Schänke
Im Kavaliersbau des Kranichsteiner Jagdschlosses befindet sich eine Schänke, die nicht ganz billig ist, aber ein hervorragendes Angebot bereithält. Kranichsteiner Str. 261, 64289 Darmstadt; Tel. o 61 51/9 77 90

Müller & Müller
Delikatessen aus ökologischem Anbau zu günstigen Preisen erhält man in der Innenstadt. Das Angebot ist zwar nicht gerade riesig, dafür aber exzellent. Mühlstr. 60, 64283 Darmstadt; Tel. o 61 51/ 15 38 63; Sa abend, So, Mo geschl.

Jagdschloss Kranichstein

Die Schättere
Die Härtsfeldbahn

Adresse
Härtsfeld-
Museumseisenbahn
Postfach 9126
73416 Aalen
Tel./Fax 0 73 26/57 55 (an
Betriebstagen)
www.hmb-ev.de
AuJRanger@t-online.de

Streckenverlauf

Strecke	Länge in km
■ Aalen → Neresheim	28,1
■ Neresheim → Sägmühle →	2,8
■ Sägmühle → Dischingen	5,0
■ Dischingen → Dillingen	19,1

Betriebszeiten

Saisonauftakt:
Am 1. Mai beginnt der jähr-
liche Fahrbetrieb im Härts-
feld. Jeden ersten Sonntag
im Monat verkehren Züge.
Ferner gibt es einige
Sonderfahrtage im Jahr.
Saisonende:
Am ersten Oktober-
Wochenende schließt die
Härtsfeld-Museumsbahn
die Saison ab.

Geschichte

Die Härtsfeldbahn gehört zu den spektakulärsten
Bahnlinien Deutschlands. Gleich einer Gebirgsbahn
schlängelt sich die Meterspurstrecke durch das
Härtsfeld über die Schwäbische Alb. 1901 ging die
Strecke in Betrieb. Ihr Betriebsmittelpunkt, die
»Centralstation«, lag nicht etwa an einem der beiden Endpunkte mit Anschluss an Hauptbahnen.
Vielmehr richtete die Härtsfeldbahn ihre Zentrale in
Neresheim ein, annähernd in der Mitte der Strecke
gelegen. Ziel der Erbauer war es, die Gegend zu erschließen und damit die Lebensqualität im Härtsfeld zu erhöhen. An Arbeitstagen beförderten die
Züge Berufspendler, an Wochenenden und Feiertagen Ausflügler. Zwei Drittel ihrer Einnahmen erzielten sie aber im Güterverkehr. Holz, landwirtschaft-
lichen Erzeugnisse, Expressgut – es gab nichts, was
die kleinen Züge nicht beförderten.

    Noch 1953 wurde die Bahn als Beispiel für eine
Untersuchung zur Erschließung des ländlichen Rau-
mes herangezogen. Die Gutachter empfahlen eine
sinnvolle Aufgabenteilung zwischen Straße und
Schiene. Zehn Jahre später galt die Bahn als veral-
tet. 1972 endete der Betrieb. Die Bevölkerung ver-
gaß die Schättere aber nicht. 1985 fanden sich
Eisenbahnfreunde zusammen, um die Bahn zu
reaktivieren. Im Oktober 2001 begann der Betrieb

zwischen Neresheim und Sägmühle. Die Eisenbahnfreunde beabsichtigen, die Strecke zum Härtsfeldsee und weiter nach Dischingen zu verlängern.

Technik

Gut 20 historische Fahrzeuge repräsentieren den Betrieb auf der Schmalspurbahn Ende der fünfziger, Anfang der sechziger Jahre. Bei allen handelt es sich um Originale oder bauartgleiche Modelle. Den Dampfzug führt in der Regel die 1913 gebaute Lok 12. Sie schleppt je zwei Personen- und Güterwagen. Letztere dienen der Beförderung von Kinderwagen und Fahrrädern. Der älteste Personenwagen stammt von 1888. Aus Trieb- und Beiwagen besteht der zweite Zug. Den Triebwagen stellte die Waggonfabrik Wismar 1934 her. 1964 modernisierte ihn Auwärter. Bereits 1954 hatte das Werk den 1901 bei Herbrand gebauten Beiwagen überholt.

Strecke

Die Fahrt auf der Museumsstrecke führt durch ausgedehnte Waldgebiete und weite Getreidefelder. Hinter Neresheim hat man einen guten Blick auf das Kloster und das Egautal. An der Steinmühle legt der Zug einen Zwischenhalt ein. Nach dem Abfahrtspfiff durchquert er Feucht- und Trockenbiotope, in denen sich zahlreiche seltene Tier- und Pflanzenarten angesiedelt haben. Wer das Schättere noch besser kennen lernen möchte, erkundet von Neresheim aus zu Fuß das wildromantische Härtsfeld. Neben bestens gepflegter Kulturlandschaft erwandert man die fast unberührte Natur einer dünn besiedelten Gegend. Die Härtsfeldbahn verkauft Einfachfahrscheine, sodass man vom Endpunkt zurücklaufen kann.

Eisenbahnmuseum

Im Neresheimer Bahnhof öffnet an den Betriebstagen das Härtsfeldbahn-Museum seine Pforten. Eine Reihe von Exponaten erinnert an den Schmalspurbetrieb im Härtsfeld. Die Fahrzeuge stehen auf dem Freigelände und können von den Besuchern bequem fotografiert werden.

(!) Wussten Sie, dass …

… in den fünfziger Jahren verschiedene Fahrzeughersteller, z. B. die Maschinenfabrik Esslingen, Neukonstruktionen zu Probefahrten auf die Härtsfeldbahn schickten?

… sich die Bezeichnung »Schättere« aus dem schwäbischen Wort »schättern« ableitet, das »scheppern«, »klappern« bedeutet?

Sehenswürdigkeiten

Historische Altstadt
In Neresheim lohnt sich ein Bummel durch die historische Altstadt. Von den Kriegen der vergangenen Jahrhunderte blieb das Härtsfeld weitgehend verschont, sodass zahlreiche Bauten ihr ursprüngliches Aussehen weitgehend bewahrt haben.

Benediktinerkloster
Von der Altstadt ist es nur ein Katzensprung zum Benediktinerkloster, dessen spätbarocke Kirche im 18. Jh. nach Plänen Balthasar Neumanns entstand und großartige Kuppelgemälde von Martin Knoller aufweist.

Rundwanderung
Eisenbahnfreunde sind in der Regel gut zu Fuß. Mühelos erwandern sie das Härtsfeld und die Schwäbische Alb hinter dem Endpunkt Sägmühle. Auf dem kleinen Rundwanderweg entdeckt man alles Typische für die Schwäbische Alb. Entlang der prachtvollen Wacholderheide Zwing und durch das Egautal führt er zum Hochstatter Hof.

Einkehrmöglichkeit

Zur Krone
Eine gutbürgerliche Küche zu günstigen Preisen bietet der Gasthof »Zur Krone«. Besuchern empfiehlt sich insbesondere ein Blick auf die Karte mit Härtsfelder Spezialitäten.
Hauptstr. 13,
73450 Neresheim;
Tel. 0 73 26/96 39 00

Benediktinerkloster Neresheim

Noch Planbetrieb
Stuttgarter Straßenbahnmuseum

Adresse
Stuttgarter Historische
Straßenbahnen
Strohgäustr. 1
70435 Stuttgart
Tel. 07 11/82 22 10
Fax 07 11/8 26 64 90
www.shb-ev.de
admin@shb-ev.de

Streckenverlauf

Strecke	Länge in km
■ Rundlinie 19 Museum → Zuffenhausen → Stammheim → Museum	7,3
■ Rundlinie 23 Museum → Mineralbäder → Berliner Platz → Hauptbahnhof → Mineralbäder → Museum	13,6

Geschichte

Zu den interessantesten Straßenbahnstädten gehört Stuttgart. Zum einen weist die Stadt ein anspruchsvolles Profil auf. Die steilste Strecke ist mit 70 ‰ geneigt. Zum anderen bauten die Stuttgarter ihr Netz in den vergangenen Jahrzehnten zielstrebig von Meter- auf Regelspur um. In der Innenstadt, oft aber auch außerhalb, verlaufen die Strecken im Tunnel. Inzwischen ist die Meterspur-Straßenbahn fast ausgestorben. Der Verein »Stuttgarter Historische Straßenbahnen« hält die Erinnerung wach. 1987 trat er ins Leben. Bereits 1989 organisierte er in Gerlingen seine erste Ausstellung. 1995 zogen die Fahrzeuge in das Zuffenhausener Museum.

Betriebszeiten
Das Straßenbahnmuseum öffnet jeden zweiten Sonntag und jeden letzten Samstag im Monat nachmittags seine Pforten. Zu den Öffnungstagen fahren die Museumsrundlinien, Sonntag die 19 und Samstag die 23. Die Linie 15 der Stuttgarter Straßenbahnen verkehrt täglich im Planbetrieb.

Technik

Fahrzeuge aus mehr als hundert Jahren veranschaulichen nicht nur die Stuttgarter Straßenbahngeschichte. Vielmehr spiegelt die Sammlung die deutsche Straßenbahngeschichte insgesamt wider. Im 1936 erbauten ehemaligen Depot wartet eine stolze Sammlung Meterspurfahrzeuge auf die Besucher. Vom Pferdebahnwagen bis hin zum seinerzeit hochmodernen Gelenkwagen der Bauart GT 4 reicht die Palette. Fahrzeuge der Stuttgarter Zahnradbahn sind ebenso vertreten wie Wagen der leider 1978 stillgelegten Überlandstrecke Esslingen–

Nellingen/Denkendorf. Für den Betrieb auf der Zubringerlinie 23 stehen Züge aus den fünfziger und sechziger Jahren bereit. Auf dem Rundkurs zwischen Zuffenhausen und Stammheim fahren Wagen, die zwischen 1925 und 1939 erbaut wurden.

Strecke

Die Rundlinie verläuft durch die Innenstadt und erschließt zentrale Bereiche wie den Charlottenplatz, den Rotebühlplatz und den Hauptbahnhof. Nach Zuffenhausen geht es nicht direkt, sondern über die Mineralbäder und die Wilhelma. Über den Pragsattel, eine der verkehrsreichsten Gegenden Stuttgarts erreicht der Museumszug Zuffenhausen. Die letzte, planmäßig betriebene Meterspurstrecke beginnt in Stammheim, unweit des Museums und ist mühelos mit der Nostalgie-Rundlinie ab Zuffenhausen zu erreichen. Die guten, alten Gelenktriebwagen der Bauart GT 4 fahren am Nordfriedhof vorbei zum Hauptbahnhof. Hinter der Station Olgaeck beginnt dann eine Panoramastrecke, die von vielen Stellen aus einen herrlichen Blick auf die im Talkessel liegende Stadt bietet. Gleich zu Beginn geht es mit mehr als 70 ‰ steil bergauf. Nach einer langen Waldstrecke endet die Linie am Fuße des Fernsehturmes in Ruhbank, des ersten seiner Art weltweit.

Eisenbahnmuseum

So mancher Zeitgenosse verbindet mit dem Namen Zuffenhausen nur Autos einer gewissen Klasse. Dies ist natürlich sehr einseitig gedacht. Bahnfreunde wissen, dass sich in der Strohgäustraße 1 ein technikhistorisches Kleinod besonderer Güte verbirgt. Es präsentiert nicht nur Fahrzeuge verschiedener Epochen, sondern schenkt auch dem Drumherum Beachtung, dokumentiert beispielsweise die Vielfalt der Haltestellenschilder in der Vergangenheit. Fotos und wertvolle Schriftdokumente erinnern an jene Tage, als die Straßenbahn noch den Großteil des Stadtverkehrs bewältigte. Jüngere Besucher können an der Miniaturstraßenbahn ausprobieren, wie es sich mit der Kurbel fährt.

ⓘ Wussten Sie, dass …

… die Straßenbahnfreunde auch einen historischen Gelenkbus einsetzen? Der Wagen stammt von 1974.

… in der Nachbarstadt Esslingen bis heute Oberleitungsbusse im Regeldienst fahren?

… auf der Parkeisenbahn am Killesberg unter anderem Dampflokomotiven verkehren?

Sehenswürdigkeiten

Wilhelma

Der zoologisch-botanische Garten, »Wilhelma« ist ein Muss für Botanik- und Tierfans jeden Alters. Neckartalstraße/ Wilhelma 13, 70342 Stuttgart – Bad Cannstatt; Tel. 07 11/5 40 20, Fax 07 11/5 40 22 22; www.wilhelma.de, info@wilhelma.de; tgl. 8.15 bis Einbruch der Dunkelheit. Es empfiehlt sich, durch den Haupteingang einzutreten, da die Tore unterschiedliche Öffnungszeiten haben.

Noch zwei Bahnen …

Darf es noch etwas Bahniges sein? Am Marienplatz beginnt eine Zahnradbahn, die nach Degerloch hinaufführt. Sie überwindet auf 2,2 km 205 Höhenmeter bei 18 % Steigung. Von Heslach aus führt eine nostalgisch anmutende Standseilbahn zum Waldfriedhof. Die Aufbauten der Wagen bestehen aus Holz. Beide Bahnen fahren zum VVS-Tarif.

Einkehrmöglichkeit

Wienerwald

Familien mit Kindern empfiehlt sich besonders der Besuch des »Wienerwald« unweit des Hauptbahnhofs. Das Lokal ist kindgerecht eingerichtet. Die Mitarbeiter zeigen sich kinderfreundlich, hilfsbereit und kompetent. Leider keine Selbstverständlichkeit in deutschen Restaurants. Königstr. 2, 70173 Stuttgart; Tel. 07 11/29 58 60

Zahnradbahn nach Degerloch

Schwaben-Dampf
Die Ulmer Eisenbahnfreunde

Adresse
Ulmer Eisenbahnfreunde
www.ulmer
-eisenbahnfreunde.de
Schnellzug
Ulf Haller
Nürnberger Str. 151
70374 Stuttgart
Tel. 07 11/5 39 01 37
Fax 07 11/5 39 01 39
schnellzug@uef-dampf.de
Lokalbahn
Manfred Berka
Waldstr. 11
89284 Pfaffenhofen
Tel./Fax 0 73 02/63 06
lokalbahn@uef-dampf.de
Albbähnle
Heinrich Biro
Drosselweg 13
73340 Amstetten
Tel./Fax 0 73 31/79 79
alb-baehnle@uef-dampf.de

Streckenverlauf

Strecke	Länge in km
■ Amstetten → Stubersheim	5,1
■ Stubersheim → Schalkstetten	2,3
■ Schalkstetten → Waldhausen	2,6
■ Waldhausen → Gussenstadt	4,6
■ Gussenstadt → Gerstetten	5,3
■ Amstetten → Oppingen	5,7

Betriebszeiten
Der Betrieb findet an ausgewählten Tagen statt. Die
Lokalbahn Amstetten–Ger-
stetten steht im DB-Kurs-
buch in der Tabelle 758.

Geschichte

1969 hatte der Ulmer Oberbürgermeister eine Idee.
Die Stadt sollte eine Dampflokomotive kaufen und
als Denkmal aufstellen. Damit waren die Eisenbahnfreunde aber überhaupt nicht einverstanden.
Der Denkmalsockel bedeutete für sie eine Ver-
schrottung auf Zeit, mehr nicht. Das war natürlich
untragbar. Überlegungen, ein Museum einzurichten, scheiterten an fehlenden Räumlichkeiten.
1971 gelang es, die Lokalbahn-Tenderlok 98 812 zu
übernehmen. Im Juni war sie wieder einsatzbereit,
drei Monate später fand sie dann ihre endgültige
Heimat bei den soeben gegründeten Ulmer
Eisenbahnfreunden (UEF), die bald auch fünf Personenwagen der Baujahre 1928/29 ihr Eigen nannten. Dank der Unterstützung von Sponsoren wie
Märklin gelang es, 1972 eine weitere Nebenbahn-
Dampflok zu erwerben, die 86 346. 1973 stellte ein
Sponsor den UEF eine Schnellzuglok zur Verfügung,
die 01 137. Sie fuhr bis 1975. Wenig später gelang
der Erwerb der 01 1066.

Als die Bundesbahn 1977 den Einsatz von
Dampflokomotiven verbot, fanden die UEF in der
Karlsruher Albtalbahn (AVG) und in der Württember-
gischen Eisenbahngesellschaft (WEG) neue Partner.
Die WEG öffnete ihre Strecke Amstetten–Gerstetten
für den Nebenbahnzug der UEF. Auf der AVG-Strecke

BADEN-WÜRTTEMBERG

Ettlingen –Bad Herrenalb konnte sich ab 1984 die 01 1066 austoben. 1986 retteten sie dann den Abschnitt Amstetten–Oppingen der Meterspurstrecke nach Laichingen. 1990 begann dort der Museumsbetrieb. Zu dem Zeitpunkt durften die Lokomotiven bei der Bundesbahn wieder qualmen. Somit sind die UEF heute nicht nur auf schwäbischen Gleisen, sondern in großen Teilen Deutschlands unterwegs.

Technik

Im Mittelpunkt des Interesses stehen natürlich die Schnellzuglokomotiven, die 01 509 mit zwei Zylindern und die Dreizylinderlok 01 1066. Auch die Güterzuglok 50 2988 bespannt manchen Sonderzug. Auf der Lokalbahn kommt die 75 1118 zum Einsatz, eine badische VIc. Sie ist eine Leihgabe der Universität Karlsruhe. Die Lok, mit der alles begann, die bayerische GtL 4/4 2562 mit der Reichsbahn-Nummer 98 812, ist leider abgestellt. Eine echte Württembergerin, die 99 7203, bedient das Albbähnle. Bis 1964 fuhr sie zwischen Mosbach und Mudau.

Strecke

Die Lokalbahn Amstetten–Gerstetten ist eine nur auf den ersten Blick typische, württembergische Nebenbahn, weil sie von einem privaten Unternehmen errichtet wurde, während sich üblicherweise die Staatsbahnen engagierten. Sie erschließt die weit auseinander liegenden Gemeinden in der dünn besiedelten Gegend. Zunächst geht es in Serpentinen mit 25 ‰ aufwärts. Man hört die Lokomotive hart arbeiten. Hinter Stubersheim führt der Schienenstrang in mäßigerer Neigung nordwärts. In Waldhausen beschreibt er dann einen Rechtsbogen.

Auf der gegenüberliegenden Seite beginnt in Amstetten das »Albbähnle« nach Oppingen. Mit 29 ‰ ist die Neigung noch etwas stärker als bei der Lokalbahn. Beide Bahnen führen durch eine interessante, abwechslungsreiche Berglandschaft. Viel stärker als in den Zügen auf der Filsbahn Stuttgart–Ulm spürt man, weshalb die Geislinger Steige auch heute noch berüchtigt ist.

ⓘ Wussten Sie, dass …

… die Baureihe 01 gar nicht die erste Einheitslok war, sondern die Baureihe 02, ebenfalls eine Schnellzuglok? Da sich diese im Betrieb als reichlich teuer erwies, wurden die Maschinen in 01 umgebaut.

… die UEF auf der Lokalbahn auch Güterverkehr anbieten?

… die 01 1066 mit Öl statt Kohle gefeuert wird?

Sehenswürdigkeiten

Brauchtums-Museum
Schwäbische Gebräuche sind deutschlandweit sprichwörtlich. Wo sonst kennt man beispielsweise eine »große Kehrwoche«? Dem ländlichen Brauchtum ist ein Museum in Schalkstetten gewidmet. Es stellt nicht nur das Leben auf dem Lande vor, sondern zeigt auch Maschinen und Geräte aus jenen Tagen, als die Mechanisierung der Landwirtschaft einsetzte.
Gemeinde,
Lonetalstr. 19,
73340 Amstetten;
Tel. 0 73 31/3 00 60;
Museumsöffnung an den Fahrtagen der Museumseisenbahn 13–17 Uhr; Sonderöffnung für Gruppen nach Anmeldung

Rund um Amstetten
Von Amstetten aus führen zahlreiche Wanderwege in die Schwäbische Alb. Diese besticht durch eine unberührt wirkende Landschaft diesseits und jenseits eines schon früh besiedelten Tales. Von verschiedenen Punkten aus kann man die Museumsbahnen, aber auch die Züge auf der Filsbahn Stuttgart–Ulm gut fotografieren.

Einkehrmöglichkeit

Zum Bahnhöfle
Unweit des Lokalbahnhofs Stubersheim befindet sich der Gasthof »Zum Bahnhöfle«, der eine solide Küche zu günstigen Preisen bietet.
Bräunisheimer Str. 19,
73340 Amstetten;
Tel. 0 73 31/4 48 46

Zum Mühlendorf
Die Achertalbahn

Adresse
Achertäler Eisenbahnverein
Dieter Leist
Riedstr. 19
79189 Bad Krozingen
Tel. 0 78 42/22 31
(Bahnhof Ottenhöfen)
www.ottenhoefen.de
tourist-info@
ottenhoefen.de

Streckenverlauf

Strecke	Länge in km
■ Achern →	
Achern Stadt	1,0
■ Achern Stadt →	
Oberachern	1,5
■ Oberachern →	
O.-Bindfadenfabrik	1,6
■ O.-B → Kappelrodeck	2,1
■ Kappelrodeck →	
Kappelrodeck Ost	1,2
■ Kappelrodeck Ost →	
Furschenbach	1,0
■ Furschenbach →	
Ottenhöfen West	1,5
■ Ottenhöfen West →	
Ottenhöfen	0,7

Betriebszeiten
Saisonauftakt:
Ab Mai heizt der Achertäler
Eisenbahnverein an
mehreren Tagen eine
Dampflok an.
Saisonende:
Ende Oktober endet das
Museumsjahr im Achertal.
Die Fahrzeiten der Züge
stehen im Kursbuch der
Deutschen Bahn in der
Tabelle 717.

Geschichte

Die Nebenlinie Achern – Ottenhöfen gehörte einstmals den Mittelbadischen Eisenbahnen. Die Südwestdeutsche Verkehrs-AG (SWEG) trat die Nachfolge des Unternehmens an und bedient heute die Strecke mit modernen Dieseltriebwagen. Für einen durchgehenden Stundentakt reicht die Nachfrage leider nicht. Immerhin aber gelang es, die Nebenlinie über die Zeiten zu retten, den leeren öffentlichen Kassen zum Trotz.

Ob daran auch der Dampfzugbetrieb seinen Anteil hat? Gewiss. In den ersten Jahren fuhren im Achertal Züge der Deutschen Gesellschaft für Eisenbahngeschichte. Als diese sich aus Baden zurückzog, übernahm der Achertäler Eisenbahnverein den Nostalgiebetrieb. Die Fußstapfen waren zwar groß, doch der junge Verein zeigte, dass man mit Engagement, Ausdauer und Fleiß auch einem Riesen folgen kann, ohne unbedingt winzig wirken zu müssen. Inzwischen haben es die Achertäler in die Fahrplanspalten des DB-Kursbuches gebracht und dies im regulären Teil. Eine Museumsbahnnummer bekamen sie nicht.

Technik

Die Dampflok »Badenia« stammt aus dem Bestand der SWEG. Dort trug sie die Nummer 28. Hersteller war niemand anderes als Borsig, eines der bedeutendsten Werke deutscher und preußischer Industrie- und Eisenbahngeschichte. Ihre ersten Einsätze erbrachte sie ab 1900 zwischen Coldagsen und Duingen. Nach Zwischenstationen bei der Vorwohle-Emmerthaler Eisenbahn und der Münstertalbahn kam sie 1948 in das Achertal. Lok 20 trägt keinen Namen, hält dafür die badische Fahne hoch. 1928 entstand sie bei der Maschinenbau-Gesellschaft Karlsruhe. Auftraggeberin war die Badische Lokal-Eisenbahn für ihre Strecke Bruchsal–Hilsbach–Menzingen. Nach Einsätzen für die SWEG zwischen Biberach und Oberharmersbach bestieg sie 1968 in Oberharmersbach den Denkmalsockel. 1987 erlösten die Achertäler Eisenbahnfreunde die Maschine vom langweiligen Standdienst. Während die »Badenia« über drei Treibachsen verfügt, begnügt sich die Lok 20 mit zweien. Am Haken hängen zwischen 1898 und 1928 gebaute Wagen.

Strecke

Die an den Fahrtagen im Mischbetrieb mit Planzügen bediente Museumsstrecke führt tief in den Schwarzwald. Gewissermaßen ragt die Ortenau in das Gebirge hinein. Es erscheint recht logisch und vernünftig, dass in dem Tal mehrere kleine Orte entstanden. Die Achertalbahn verband sie mit dem Rest der Welt. Zu den Steilstrecken zählt die Strecke nicht. Dennoch dürfen die Züge auf den gut 10 km einige Höhenmeter erklimmen. Die Dampfbahnen brauchen denn auch zwei Drittel mehr Zeit als die Planzüge.

Die Strecke verläuft zunächst rechts vom Fluss. In Oberachern erblickt man am linken Fenster den mit Obstbäumen bepflanzten Bienenbuckel. Dort gedeihen Kirschen und Zwetschgen, die später zu Wässerchen verarbeitet werden. Kappelrodeck/Waldum genießt den Ruf, das Rotweindorf an der Badischen Weinstraße zu sein. Rechts erscheint Schloss Rodeck im Blickfeld. Die Trasse überquert den Fluss. Ottenhöfen gilt zu Recht als Mühlendorf. Einige der prächtigen Bauten sind vom Zug aus zu sehen.

Wussten Sie, dass …

… der Großvater von Bertolt Brecht in Achern eine Lithografieanstalt betrieb? Mitte des 19. Jh. zog er nach Achern. Sein Betrieb befand sich in der Hauptstraße 66. Aus der Ehe mit Karoline Wurzler, der Tochter eines Sasbacher Schumachermeisters, gingen fünf Kinder hervor. Als erstes kam 1869 Bertolt Brechts Vater auf die Welt. Der Dichter hielt sich wahrscheinlich 1927 das letzte Mal in Achern auf.

Sehenswürdigkeiten

Leopoldsdenkmal
1848/49 fand in Achern eine Volksversammlung statt. Die nicht nur dort erhobenen Forderungen fanden zunächst die Zustimmung von Großherzog Leopold. Im Laufe der Revolution wandte sich Leopold der reaktionären Politik anderer Monarchen zu. Zwei Jahre nach dessen Tod bot André Friedrich an, ein Denkmal für Leopold zu errichten. Die Stadt nutzte die Gelegenheit, sich bei der neuen Regierung beliebt zu machen. Das Denkmal auf dem Adlerplatz zeigt den Großherzog, der gerade von einer Jungfrau gekrönt wird.
Achern-Schwarzwald-Information, Hauptstr. 13, 77855 Achern; Tel. 0 78 41/2 92 99; www.achern.de

Zuckerbergschloss
In dem Schlösschen mit schönem Park finden von Juni bis September Sommernachtskonzerte statt.
Tourist-Information, Hauptstr. 65, 77876 Kappelrodeck; Tel. 0 78 42/ 8 02 10; www.kappelrodeck.de

Einkehrmöglichkeit

Zum Prinzen
Der »Prinz« ist ein typischer, gemütlich-rustikaler Landgasthof mit gutbürgerlicher Küche. Er liegt günstig als Ausgangspunkt für Wanderungen in den Nordschwarzwald.
Hauptstr. 86, 77876 Kappelrodeck; Tel. 0 78 42/ 94 80

Zuckerbergschloss

Im Süden Preußens
Eisenbahnfreunde Zollernbahn

Adresse
Eisenbahnfreunde
Zollernbahn (EFZ)
Europastr. 61
72072 Tübingen
Tel. 0 70 71/7 67 44
Fax 0 70 71/7 67 49
www.eisenbahnfreunde
-zollernbahn.de
efz-nesa@t-online.de

Geschichte

In württembergischen Landen zwischen Neckar und Bodensee sind die Eisenbahnfreunde Zollernbahn daheim. Ihr Hoheitsgebiet gehörte einstmals weder zu Württemberg noch zu Baden, sondern zu Preußen. Ja, Preußen; mitten in Württemberg befand sich eine Exklave Preußens. Ihren ideellen Mittelpunkt bildete die Burg Hohenzollern, der Stammsitz jenes Geschlechts, das seit dem 15. Jh. Brandenburg, dann Preußen regierte. Bis 1849 beherrschte eine eigene Linie das Stammland der Hohenzollern. Zwischen 1850 und 1945 existierte dann die preußische Provinz Hohenzollern, die südlichste des größten deutschen Landes.

Betriebszeiten
Die Eisenbahnfreunde
Zollernbahn sind praktisch
ganzjährig auf verschie-
denen Strecken im Raum
Tübingen/Stuttgart und der
Schwäbischen Alb sowie im
Schwarzwald unterwegs.
Sämtliche befahrenen
Strecken sind touristisch
hochinteressant.

Die Hohenzollerische Landeseisenbahn (HzL) deswegen als Provinzialbahn zu deklarieren, wäre aber falsch. Eher ist sie die Staatsbahn eines Landes, das bereits in den Gründungstagen der Eisenbahn von der Landkarte verschwand. Erst 1900 nahm sie zwischen Sigmaringen und Bisingen den Betrieb auf. Zug um Zug wuchs das Netz. Heute ist die HzL Eigner von 108 km Bahnlinien, die nicht weniger als vier Tunnels und 58 Brücken aufweisen. Vielfach haben die Strecken durchaus Gebirgsbahncharakter. Natürlich ist der Regionalverkehr längst in die württembergischen Verbünde integriert. So nimmt die HzL aktiv am Ringzug teil, der

seit Ende 2003 mit großem Erfolg zahlreiche kleinere und größere Gemeinden zwischen Schwäbischer Alb und Schwarzwald erschließt. Mitunter bedienen HzL und DB auch Strecken im Wechsel. Der Besuch der Gegend lohnt sich also sogar für Eisenbahnfreunde, die gewöhnlich den Planbetrieb den Nostalgiefahrten vorziehen.

Technik

Mit vier stolzen Dampfrössern zählen die Eisenbahnfreunde Zollernbahn (EFZ) zu den Großen im Lande. Alle vier, die 01 519, 50 245, 52 7596 und 64 289 gehören zur Familie der Einheitslokomotiven. Die letzte ist Alterspräsidentin im EFZ-Schuppen. 1934 von Krupp hergestellt, gelangte sie 41-jährig zum Verein. Die 01 519 wurde zu DDR-Zeiten rekonstruiert. Gleiches gilt für die 50 245, die aber nach der Übernahme durch die EFZ auf Wunsch des Sponsors und Erbauers, Krauss-Maffei, in den Ursprungszustand zurückversetzt wurde. Aus Österreich kam die 52 7596 nach Schwaben. Die Baureihe 52 gilt als Kriegslok, wurde sie doch während des Zweiten Weltkriegs aus der Baureihe 50 entwickelt. Fast 7000 Exemplare entstanden von der stark vereinfachten Konstruktion. Daneben trugen die EFZ einen gewaltigen Wagenpark zusammen.

Strecke

Die 1973 gegründeten EFZ setzen Sonderzüge im gesamten Raum zwischen Bodensee und Schwäbischer Alb ein. Auf Strecken der HzL sind sie ebenso unterwegs wie auf Gleisen der Deutschen Bahn. Letzterer gehört auch die Schwarzwaldbahn zwischen Offenburg und Villingen. Besonders attraktiv ist der Abschnitt zwischen den Bahnhöfen Hornberg und Sommerau. Auf 11 km Luftlinie müssen die Züge 447,7 m Höhenunterschied überwinden. Das geht natürlich nur mit Kehrschleifen, welche den Schienenstrang auf gut 26 km verlängern. Nur so ließen sich für die Lokomotiven akzeptable Neigungen erreichen. Nicht nur der Dampffreund findet dort eine Vielzahl interessanter Fotostellen.

(!) Wussten Sie, dass …

… die EFZ am 1. August 1982 zum 50. Geburtstag von Johann Georg Prinz von Hohenzollern einen Sonderzug einsetzten, in dem unter anderem der schwedische König Carl XVI. Gustaf und Königin Silvia mitfuhren?

… die 1993 stillgelegte Kochertalbahn Bad Friedrichshall-Jagstfeld–Ohrnberg bis dahin zu den EFZ-Nostalgiestrecken gehörte?

Sehenswürdigkeiten

Hohentübingen
Die Burg der Grafen von Tübingen wurde 1078 erstmals urkundlich erwähnt. Die heutige, sehenswerte Anlage stammt aus dem 16. Jh. Sie beherbergt die kulturwissenschaftlichen Fakultäten der Universität und wertvolle Sammlungen. Neben Originalen, beispielsweise dem »Tübinger Waffenläufer«, einer altägyptischen Grabkammer oder altsteinzeitlichen »Vogelherdfiguren«, präsentiert das Hohentübinger Schloss eine nennenswerte Abgusssammlung.
Burgsteige 11, 72070 Tübingen; Tel. 0 70 71/
2 97 73 84; Originalsammlungen Mai–Sept. Mi–So 10–18, Okt.–Apr. Mi–So 10–17 Uhr, Nachgusssammlung Mai–Sept. Mi, Sa, So 10–16, Okt.–Apr. Mi, So 10–16 Uhr

Marktplatz
Eine kunstvoll gestaltete astronomische Uhr verziert das Rathaus auf dem Tübinger Marktplatz. Sie zeigt den Lauf der Gestirne und die Mondphasen an. Die Hauptfassade des 1435 errichteten und 1508 aufgestockten Baus wurde zum 400. Jahrestag der Universitätsgründung, 1877, künstlerisch aufwändig gestaltet.

Einkehrmöglichkeit

Restaurant Hirsch
Bevorzugte Gaststätte der Eisenbahnfreunde ist das Restaurant »Hirsch« im Stadtteil Kilchberg.
Closenweg 4, 72072 Tübingen; Tel. 0 70 71/7 24 43

Tübingen am Neckar

Elektro-Anschluss
Die Trossinger Eisenbahn

Adresse
Stadtwerke Trossingen
Bahnhofstr. 9
78647 Trossingen
Tel. 0 74 25/9 40 20
Fax 0 74 25/94 02 15
www.swtro.de
info@swtro.de

Streckenverlauf

Strecke	Länge in km
 Trossingen Bf → Trossingen Stadt	3,9

Betriebszeiten
Die Ringzüge fahren ganzjährig. Ihr Fahrplan steht im Kursbuch der Deutschen Bahn, Tabelle Nummer 742. Zu Sonderfahrten kommen die elektrischen Fahrzeuge auf die Strecke. Für 2005 planen die Stadtwerke die Eröffnung ihres Bahnmuseums, das voraussichtlich Sonntag von 11 bis 17 Uhr geöffnet hat.

Geschichte

Eine elektrisch betriebene Stichbahn gehörte schon immer zu den Seltenheiten. Insbesondere gilt dies, wenn nur über der Stichbahn selbst, nicht aber über der vorüberführenden Hauptbahn der Fahrdraht hängt. Eine der Ausnahmen bildete mehr als 100 Jahre lang die Trossinger Eisenbahn.

Sie zweigt von der Strecke Villingen–Rottweil ab. Der Bahnhof Trossingen liegt etwa 4 km vom Trossinger Ortskern entfernt. Das bedeutete nicht nur für die Reisenden einen beschwerlichen Fußweg. Große Probleme bereitete es der aufstrebenden Trossinger Industrie, insbesondere den Herstellern von Musikinstrumenten. Einer von ihnen, Matthias Hohner, engagierte sich denn auch überaus stark für den Bau einer Eisenbahn in die Stadt. Da zeitgleich der Bau eines Elektrizitätswerkes geplant wurde, lag es nahe, die Bahn elektrisch zu betreiben. Am 14. Dezember 1898 war es dann soweit: Der erste Zug fuhr von Trossingen Bahnhof nach Trossingen Stadt.

Gut 100 Jahre pendelten die Züge zwischen beiden Stationen. Nicht etwa wirtschaftliche Probleme, sondern der Fortschritt ließ sie auf das Abstellgleis rollen. Im Schwarzwald und auf der Schwäbischen Alb nahm 2003/04 ein Ringzug den Verkehr auf. Er verbindet mit schnellen Dieseltriebwagen die Gemeinden zwischen Rottweil, Sigmaringen, Blumberg und Villingen. Trossingen wurde natürlich eingebunden. Damit endete der elektrische Planbetrieb weitgehend. Zu Sonderfahrten kommen die Züge auf die Strecke, über der weiterhin der Fahrdraht hängt.

Technik
Die Trossinger Eisenbahn betreute ihre Fahrzeuge stets sehr gut. Deswegen kann die Nachwelt einen großen Bestand an Museumsfahrzeugen bewundern. Sicher zu den schönsten im Lande zählt der Zug mit der 1902 bei AEG gebauten Elektrolok und zwei Reisezugwagen. Auch die verschiedenen Triebwagen der Baujahre 1898 bis 1968 ziehen die Blicke nicht nur von Eisenbahnfreunden auf sich.

Strecke
Das Empfangsgebäude des Staatsbahnhofs Trossingen blieb bis heute weitgehend in seinem Ursprungszustand erhalten. Seine Architektur ähnelt dem Bau im nahe gelegenen Talhausen. Die sparsamen Schwaben haben also eine Idee zweifach verwertet. Sogar der Güterschuppen ist noch vorhanden. Freunde klassischer Bahnarchitektur finden in den Trossinger Zweckbauten reichhaltiges Anschauungsmaterial.

In Trossingen Stadt erwartete einst ein Fachwerkbau die Reisenden. Zur Straßenseite hin entstand ein keckes Türmchen, das natürlich bald zu einem der Wahrzeichen der Stadt wurde. Dies blieb auch so, als das Fachwerk 1924 im oberen Bereich hinter dunklen Schindeln verschwand. Später wurde der Bau mit Zement verputzt. In den fünfziger Jahren verschwand leider der Turm. Er war baufällig geworden und für die notwendige Sanierung wollte niemand das nötige Kapital aufbringen.

Mehr als diese beiden Bahnhöfe hat die Strecke nicht. Zeitweise gab es Versuche, zwischendurch Haltepunkte zu etablieren. Diese blieben aber nur kurze Zeit in Betrieb. So hat man genug Zeit, die schöne Landschaft am Rande des Schwarzwaldes zu betrachten.

⚠ Wussten Sie, dass …
… Triebwagen 1 nach Christian Messner benannt ist? Er gilt als der Begründer der Trossinger Musikindustrie.

… bereits 1896 Woche für Woche 42 000 Mundharmonikas produziert wurden? Die meisten von ihnen gingen in die USA.

… Trossingen 1927 zur Stadt erhoben wurde?

…die DB die Strecke Rottweil–Villingen stilllegen wollte?

Sehenswürdigkeiten
Harmonikamuseum
Wer Trossingen besucht, sollte sich das Deutsche Harmonikamuseum nicht entgehen lassen. Musikinstrumente gehören zu der Stadt wie die elektrische Eisenbahn. Das Museum präsentiert in großer Vielfalt alle Instrumente der Familie, zu der neben der Mundharmonika unter anderem das Akkordeon, die Maultrommel und das Sheng (Mundorgel) gehören. Das größte spielbare Knopfakkordeon ist ebenfalls zu bewundern wie die Magic-Organa, ein 1931 von Hohner gebauter Musikautomat mit Akkordeon und Schlagzeug. Löwenstr. 11, 78647 Trossingen; Tel. 0 74 25/ 2 16 23; April–Nov. Di–Fr, So 13.30–17 Uhr

Auberlehaus
Das Heimatmuseum dokumentiert nicht nur die 1200 Jahre währende Besiedlung der Gegend. Trossinger Saurier versetzen die Besucher zudem um 200 Mio. Jahre in die Frühzeit der Erdentwicklung zurück. Marktplatz 6, 78647 Trossingen; Tel. 0 74 25/2 77 03; Apr.–Jan. So 14–17 Uhr

Einkehrmöglichkeit
Bella Italia
Preiswertes Mittagessen bietet das »Bella Italia«. Pizza, Pasta, Insalata – für jeden Appetit gibt es passende Angebote. Hauptstr. 20, 78647 Trossingen; Tel. 074 25/2 17 96

Harmonikamuseum

Bahn-Romantik
Das Öchsle

Adresse
Öchsle Bahnbetriebs-GmbH
Laubacher Weg 43
88416 Ochsenhausen
Tel. 0 73 52/22 03
Fax 0 73 52/38 66
www.oechsle-bahn.de

Streckenverlauf

Strecke	Länge in km
■ Warthausen → Herrlishöfen	12
■ Herrlishöfen → Äpfingen	8
■ Äpfingen → Sulmingen	0,76
■ Sulmingen → Maselheim	8
■ Maselheim → Wennedach	8
■ Wennedach → Reinstetten	8
■ Reinstetten → Ochsenhausen	8

Betriebszeiten
Saisonauftakt:
Im Mai nimmt das Öchsle den Museumsbetrieb auf. Samstag, Sonn- und Feiertag sowie am zweiten und vierten Donnerstag im Monat verkehren Züge.
Saisonende:
Ende Oktober endet das Betriebsjahr der Schmalspurbahn. In den darauf folgenden Wochen finden noch Winterfahrten statt.

Geschichte

Als letzte Schmalspurbahn der Bundesbahn auf dem Festland überdauerte das Öchsle Warthausen –Ochsenhausen bis 1983 die Zeiten. Reisezüge gab es zwar seit 1964 nicht mehr. Ein »Liebherr«-Werk sicherte der Bahn aber bis zum 30. März 1983 ausreichend Fracht. Kreis und Gemeinden übernahmen Strecke und Hochbauten, als sich die Bundesbahn von ihnen trennte. 1985 begann der Museumsbetrieb auf der 1899 eröffneten Strecke.

Die Initiative für den Bahnanschluss ging von einem Komitee in Ochsenhausen aus. 1898 begannen die Bauarbeiten, am 29. November 1899 fuhr der erste Zug nach Warthausen. Ein Jahr später erreichten die Züge Biberach. Mit der Einstellung des Reisezugverkehrs legte die DB den Abschnitt Biberach–Warthausen still und baute ihn ab. Dank der großartigen Initiative zahlreicher, nicht nur schwäbischer Schmalspurbahnfreunde blieb der übrigen Strecke das Schicksal erspart.

Technik

Star der Museumsbahn ist zweifelos die 99 633, eine echte Württembergerin der Gattung Tssd. Sie wurde 1899 bei der Maschinenfabrik Esslingen gebaut. Doch fanden bei der Schmalspurbahn auch Maschinen anderer Länder eine neue Heimat, beispielsweise die 99 716. Sie verließ 1927 das Chemnitzer Hartmann-Werk. Beim Lokomotivbau Babelsberg entstand 1957 die 99 788. Sie fuhr auf der Lößnitzgrundbahn (→ Seite 50). Die moderne Traktion wird von der V 15 908 repräsentiert, die einst Zementwerken diente. Die Lokomotivfabrik Gmeinder stellte sie 1946 her. An der Rollbockanlage in Warthausen entdeckt man zudem die Kö 0262. Selbstverständlich kann die Kleinlok, die 1936 im Hause Gmeinder gefertigt wurde, nicht nach Ochsenhausen fahren. Schließlich gehört sie zu den Regelspurlokomotiven, die auf Gleisen mit 750 mm Spurweite keinen Zutritt haben.

Strecke

Nur kurz begleitet die Schmalspurbahn hinter dem Bahnhof Warthausen die Hauptstrecke, die von Friedrichshafen nach Ulm führt. Dann beschreibt die Trasse einen Rechtsbogen und führt zum Haltepunkt Herrlishöfen. Nach Unterquerung der Bundesstraße 30 geht es entlang der alten Bundesstraße nach Äpfingen. Den Reisenden winkt eine schöne Aussicht in das Rißtal. Nunmehr folgt die mit 25 ‰ recht ordentlich geneigte Durchquerung Äpfingens. Auf einer Brücke wird der Saubach gekreuzt. Der Abschnitt bis Sulmingen ist der kürzeste, den es in Oberschwaben zwischen zwei Stationen gibt. Bergab geht es in das Dürnachtal hinein. Der Bahnhof Wennedach entstand vornehmlich für den Holzverkehr. Dort können die Maschinen für die folgende 25-‰-Steigung Wasser fassen. Natürlich wird der Heizer auch für ausreichend Kesseldruck sorgen. Wenig später passiert der Zug die Wasserscheide zwischen Riß und Iller. Bei den Freiberghöfen durchquert das Öchsle den Bergrücken in einem rund 4 m tiefen Einschnitt. Reimstetten war früher wegen seines Holzreichtums bedeutend. In Ochsenhausen befanden sich neben einem Güterschuppen eine Lokremise mit Werkstätte sowie weitere Dienstgebäude. Das Ensemble blieb weitgehend erhalten und bildet heute den Mittelpunkt der Museumsbahn.

! Wussten Sie, dass …

… die Wirte der Bahnhofsgaststätten in Herrlishöfen und Sulmingen bis 1958 bzw. 1961 auch die Fahrkarten für das Öchsle verkauften? Erst danach mussten Reisende ihren Fahrschein beim Zugführer erwerben.

… die Öchsle-Lok 99 633 die Fernsehsendung »Eisenbahn-Romantik« eröffnet? Seit über zehn Jahren präsentiert Hagen von Ortloff Filme rund um die Bahn.

Sehenswürdigkeiten

Malerische Kirchen
Praktisch an jeder Station kann man aussteigen und eine prachtvolle Kirche betrachten. Überall zeigen sich die Sakralbauten in bestem Glanz. In Ochsenhausen sollte man die Besichtigung der gewaltigen Klosteranlage in keinem Fall versäumen. Zu der Gemeinde gehören seit den siebziger Jahren Reinstetten und Mittelbuch, die einstmals auf klostereigenem Gelände entstanden. In den Räumen des Klosters richtete sich die Landesakademie für die musizierende Jugend ein. In der Klosterkirche steht eine von Joseph Gabler gebaute Orgel, die zweifellos eine Sehenswürdigkeit für sich darstellt.
Städtisches Verkehrsamt, Marktplatz 1, 88416 Ochsenhausen; Tel. 0 73 52/ 92 20 26; Klosterkirche: März–Okt. Sa 10–12, 13–17, So 13–17 Uhr, Klostermuseum: März–Okt. Di–Fr 10–12, 14–17, Sa, So 13–17 Uhr, Nov.–Feb. Sa, So 14–17 Uhr

Einkehrmöglichkeit

Mohren
Sehr gut speist man im verkehrsberuhigten Bereich der Innenstadt von Ochsenhausen. Der Gastraum des »Mohren« ist neorustikal eingerichtet und verfügt über eine Reihe von Nischen, als Rückzugsmöglichkeit.
Grenzenstr. 4, 88416 Ochsenhausen; Tel. 0 73 52/92 60

Kloster Ochsenhausen

Im Sauschwänzle
Die Wutachtalbahn

Adresse
**Interessengemeinschaft
zur Erhaltung der
Museumsbahn Wutachtal**
Postfach 241
78171 Blumberg
Tel. o 76 27/88 44
www.wutachtalbahn.de
oder www.sauschwaenzle
bahn.de
schatzmeister@ig-wtb.de

Streckenverlauf

Strecke	Länge in km
■ Zollhaus-Blumberg → Epfenhofen	5
■ Epfenhofen → Wutachblick	9
■ Wutachblick → Fützen	13
■ Fützen → Grimmelshofen	18
■ Grimmelshofen → Lausheim-Blumegg	22
■ Lausheim-Blumegg → Weizen	25,88

Betriebszeiten
Saisonauftakt:
Der Fahrbetrieb beginnt
Mitte Mai. Die Dampfzüge
verkehren an ausgewählten
Tagen.
Saisonende:
Ende Oktober beendet die
Wutachtalbahn ihre Saison-
fahrten.

Geschichte

Die auch als Sauschwänzlebahn bekannte Wutachtalbahn verdankt ihre Existenz dem Militär. Dieses
forderte den Bau der Strecke, um schnell Soldaten
und Kriegsgerät an die französische Grenze bringen
zu können. 1890 ging die Strecke in Betrieb. Nennenswerten Verkehr sah sie nie. Nur einmal fuhren
einige Durchgangszüge durch das Wutachtal, als
die Franzosen 1923 andere Bahnlinien blockierten.
Bereits 1955 stellte die Deutsche Bundesbahn den
Betrieb ein, nachdem zuvor der Schiene-Straße-
Bus den Verkehr bewältigt hatte. Obwohl bis dahin
nie ein Militärzug durch das Wutachtal gefahren
war, bestand die Nato darauf, die Bahn bis 1975 zu
erhalten. Das Verteidigungsministerium erstattete
der Bundesbahn die Kosten. Als 1977 der erste Mu-
seumsdampfzug losfuhr, tat er dies auf einem bestens gepflegten, für hohe Achslasten zugelassenen
Schienenstrang.

Technik

Mit der 86 333, der 50 2988 und der 52 8012 nennt
die Wutachtalbahn drei Einheits- und Kriegslokomotiven ihr Eigen. Aus Österreich stammt die
93.1360, aus der Schweiz die Tenderlok 1 »Laufen-
burgerli«. Einstmals in Waldshut-Tiengen eingesetzt
war die Tenderlok 105, die leider nur rollfähig ist.

BADEN-WÜRTTEMBERG

Der Triebwagen VT 1 wurde 1952 von der Rinteln-Stadthagener Eisenbahn beschafft und fuhr zuletzt bei der Hohenzollerischen Landesbahn. An Kleinlokomotiven gehören die nur rollfähige Kö 4024 und die Köf 6315 zum Bestand. Eine Draisine der Bauart Klv 12 und die Rottenkraftwagen Klv 51-9322 und Kla 01-0671 repräsentieren die Bahndienstfahrzeuge. Die Reisenden nehmen in verschiedenen Umbauwagen mit originaler Einrichtung Platz.

Strecke

Das Militär verlangte eine Strecke mit geringen Neigungen. Deswegen muss der Zug 25,88 km zurücklegen, um die 9,6 km zwischen Zollhaus-Blumberg und Weizen zu bewältigen. Zur Streckenverlängerung entstanden zahlreiche Kehrschleifen, ein Kehrtunnel sowie ein Kreiskehrtunnel. Die gesamte Strecke ist zweigleisig trassiert. Auf den meisten Abschnitten liegt aber nur ein Schienenpaar. Das Reiterstellwerk am Bahnhof Zollhaus-Blumberg stand einst in Konstanz. Als die Bundesbahn den Bau von 1886 stilllegte, retteten ihn die Sauschwänzlebahner. Vom Eisenbahn-Lehrpfad aus hat man einen hervorragenden Blick auf die Strecke und ihre Kunstbauten. Die Tunnel sind bauhistorisch interessant, die Brücken erfreuen auch das Auge, ganz gleich, ob man den 264 m langen Epfenhofener Viadukt, die 252 m messende Brücke über den Biesenbach oder den Fützener Talübergang mit seinen 153 m Länge vor die Linse holt.

Eisenbahnmuseum

Das Museum am Bahnhof Zollhaus-Blumberg ist selbst museal: Liebevoll restaurierten die Eisenbahnfreunde den ehemaligen Güterschuppen. In dem um 1890 entstandenen Bau präsentieren sie eine große Zahl von Original-Gegenständen aus badischen Staatsbahnzeiten. Die Uniform stammt von einem Beamten der Wutachtalbahn. Andere Schaustücke wurden von fleißigen Sammlern zusammengetragen. Das Museum öffnet jeweils eine Stunde vor Abfahrt und nach Ankunft der Museumszüge.

! Wussten Sie, dass ...

... bei der Wutachtalbahn immer auf Bahnsteigsperren verzichtet wurde? Anderswo verschwanden sie erst in den sechziger Jahren. Verschiedentlich, z. B. in Blumberg bei Berlin oder entlang der Magistrale Regensburg Hof, gibt es heute noch Sperren ohne Kontrollen.

... regelmäßig Dampflokomotiven anderer Vereine die Wutachtalbahn besuchen?

Sehenswürdigkeiten

Blauer Stein
In der Zeit des Hegau-Vulkanismus' entstand nahe Blumbergs ein gewaltiger Basaltkegel. Schon früh meinten die Menschen, in dem Gestein Gesichter zu erkennen. Heute suchen Fotografen passende Stellen, um versteinerte Gesichter auf Zelluloid bannen zu können. Die bläuliche Farbe des Basalts verlieh dem unter Naturschutz stehenden Massiv den Namen. Rund um den Blauen Stein richtete die Gemeinde einen 7 km langen Wanderweg ein. Bei 130 m Höhenunterschied dauert die Tour zwei Stunden.
Touristinformation, Hauptstr. 97, 78176 Blumberg; Tel. 0 77 02/5 10

Kardinal-Bea-Museum
Augustin Bea (1881–1968) war nach 1945 Beichtvater von Papst Pius XII. Während des Zweiten Vatikanischen Konzils setzte sich der Kardinal stark für die Einheit des Christentums ein. Sein Geburtshaus steht in Riedböhringen, einem Blumberger Ortsteil. Eschacher Str. 14, 78176 Blumberg; Tel. 0 77 02/98 25; März–Nov. So 14–17 Uhr

Einkehrmöglichkeit

Restaurant-Zug
Im Bahnhof Zollhaus-Blumberg laden drei Restaurantwagen der Bauart Halberstadt zum Speisen in exklusivem Bahn-Ambiente ein. Informationen bei der IG Wutachtalbahn

Naturdenkmal Blauer Stein

103

Tief im Süden
Die Kandertalbahn

Adresse
Zweckverband
Kandertalbahn
Bahnhofstr. 15
79400 Kandern
Tel./Fax 0 76 21/6 51 56
jtrautwein@12move.de

Streckenverlauf

Strecke	Länge in km
◼ Haltingen ➔ Binzen	2,4
◼ Binzen → Rümmingen	2,1
◼ Rümmingen → Wittlingen	1,7
◼ Wittlingen → Wollbach	1,2
◼ Wollbach → Hammerstein	2,5
◼ Hammerstein → Kandern	3,0

Betriebszeiten
Saisonauftakt:
Die Dampfzüge verkehren
ab Anfang Mai an jedem
Sonntag.
Saisonende:
Ende Oktober beginnt die
Winterpause der
Kandertalbahn.

Geschichte
Es bedurfte mehrerer Anläufe, ehe auch im äußersten Südwesten Deutschlands eine Nebenbahn die kleinen Orte erschloss, die nicht von der Magistrale Karlsruhe–Freiburg–Basel bedient wurden. Erst 1895 nahm die Kandertalbahn ihren Betrieb auf. Sie begann in Haltingen, einem auf gleicher Höhe wie Lörrach gelegenen Baseler Vorort, in dem die Badischen Staatsbahnen ein Bw einrichteten, das sich bis in unsere Tage hielt. Von Beginn an privat, ging die Kandertalbahn 1899 in den Besitz der Deutschen Eisenbahn-Betriebs-Gesellschaft (DEBG) über. Bereits 1963 hing die Stilllegung gleich einem Damoklesschwert über der Strecke. Die Südwestdeutsche Eisenbahn-Gesellschaft rettete sie. 1986 aber war dann Schluss. Die Eurovapor, die schon die Wutachtalbahn (→ Seite 102) betrieb, richtete auf der in kommunalen Besitz übergegangenen Strecke einen Museumsverkehr ein.

Technik
Die Dampflok »Chanderli« gehört zur preußischen Gattung T 3. 1904 entstand sie bei Borsig in Berlin. Von Beginn an fuhr sie in Baden. Die ersten 38 Jahre verbrachte sie bei der Nebenbahn Biberach – Oberharmersbach. Nach sechs Jahren Einsatz zwischen Neckarbischofsheim und Hüffenhardt kehrte

sie in die Heimat zurück. Bis 1953 bediente sie die Biberacher Strecke. 1954 fuhr sie auf der Linie Krozingen-Staufen–Sulzburg, ehe sie 1955 in das Kandertal kam. Alle Bahnen gehörten der DEBG, die in Berlin saß. Das erklärte die Verwendung preußischer Typen im Badenerland.

1966 rollte die Lok auf das Abstellgleis. Zwei Jahre später übernahm die Eurovapor das Fahrzeug, das bei der DEBG die Nummer 30 trug. Nach der Aufarbeitung erhielt die Lok den Namen »Chanderli«. Der neue Lack schaute zwar recht schmuck aus, historisch war er aber nicht authentisch. Bei der erneut notwendigen Untersuchung und Instandsetzung spritzten die Eisenbahnfreunde die Lok dann in den preußischen Originalfarben. Seit 2002 erstrahlt sie wieder in Braungrün mit roten und schwarzen Absetzlinien. Das »Chanderli« verfügt übrigens über eine Winde, um entgleiste Fahrzeuge wieder auf den Schienenstrang setzen zu können. Bei der mitunter schlechten Gleislage von Nebenbahnen waren solche Einrichtungen ganz praktisch. Heute wird die Winde natürlich nicht mehr benötigt. Das Eisenbahn-Bundesamt wacht darüber, dass nur auf technisch einwandfreien Strecken Züge fahren. Dies gilt auch für Museumszüge.

Strecke

Die Kander entspringt im Hochschwarzwald und fließt bei Eimeldingen in den Rhein. Ihr Tal liegt im Grenzbereich zwischen dem Markgräfler Land, das den Rhein in Nord-Süd-Richtung begleitet, und dem Hochschwarzwald. Hinter Haltingen unterquert die Nebenbahn die Autobahn 98. Unmittelbar danach nähert sich der Schienenstrang der Kander, die er fortan nicht mehr verlässt. Neben dem Fluss, dessen Strömung auch heute noch zahlreiche Mühlen antreibt, verläuft der so genannte Mühlkanal. Hinter Hammerstein geht es dann etwas steiler aufwärts. Linker Hand blickt man in die Wolfsschlucht und zum Steinbruch, ehe der Zug nach etwa 45 Minuten Fahrzeit Kandern erreicht.

⚠ Wussten Sie, dass …

… das »Chanderli« zeitweilig nur mit einem Mann Lokpersonal betrieben wurde? Über Trittbretter konnte das Zugpersonal auf die Lok gelangen. Während der Lokführer das Feuer beschickte, beobachtete der Zugführer die Strecke.

… der Maler August Macke regelmäßig Kandern besuchte? Dort wohnte seine Schwester. Hier entstanden farbenfrohe Gemälde des im Ersten Weltkrieg getöteten Künstlers.

Sehenswürdigkeiten

Altstadtbummel
Zwischen Markt-und Blumenplatz schlendet man durch schmucke Gassen. Hoch über allem thront der Kirchturm, der mit seinen bunten Dachziegeln höchst fotogen wirkt. Traditionsreiches Handwerk entdeckt man ebenso wie bäuerlichen Alltag und moderne Freizeiteinrichtungen.

Walderlebnispfad
Gleich hinter dem Schulzentrum in der August-Macke-Straße beginnt ein 3,5 km langer Walderlebnispfad. Vom Waldklassenzimmer über einen Barfußpfad bis hin zu einem Steinbruch reicht das Angebot auf dem Rundkurs. Am Tierweitsprung kann man versuchen, sich mit einem Reh zu messen – wer das schafft, ist reif für die Olympischen Spiele. »Lothar« klärt über einen Sturm und seine Folgen auf, die nächste Station informiert über das Wirken des Borkenkäfers im Wald. An zwei Stellen gibt es Möglichkeiten, den Weg abzukürzen, beispielsweise wenn die Abfahrt des Zuges naht. Tourist-Information, Hauptstr. 18, 79400 Kandern; Tel. 0 76 26/97 23 56

Einkehrmöglichkeit

Olympia
Unweit des Bahnhofs befindet sich das griechische Restaurant. Dort speist man vorzüglich und zahlt nicht die Welt. Bahnhofstr. 2, 79400 Kandern; Tel. 0 76 26/2 03

Walderlebnispfad

Im Wiesenttal
Dampfbahn Fränkische Schweiz

Adresse
Dampfbahn Fränkische
Schweiz (DFS)
Postfach 11 01
91316 Ebermannstadt
Tel. 0 91 31/64 01 22
www.dfs.ebermannstadt.de
vorstand@
dfs.ebermannstadt.de

Streckenverlauf

Strecke	Länge in km
■ Ebermannstadt → Gasseldorf	2,0
■ Gasseldorf → Streitberg	1,9
■ Streitberg → Muggendorf	3,6
■ Muggendorf → Burggallenreuth	3,2
■ Burggallenreuth → Gößweinstein	2,1
■ Gößweinstein → Behringermühle	2,7

Betriebszeiten
Saisonauftakt:
Anfang Mai nehmen die
Bahnfreunde den Betrieb
auf. Jeden Sonntag werden
Fahrten angeboten, mal mit
Dampf-, mal mit Diesel-
bespannung. Ferner finden
Sonderfahrten statt.
Saisonende:
Ende Oktober rollen die
Fahrzeuge in den Schup-
pen. Den genauen Fahrplan
finden Sie in Tabelle 12821
im DB-Kursbuch.

Foto oben:
Gößweinstein mit der
gleichnamigen Burganlage

Geschichte

Es vergingen einige Jahre, bis die Bahn im Wiesent-
tal vollendet war. Bereits 1891 dampfte der erste
Zug von Forchheim nach Ebermannstadt. Bis der
Schienenstrang aber den Endpunkt Behringermüh-
le erreicht hatte, schrieb man das Jahr 1930. Lange
konnten sich die Bewohner dieses Teils der Fränkischen Schweiz nicht ihrer Nebenbahn erfreuen.
1976 erklärte die Bundesbahn den Verkehr für unwirtschaftlich und legte die Strecke still.

Zwei Jahre zuvor hatten sich Eisenbahnfreunde
zusammengefunden, um auch in diesem Teil
Deutschlands Dampf zu machen. In jenen Tagen
qualmte es zwar noch verschiedentlich auf Bundes-
bahn-Strecken. Die schwarzen Tage neigten sich
aber ihrem Ende zu. Allerdings beließen es die Mitglieder der Dampfbahn Fränkische Schweiz (DFS)
nicht beim Kauf von Museumsfahrzeugen. Sie
machten Nägel mit Köpfen und übernahmen 1978
den 16 km langen Abschnitt, mit dem die Bundesbahn nichts mehr anzufangen wusste. Bis zur
Betriebsaufnahme vergingen zwei Jahre. Anfangs
blieb den Dampfbahnern nichts anderes übrig, als
mit Diesel zu fahren. 1983 konnten sie endlich den
Dampfbetrieb aufnehmen. Untergestellt sind die
Maschinen im Betriebshof Ebermannstadt, der über
eine 60 m lange Fahrzeughalle verfügt.

Technik

Natürlich stehen die Dampflokomotiven im Mittelpunkt des Interesses der Eisenbahnfreunde. Dennoch wollen wir an dieser Stelle mit einem Dieseltriebwagen beginnen, dem VT 135 069. 1937 rollte der schmucke Zweiachser aus den Hallen von Linke-Hofmann-Busch. Nachdem ihn die DB 1953 nicht mehr gebrauchen konnte, wechselte er zur Lokalbahn Lam–Kötzting. Die Regentalbahn gab ihn schließlich an die heutige Eigentümerin weiter, die ihn hervorragend restaurierte. Selbstverständlich brauchen sich die Dampfrösser dahinter nicht zu verstecken. Alterspräsidentin ist die »Ebermannstadt« von 1923, die zuvor den Städtischen Werken Nürnberg gehörte. Sieben Jahre jünger ist die »Anna 10«, die zuletzt auf der Zeche Alsdorf fuhr. In Staatsbahndiensten stand die 64 491 von 1940. Von der britischen Rheinarmee übernahmen die Dampfbahner mit einem Herz für Diesel eine V 36, die 1939 der Wehrmacht übergeben worden war.

Strecke

Schon bei der Anreise im Planzug gewinnt man erste, nichtsdestoweniger nachhaltige Eindrücke von der reizvollen Landschaft des Wiesenttals. Bis kurz hinter Ebermannstadt begleitet die Trasse den Fluss an seiner Rechten. Nachdem er das malerische Scheunenviertel passiert hat, überquert der Zug das Gewässer. In Streitberg ist dann nochmals ein Seitenwechsel angesagt. Bis Behringersmühle erblickt man schließlich vom linken Wagenfenster aus den Nebenfluss der Regnitz. Zwischen Muggendorf und Burggaillenreuth verläuft der Schienenstrang entlang steil aufragender Felspartien – eine fast schon alpine Kulisse im Mittelgebirge. Links und rechts blickt man auf verschiedene Ruinen und Burgen, beispielsweise die Ruine Streitburg und die Burg Gößweinstein. Die Strecke führt stetig leicht aufwärts. 33 Höhenmeter auf etwas weniger als 16 Streckenkilometern machen aber den alten Damen im Schuppen der fränkischen Dampfbahner überhaupt nichts aus.

(!) Wussten Sie, dass …

… in Gasseldorf einst eine weitere Stichstrecke begann? Sie führte in das nördlich gelegene Heiligenstadt und wurde bereits 1968 demontiert.

… die Ebermannstädter Scheunenviertel aus Gründen des Feuerschutzes entstanden? Die Bebauungspläne legten fest, dass in der Altstadt nur Stallungen und je Haus ein kleiner Anbau zulässig waren.

Sehenswürdigkeiten

Wiesentwanderweg
Im Stadtgebiet von Ebermannstadt kommt man der Wiesent näher als im Zug. In der Altstadt entstand zum Hochwasserschutz ein Wanderweg, der auf der zwischen 1987 und 1990 gebauten Mauer verläuft.

Ziegentränke
Ein interessanter Brunnen steht auf dem Marktplatz von Ebermannstadt. Harry Frey schuf eine Skulptur, die einen Mann beim Tränken zweier Ziegen zeigt. Das Wasser läuft aus einem Korb, den er gerade absetzt. Die Tiere lecken sich schon das Maul …

Schafwäscher
An der Griesbrücke bestand einst eine Furt, in der Schafe in der Wiesent gewaschen wurden. Baumstämme grenzten dabei das Gewässer ein, damit die Tiere nicht flüchten konnten. Ein Denkmal auf der Brücke erinnert daran.

Einkehrmöglichkeit

Schwanenbräu
Der Gasthof nahm bereits im 19. Jahrhundert den Betrieb auf. In den rustikalen Räumen speist man nicht nur bestens, man kann auch hausgebrannte Bier und selbst gebrannte Obstschnäpse verkosten. Die Promillegrenze brauchen Bahnreisende bekanntlich nicht zu scheuen.
Marktplatz 2,
91320 Ebermannstadt;
Tel. o 91 94/2 09; Anfang bis Mitte Jan. geschl.

Wiesent bei Ebermannstadt

Romantik pur
Bayerisches Eisenbahnmuseum

Adresse
Bayerisches
Eisenbahnmuseum
Postfach 13 16
86713 Nördlingen
Tel. 0 90 83/3 40
Fax 0 90 83/3 88
www.bayerisches
-eisenbahnmuseum.de
info@bayerisches
-eisenbahnmuseum.de

Streckenverlauf

Strecke	Länge in km
Nördlingen → Wallerstein	4,2
Wallerstein → Fremdingen	10,4
Fremdingen → Wilburgstetten	8,4
Wilburgstetten → Anst. Rettenmeier	1,8
Anst. Rettenmeier → Dinkelsbühl	5,5

Betriebszeiten
Die Sonderzüge des Bayerischen Eisenbahnmuseums verkehren an verschiedenen, über das Jahr verteilten Tagen. Das Museum öffnet zwischen März und Oktober Samstag von 12 bis 16 und Sonntag von 10 bis 17 Uhr seine Pforten. Im Juli und August stehen die Tore zusätzlich von Dienstag bis Freitag zwischen 12 und 16 Uhr offen.

Geschichte
Es begann in München. Dort fanden sich am 15. Juni 1969 Eisenbahnfreunde zusammen. Der Eisenbahnclub München machte sich bald als Herausgeber guter Fachliteratur einen Namen. Doch die Hobbyeisenbahner wollten nicht nur publizieren. 1975 erwarben sie ihre erste Dampflok, eine Werkslok von Hoechst. In der Landeshauptstadt fanden sie aber keine Unterkunft. Deswegen wichen sie 1985 in das Ries aus, nach Nördlingen. Dort stand das einstige Bahnbetriebswerk leer, von dem noch zahlreiche Anlagen erhalten waren, darunter der 15-ständige Ringlokschuppen mitsamt Drehscheibe, ein zweiständiger Rechteckschuppen, die Behandlungsanlagen und der Wasserkran. Die Eisenbahnfreunde machten sich ans Werk. Sie setzten sich zum Ziel, das Ensemble im Stile der fünfziger Jahre zu restaurieren. Natürlich beließen sie es nicht nur bei Hochbauten. Schon 1988 erfuhr der Lokbestand Zuwachs.

Technik
Heute zählt das Museum mehr als 100 Fahrzeuge verschiedener Bauarten und Traktionsformen. Bekanntestes Objekt ist zweifelsfrei die S 3/6 3673, eine bayerische Schnellzuglok von epochaler Eleganz. Die Lok »Füssen« schleppte 1889 den Eröff-

nungszug auf der Lokalbahn Marktoberdorf–Füssen. Für die Zeit der Einheitsmaschinen stehen unter anderem die 01 066, die 03 2295 sowie die 44 381 und 546. Mit der E 69 03 sowie der E 94 192 gelangten zwei E-Lok-Klassiker in den Bestand. Auch ein Akkutriebwagen, der ETA 150 011, fand eine neue Heimat im Museum. Die V 100 1365 erinnert an den Planbetrieb auf den von Nördlingen ausgehenden Strecken.

Strecke

»Romantische Schiene« nennt sich der Museumsbetrieb mit den beiden alten Reichsstädten Nördlingen und Dinkelsbühl als Ausgangs- und Endpunkten. Zwischen Mittelgebirge und Alpenvorland durcheilt der Zug eine von sanften Hügeln und weiten Tälern geprägte Landschaft. In gemächlichem Tempo erlebt der Reisende die Welt bayerischer Nebenbahnen. Im nördlichen Abschnitt ab der Anschlussstelle Rettenmeier bietet die Bayern-Bahn, eine Tochter des Museums, noch Güterverkehr an.

Museumsdampf findet auch auf der von Nördlingen ausgehenden Strecke nach Gunzenhausen statt. Diese gehörte einstmals zur Süd-Nord-Ludwigs-Bahn. Mit Inbetriebnahme der durchgehenden Linie Treuchtlingen–Gunzenhausen verlor der Umweg über Nördlingen natürlich an Bedeutung. Der Abschnitt Nördlingen–Gunzenhausen sieht inzwischen keinen Planbetrieb mehr, doch immerhin museale Fahrten mit Dampfbespannung.

Strecke

»Bitte nicht berühren« – Schilder dieser Art sucht man in Nördlingen vergebens. Ganz gleich, ob man ein Ausstellungsstück oder ein betriebsfähiges Fahrzeug vor sich stehen hat, gilt immer die Devise, dass das Bayerische Eisenbahnmuseum ein Museum zum Anfassen ist. Deswegen empfiehlt sich ein Besuch insbesondere für Familien mit Kindern. Doch auch mancher Vater wurde schon dabei beobachtet, wie er sacht über glänzendes Lokblech strich.

❗ Wussten Sie, dass …

… Besucher der Rieser Dampftage einen Ehrenlokführerschein erwerben können? Voraussetzung ist lediglich, dass sie mindestens 18 Jahre alt sind.

… die Lok »Füssen« heute die älteste, betriebsbereite Regelspurdampflok Deutschlands ist?

… in den Zügen das Fahrrad mitgenommen werden kann?

Sehenswürdigkeiten

Münzschneider
Am Rübenmarkt in Nördlingen erhebt sich das Bergertor, das von 1435 bis 1436 erbaut wurde. 140 Jahre später erhielt es seine heutige Form. Im Innern des Turmes etablierte sich ein außergewöhnliches Café. Im Café Berger Thor kann man den Münzschneider Ralf Kluge bei der Arbeit beobachten. Er fertigt aus Kursmünzen, wie sie jeder im Geldsack hat, kleine Kunstwerke.
Rübenmarkt 6, 86720 Nördlingen; Tel. o 90 81/ 80 10 15; Mai–Okt. Di–So

Stadtbummel Nördlingen
Eine Reihe historisch wertvoller Bauten überdauerte in Nördlingen die Zeiten. Ein Bummel durch die Stadt lohnt sich. Feste der vornehmen Gesellschaft fanden einst im Tanzhaus statt. Heute ist es Teil der öffentlichen Verwaltung. Im Turm des Löpsinger Tores richtete man das Stadtmauermuseum ein. Die Ausstellung lohnt natürlich den Besuch, aber auch der Blick aus dem Fenster.
Verkehrsamt, Marktplatz 2, 86720 Nördlingen; Tel. o 90 81/8 41 16

Einkehrmöglichkeit

Kaiserhof
Für wenig Geld kann man im »Kaiserhof« majestätisch schmausen. Der Bau stammt aus dem Jahr 1477. Marktplatz 3, 86720 Nördlingen; Tel. o 90 81/50 67; geschl. Jan.–Feb. Mi, So Abend

Historische Altstadt Nördlingen

Rundhaus Europa
Der Bahnpark Augsburg

Adresse

Förderverein Bahnpark
Augsburg
Markus Hehl
Gartenweg 6
86807 Buchloe
Tel. 0 82 41/9 07 09
www.bahnpark
-augsburg.de
m.hehl@web.de

Streckenverlauf

Strecke	Länge in km
■ Marktoberdorf → MOD Schule	0,7
■ MOD Schule → Leuterschach	4,0
■ Leuterschach → Lengenwang	6,7
■ Lengenwang → Seeg	5,3
■ Seeg → Weizern-Hopferau	5,4
■ Weizern-Hopferau → Füssen	8,6

Betriebszeiten

Die 41 018 dampft ganz-
jährig über verschiedene
Strecken im deutschen
Süden. Im Bahnpark
Augsburg finden an ver-
schiedenen Tagen im Jahr
Veranstaltungen statt.

Geschichte

In Augsburg wächst ein außergewöhnliches Projekt heran. Nachdem die Deutsche Bahn große Areale des traditionsreichen Bahnbetriebswerkes auf dem Hochfeld aufgegeben hatte, machten sich Eisenbahnfreunde daran, die noch aus Zeiten der Königlich Bayerischen Staatseisenbahnen stammenden Anlagen der Nachwelt zu erhalten. Noch ein klassisches Eisenbahnmuseum in Bayern wäre aber zu viel des Guten gewesen – schließlich erreicht man von Augsburg aus bequem per Bahn das Bayerische Eisenbahnmuseum Nördlingen, das Verkehrsmuseum Nürnberg und das Deutsche Museum München (→ Seiten 106, 119, 118). Nein, in Augsburg sollte etwas Neues entstehen, ein kulturelles Zentrum rund um die Bahn.

Im Mittelpunkt steht der alte Ringlokschuppen, in dem das »Rundhaus Europa« seinen Platz finden soll. Schon der Name verrät, welcher Gedanke dahintersteckt: Keine regionale, bayerische oder deutsche Fahrzeugschau soll hier stattfinden, sondern die europäische Bahngeschichte in ihrer Vielfalt dokumentiert werden. Die Eisenbahnfreunde um die bekannten Fachautoren Markus Hehl und Carl Asmus streckten die Fühler aus und konnten mehrere hochinteressante Fahrzeuge in die Fuggerstadt holen.

Technik

Als Erstes reiste eine Denkmallok nach Augsburg. Die 44 606 stand bis 2003 in Wilhelmshaven. Die Kontakte nach Slowenien bescherten dem Bahnpark eine Dampflok mit besonderer Geschichte. Die einst jugoslawische Baureihe 06 entstand bei Borsig. Somit gelangte eine preußische Maschine, die im Ausland arbeitete, in das Zentrum von Bayerisch-Schwaben. Im Oktober 2004 begrüßten die Eisenbahnfreunde eine Dauerleihgabe aus der Schweiz. Die Ae 4/7 gehört der elektrischen Traktion an. Sie traf anlässlich eines großen Bahnfestes ein, zu dem die 41 018 angeheizt wurde.

Strecke

Die 41 018 gehört seit 1976 einem Kreis von Dampflokfreunden, aus dessen Mitte die Initiatoren des Bahnparks stammen. Zu den schönsten Strecken, welche die 1939 bei Henschel gebaute Maschine immer wieder einmal befährt, gehört die Lokalbahn Marktoberdorf–Füssen. Vom Zugfenster aus blickt man auf die herrliche Landschaft des Allgäus, einer Urlaubsgegend der Spitzenklasse. Überall entdeckt man liebliche Dörfer und riesige Weiden, auf denen Milchvieh grast. Ausreichend Zeit zur Umschau bleibt in jedem Fall: Auf der eingleisigen Nebenlinie erreichen heute auch die Planzüge nur ein bescheidenes Tempo. Vom Bahnhof Füssen aus ist es nur ein Katzensprung zum Schloss Neuschwanstein.

Strecke

Die Anlagen des Bahnparks sind rund 100 Jahre alt. Zwischen 1903 und 1906 errichteten die Staatsbahnen das Bahnbetriebswerk, das Lokomotiven wie Wagen betreute. Die Anlage war für ihre Zeit äußerst modern und großzügig gestaltet. Glücklicherweise blieb das 24 ha große Gelände von den Bombardements im Zweiten Weltkrieg weitgehend verschont. Sieht man von einigen Bauten ab, welche in der Nachkriegszeit der Spitzhacke zum Opfer fielen, zeigt sich das Ensemble noch weitgehend im Ursprungszustand.

ⓘ Wussten Sie, dass …

... die 41 018 zahlreiche Sonderleistungen im Auftrag von DB Nostalgiereisen absolviert?

... in der südlichen Dampflokhalle und einem Teil des Rundhauses Bahnpostwagen präsentiert werden sollen?

... die mittlere Dampflokhalle eine betriebsfähige Dampfmaschine von 1911 beherbergt?

Sehenswürdigkeiten

Augsburger Zoo
Er beherbergt mehr als 2000 Tiere aus aller Welt.
Brehmplatz 1,
86161 Augsburg; Kernöffnungszeit tgl. 9–16.30 Uhr

Fuggerei
Wer Augsburg besucht, sollte die älteste Sozialsiedlung der Welt besichtigen, die Fuggerei am östlichen Rande der Innenstadt. Jakob Fugger gründete sie 1516. In 67 Häusern mit 147 Wohnungen fanden schuldlos in Not geratene Bürger ein neues Zuhause. Noch heute beträgt die Jahresmiete einen rheinischen Gulden, was 88 Cent entspricht.
Mittlere Gasse 13,
86150 Augsburg;
info@fugger.de;
1. März–23. Dez. tgl.
9–18 Uhr

Brechthaus
Alles über Leben und Werk des großen Dichters Bertolt Brecht erfahren Sie in seinem Geburtshaus.
Auf dem Rain 7,
86150 Augsburg;
Tel. 08 21/3 24 27 79;
Di–So 10–17 Uhr

Einkehrmöglichkeit

Pizza Oase
Unweit des Bahnparks kann man sich gut und günstig stärken, in der »Pizza Oase«.
Schertlinstr. 12,
86159 Augsburg;
Tel. 08 21/57 90 92

Die Veranstaltungen im Bahnpark sind erstklassig bewirtschaftet.

Elefanten im Augsburger Zoo

Dampftram
Die Chiemsee-Bahn

Adresse
Chiemsee Schifffahrt
Ludwig Feßler
Postfach 11 62
83201 Prien
Tel. 0 80 51/60 90
Fax 0 80 51/6 29 43
www.chiemsee
-schifffahrt.de
info@chiemsee
-schifffahrt.de

Streckenverlauf

Strecke	Länge in km
■ Prien → Stock	1,7

Betriebszeiten
Saisonauftakt:
Ab 1. Mai setzen sich die
Züge in Bewegung. Fällt der
30. April auf einen Sams-
tag, fahren sie bereits
einen Tag früher. Die
Dampfzüge verkehren am
Wochenende und an
Feiertagen.
Saisonende:
Ende September läuft die
Fahrsaison aus.
Die Fahrpläne der Chiem-
seebahn finden sich im
Kursbuch der Deutschen
Bahn. Die Tabellennummer
lautet 10602.

Geschichte

Zu den beliebtesten Ausflugsgegenden Bayerns gehört der Chiemsee. Schon früh wurde die Schifffahrt
auf dem Gewässer motorisiert. Am 12. Mai 1845 legte das erste Dampfschiff ab. Lange Jahre dümpelte
der Betrieb aber vor sich hin. Holz und Kohle waren
teuer, die Ausflügler brachten nur wenig Geld in die
Kassen. Das änderte sich erst, als Ende der achtziger
Jahre das Schloss Herrenchiemsee auf der Prien vor-
gelagerten Herreninsel eröffnet wurde. Das Schloss
gehört zu den Prunkbauten von König Ludwig II., der
die Eröffnung nicht mehr erlebte.

Fortan drängten sich die Schaulustigen am
Ufer. Die Schiffe waren gut besetzt. Die Nachkommen Josef Feßlers, der noch 1845 die Chiemsee-
Schifffahrt vom Unternehmensgründer Wolfgang
Schmid gekauft hatte, verdienten gutes Geld. Die
Fahrgäste reisten zumeist mit der Bahn an. 1860
hatten die Königlich Bayerischen Staatseisenbahnen die Strecke von Rosenheim nach Salzburg in Betrieb genommen. In Rosenheim bestand Anschluss
nach München. Doch der Bahnhof von Prien lag gut
eine halbe Stunde Fußweg vom Kai entfernt. Zahlreiche Priener Bürger versuchten sich deshalb als Kutscher. Das Geschäft war so einträglich wie unfall-
trächtig. Ludwig Feßler sann auf Abhilfe und ließ
eine meterspurige Bahn zwischen Prien und Stock

entwerfen. Da die Stadt deren Rentabilität bezweifelte, lehnte sie den Bau ab. So entstand die Chiemsee-Bahn als lupenreines Privatunternehmen, dessen Anteilseigner neben Feßler Georg Krauss war, der Münchener Lokfabrikant. Krauss' Erben verließen später das Unternehmen. Familie Feßler ist aber bis heute Eigentümerin der 1887 eröffneten Bahn, wie auch der Schifffahrt auf dem Chiemsee.

Technik

Aus dem Jahr 1887 stammt die zweiachsige Dampflok, die von einem Eisenbahner allein bedient werden konnte. Selbstverständlich entstand sie bei Krauss. Anfangs 60, heute knapp 75 kW Leistung reichen vollkommen für den Betrieb auf der kurzen Bahn. Im Jahr fährt die Lok rund 5000 km und schluckt dabei 25 t Kohle.

Die zweite, 1982 erworbene Lok der Chiemsee-Bahn ähnelt der fast hundert Jahre älteren Maschine äußerlich stark. Unter dem Kesselblech arbeitet jedoch ein Dieselmotor. Die 1962 gebaute Lok fuhr bis dahin bei der Werksbahn der Halberg-Hütte in Bebra. Ihr schmuckes Kleid bekam sie in Prien übergestreift. Der MAN-Motor leistet 151 kW.

Strecke

Die Chiemsee-Bahn ist Eisenbahn und Straßenbahn zugleich. In Prien und Stock fährt sie zeitweise im öffentlichen Straßenland. Zwischendurch passiert sie aber von hohen Bäumen umstandene Wiesen inmitten bebauten Gebietes. Die fotogenen, grünen Fahrzeuge passen sich wunderbar der Umgebung an. Höchst sehenswert sind auch die Empfangsgebäude beider Stationen. Während der Betriebspause ruhen sich die Fahrzeuge in der Stocker Wagenhalle aus, die mit dem Empfangsgebäude einen Komplex bildet. Dort entdeckt man auch exzellente Fotomotive mit der Bahn im Vordergrund und dem Chiemsee mitsamt Schiffen im Hintergrund. An den Endpunkten muss die Lokomotive umsetzen, was sich bestens mit der Kamera einfangen lässt, nicht nur für Videos.

! Wussten Sie, dass …

… auf Schloss Herrenchiemsee Ende der vierziger Jahre der Parlamentarische Rat tagte? In Bonn verabschiedete dieser am 23. Mai 1949 das Grundgesetz.

… die Chiemsee-Bahn für kurze Zeit etwa 100 m vor Stock nochmals hielt? Das Bezirksamt zu Rosenberg hatte angeordnet, Fahrgästen, die nicht in das Chiemsee-Schiff umsteigen wollten, eine Möglichkeit zum Aussteigen zu geben.

Sehenswürdigkeiten

Herren- und Fraueninsel
Die größte Insel auf dem Chiemsee ist der Stadt Prien praktisch vorgelagert. Der Chiemsee bildet eine Art Bucht aus, die weit in das Land vor Prien hineinragt. Inmitten dieser Bucht befindet sich die Herreninsel, die etwa 240 ha Fläche umfasst. Ausgedehnte Parkanlagen mit Wasserspielen laden zu langen Spaziergängen ein. Im Mittelpunkt des Besuches auf der Herreninsel steht natürlich eine Besichtigung des Schlosses Herrenchiemsee. Vom Anleger zum Schloss geht man etwa 15 bis 20 Minuten. Alternativ kann man in die am Anleger wartende Kutsche steigen. Die Herreninsel ist bewirtschaftet.
Wo Männer sind, sind gewöhnlich Frauen nicht weit. Das gilt auch für den Chiemsee. Auf der Fraueninsel hat sich bereits 782 ein Benediktinerinnenkloster angesiedelt. In dessen Torhalle finden zwischen Mai und Oktober Ausstellungen bekannter Künstler statt.
Tourismusbüro,
Alte Rathausstr. 11,
83209 Prein;
Tel. 0 80 51/6 90 50

Einkehrmöglichkeit

San Remo
Italienisch speist man immer gut und preiswert. Doch nicht immer muss es eine Pizzeria sein. Ein gutes Angebot hält das »San Remo« bereit.
Seestr. 41, 83209 Prein;
Tel. 0 80 51/6 27 11

Fraueninsel im Chiemsee

Passionsbahn
Murnau–Oberammergau

Adresse
BSW-Freizeitgruppe 169
Lagerhausstr. 12 D
82467 Garmisch-
Partenkirchen
www.bwgarmisch.de
bwgarmisch@lycos.de

Streckenverlauf

Strecke	Länge in km
■ Murnau → Seeleiten-Berggeist	3,3
■ S.-G. → Grafenaschau	2,3
■ Grafenaschau → Jägerhaus	3,8
■ Jägerhaus → Bad Kohlgrub	2,3
■ Bad Kohlgrub → B. K. Kurhaus	1,4
■ B. K. Kurhaus → Saugrub	1,2
■ Saulgrub → Altenau	2,3
■ Altenau → Unterammergau	3,8
■ Unterammergau → Oberammergau	3,3

Betriebszeiten
Die Lokalbahn Murnau–
Oberammergau sieht
Planzüge im Stundentakt.
Die Deutsche Bahn setzt
vor allem Triebzüge ein.
Von Zeit zu Zeit finden
Sonderfahrten statt, unter
anderem mit einer E 69.

Foto oben:
Oberammergau mit Kofel

Geschichte

Alle zehn Jahre finden in Oberammergau Passionsspiele statt. Diese gehörten schon vor mehr als
100 Jahren zu den größten Attraktionen für den
Fremdenverkehr. Die Anreise nach Oberammergau
war aber recht schwierig. Die Besucher mussten mit
der Bahn bis Oberau fahren. Oberammergau erreichten sie zu Fuß oder mit der Postkutsche. Schon
zu den Passionsspielen 1890 gab es Pläne, eine Eisenbahn zu bauen. Das Projekt scheiterte aber vorerst. Zu den Spielen kurz vor der Jahrhundertwende
war es dann soweit. Am 5. April 1900 nahm die Lokalbahn den Betrieb auf.

Sie begann in Murnau und führte über Bad
Kohlgrub in die Passionsspielstadt. Damit beschreibt sie zwar einen kleinen Umweg. Doch zum
einen band sie die auch schon damals gut frequen-
tierte Kurstadt Bad Kohlgrub an. Zum anderen
brauchten die Züge somit nicht den Höhenzug zwischen Oberau und Oberammergau zu erklimmen.

Die privat errichtete Lokalbahn schrieb nicht so
sehr der Passionsspiele oder ihrer Streckenführung
wegen Eisenbahngeschichte. Vielmehr handelte es
sich um die erste, deutsche Vollbahn, die elektrifiziert wurde. 1905 setzte sich der Eröffnungszug in
Bewegung. Zuvor gab es elektrischen Verkehr nur
auf Kleinbahnen und Vorortstrecken.

Technik

Für den Betrieb beschaffte die Lokalbahn bei der vier Triebwagen und eine Elektrolok. Diese sollte vornehmlich den Güterverkehr bewältigen. Ihren mechanischen Teil baute die Katharinenhütte in Rohrbach bei St. Ingbert. Siemens steuerte die Elektrik bei. Die zweiachsige Maschine zeigte sich den Anforderungen gewachsen. Deswegen orderte die Lokalbahn zu den Passionsspielen 1910 eine weitere Maschine ähnlicher Bauart. 1913 folgte die dritte Elektrolok. Als 1919 die Triebwagen, deren Laufkultur nie befriedigt hatte, ausgemustert wurden, schleppten die Lokomotiven Reise- und Güterzüge. Alle drei Maschinen sowie die 1930 beschaffte Lok 5 hatten ein Mittelführerhaus und kleine Vorbauten. Die vierte, 1922 gekaufte Lok wich nicht nur äußerlich von den Schwestern ab. Die AEG-Lok war Teil einer Drehstrom-Versuchsmaschine und wurde in der Mitte geteilt. Anfang der dreißiger Jahre baute die Lokalbahn die Maschine grundlegend um. Der Erstling von 1905 fand eine neue Heimat im Deutschen Museum (→ Seite 118). Die E 69 02 und 03 gehören bis heute zum Bestand der Deutschen Bahn, allerdings nicht des Geschäftsbereichs Nahverkehr, sondern der Tochtergesellschaft Nostalgiereisen. Die E 69 02 steht in Garmisch-Partenkirchen, die E 69 03 im Bayerischen Eisenbahnmuseum Nördlingen (→ Seite 108).

Strecke

Die Lokalbahn führt durch ein beschauliches Tal. Weite Wiesen und kleine Siedlungen prägen die Landschaft. Zwischen Grafenaschau und Saulgrub geht es steil aufwärts. Auf knapp 10 km überwinden die Züge etwa 200 Höhenmeter. Da versteht man schon, dass die Lokalbahn von Beginn an daran dachte, den elektrischen Betrieb einzuführen. Besonders attraktiv ist der Besuch der Lokalbahn natürlich im Winter, wenn alles rund um den Schienenstrang tief verschneit ist. Es lohnt sich, die Strecke oder zumindest Teile von ihr auf Schusters Rappen zu erkunden.

(!) Wussten Sie, dass …

… das zur Elektrifizierung errichtete Kraftwerk »Im Kammerl« noch heute Energie in das Bahnstromnetz einspeist? Seine Leistung macht sich zwar im Netz kaum bemerkbar. Billigeren Saft als den mit Wasserkraft im Murnauer historischen Gemäuer erzeugten bekommt die Bahn aber nirgends.

… an den Passionsspielen Laiendarsteller, darunter viele Eisenbahner mitwirken? Zur Spielzeit tragen sie lange Bärte.

Sehenswürdigkeiten

Blauer Reiter
In Murnau gründete sich kurz nach der Wende zum 20. Jh. die zweite Hauptgruppe des deutschen Expressionismus. Wassily Kandinsky, Alexej Jawlensky, Gabriele Münter und Marianne Werefkin zogen 1908 an den Staffelsee. Dort entstanden Werke, die auch in unseren abgebrühten Zeiten Alt und Jung beeindrucken können. Zahlreiche Bilder der Gruppe hängen im Schlossmuseum Murnau. Doch präsentiert das Museum nicht nur bildende Kunst. Auch Handel und Gewerbe werden in dem Bau aus dem 13. bis 16. Jh. gewürdigt.
Schlosshof 4–5,
82418 Murnau;
Tel. 0 8841/47 62 07;
Di–So 10–17 Uhr, Juli–Sept. am Wochenende bis 18 Uhr

Holzschnitzerei
Oberammergau ist nicht nur Passionsspiel-, sondern auch Holzschnitzerstadt. Etwa 120 Meister ihres Faches arbeiten in den Werkstätten. In der Gemeinde hat sich zudem eine angesehene Schnitzerschule etabliert.
www.oberammergau.de

Einkehrmöglichkeit

Griesbräu
In dem traditionellen Gasthof kann man sich zu sehr günstigen Preisen verköstigen. Das Bier wird im Hause gebraut.
Obermarkt 37,
82418 Murnau;
Tel. 0 88 41/14 22

Gasthof Griesbräu

An die Spitze
Die Bayerische Zugspitzbahn

Adresse
Bayerische Zugspitzbahn
Postfach 12 46
82452 Garmisch-
Partenkirchen
Tel. 0 88 21/79 70
Fax 0 88 21/79 79 00
www.zugspitze.de
zugspitzbahn@zugspitze.de

Streckenverlauf

Strecke	Länge in km
■ Garmisch-Partenkirchen → Rießersee	2,0
■ Rießersee → Kreuzeckbahn	2,1
■ Kreuzeckbahn → Hammersbach	1,4
■ Hammersbach → Grainau	2,0
■ Grainau → Eibsee	3,2
■ Eibsee → Riffelriß	3,4
■ Riffelriß → Höllental	3,0
■ Höllental → Zugspitzblatt	1,7

Betriebszeiten
Die Zugspitzbahn fährt
ganzjährig. Ihr Fahrplan
steht im Kursbuch der
Deutschen Bahn in der
Tabelle 11031.

Geschichte

Zu Beginn des 20. Jh. rückten mehr und mehr die
Berge in den Fokus des Interesses von Ausflüglern.
Überall entstanden Aussichtstürme und Berghütten.
Ein erster Antrag, von Partenkirchen aus die Zug-
spitze per Bahn zu erschließen, lag 1907 vor. Parallel dazu gab es Pläne, eine Seilbahn und eine Bahn
auf österreichischem Gebiet zu errichten. Doch dau-
erte es bis 1928, ehe die Konzession vorlag und die
Arbeiten begannen. Binnen zweier Jahre gelang es,
die Strecke mitsamt dem 4466 m langen Zugspitz-
tunnel fertig zu stellen. Am 8. Juli 1930 fand die
feierliche Eröffnung statt. Die Reichsbahn schickte
einen Sonderzug nach Garmisch, die Zugspitzbahn
setzte für die geladenen Gäste drei Züge ein. Bis
Grainau fuhren die Züge im Reibungsbetrieb. Danach begann die Zahnradstrecke. Auf ihr lag ein
Zahnrad des Systems Riggenbach. Dieses weist eine
einfache Reihe Zahnlamellen zwischen zwei Träger-
schienen auf und lag leicht erhöht. Damit wurde sichergestellt, dass das Zahnradfahrwerk der Lokomotiven kleine Steine sowie gefallenen Schnee
unten aus der Zahnschiene herausdrücken konnte –
ein wichtiger Punkt in Sachen Betriebssicherheit.
Die Strecke endete zunächst am Schneefernerhaus,
also etwas unterhalb des Gipfels. Die letzten Meter
galt es, mit der Seilbahn oder zu Fuß zurückzulegen.

In den achtziger Jahren schlug die Zugspitzbahn deswegen einen weiteren Tunnel durch den Berg, der direkt zum Gipfel führte. Am 15. Januar 1988 fuhr der erste Zug. Vierdreiviertel Jahre später, am 13. November 1992, endete der Planverkehr zum Schneefernerhaus.

Technik

Auf der Zugspitzbahn fahren heute moderne Elektro-Doppeltriebwagen schweizerischer Herkunft. Sie führen keine Baureihennummer, wie sie bei der Staatsbahn üblich ist, sondern eine Gattungsbezeichnung Schweizer Art: Beh 4/8. Das bedeutet, die Triebwagen haben Innenräume 2. Klasse, sind elektrisch angetrieben und verfügen über einen Zahnradantrieb. Vier der acht Achsen eines Doppeltriebwagens besorgen den Vortrieb. Die Holzbestuhlung verleiht den modernen Wagen einen liebenswerten, nostalgischen Charme.

Natürlich blieben aus früheren Jahren einige Fahrzeuge der Nachwelt erhalten, beispielsweise AEG-Lokomotiven von 1929 und Triebwagen aus den fünfziger Jahren, die zum Teil als Betriebsreserve dienen. Eine Lok, die Nummer 2, bestieg den Denkmalssockel in Garmisch-Partenkirchen.

Strecke

Die Zugspitzbahn beginnt unmittelbar vor dem DB-Bahnhof Garmisch-Partenkirchen. Bis Grainau verläuft die Strecke weitgehend im Tal und hat den Charakter einer Vorgebirgsbahn. Hinter Grainau wird dann sofort der Einsatz des Zahnrades nötig. Die Neigung steigt von zunächst 148,7 ‰ auf bis zu 250 ‰. Dieser Wert wird kurz vor der Station Riffelriß erreicht. Hinter Riffelriß verschwinden die Züge sogleich im Tunnel. Die Reisenden bekommen also kaum mit, dass dieser trotz Zahnradbetriebes eine Kehrschleife beschreibt, um an Höhe zu gewinnen.

Die Spurweite der Bahn beträgt übrigens 1004 mm. Das schreibt zumindest der § 3 der Fahrdienstvorschriften für das gerade Gleis vor. Bei großem Andrang fahren zwei oder mehr Züge im Sichtabstand.

(!) Wussten Sie, dass …

... Garmisch und Partenkirchen erst in den dreißiger Jahren zur Doppelstadt vereinigt wurden?

... 1936 die Olympischen Winterspiele in Garmisch-Partenkirchen stattfanden?

... der Eishockeyclub SC Rießersee in Garmisch-Partenkirchen spielt?

Sehenswürdigkeiten

Richard-Strauss-Institut
Vor rund 100 Jahren besuchte Kaiser Wilhelm die Uraufführung eines Werkes von Richard Strauss. Der Hof unterstützte den jungen Komponisten und Kapellmeister finanziell. Nach der Aufführung soll seine Majestät theatralisch ausgerufen haben: »Welch Schlange nähren wir an unserem Busen!« Fortan hieß Richard Strauss in Berlin nur noch »Seiner Majestät Hofbusenschlange«.
Richard-Strauss-Institut
Schnitzschulstr. 19,
82467 Garmisch-Partenkirchen;
Tel. 0 88 21/91 09 50;
Di–Fr 10–17, Sa 14–17 Uhr

Partnachklamm
Unweit Garmisch-Partenkirchens lädt eine der schönsten Gebirgsschluchten Europas zum Besuch. Die Partnachklamm ist 800 m lang. Sie steigt im zugänglichen Teil um 90 m. Im Winter bilden die herabstürzenden Wassermassen bizarre Eisskulpturen.

Einkehrmöglichkeit

Fraundorfer
Günstig und gut kann man sich im »Fraundorfer« verpflegen lassen. In der Gaststube dominiert aus der Gegend stammendes Holz. Der gut geführte Familienbetrieb strahlt einen angenehmen, ländlichen Charakter aus.
Ludwigstr. 24, 82467 Garmisch-Partenkirchen;
Tel. 0 88 21/92 70;
8. Nov.–1. Dez. geschl.

Richard-Strauss-Institut

Doppelte Tradition
Deutsches Technikmuseum

1983 wurde das Museum auf dem Gelände des früheren Bahnbetriebswerks Anhalter Bahnhof eröffnet. Seine Wurzeln reichen aber zum 1906 errichteten Verkehrs- und Baumuseum zurück, das im 1884 geschlossenen Hamburger Bahnhof untergebracht war. 1945 geriet es ebenso wie die Eisenbahn in allen vier Sektoren der Stadt, unter die Hoheit der DDR-Reichsbahn, die das Museum schloss.

Ab 1961 machte sich im Westteil der Stadt ein Verein für die Errichtung eines neuen Verkehrsmuseums stark, welches zunächst in der Urania gastierte, ehe es seine endgültige Heimat fand. Im Lokschuppen fällt sofort das etwas andere Konzept auf. Neben auf Hochglanz polierten Schaustücken stehen auch Fahrzeuge auf den Gleisen, denen man den harten Betriebseinsatz noch ansieht. Interessante Erkenntnisse sind hier möglich. Die Ausstellung ist in Epochen gegliedert. Im Mittelpunkt steht die Staatsbahn, doch werden kleinere Bahnen keineswegs vernachlässigt.

Adresse
Deutsches Technikmuseum
Berlin
Trebbiner Str. 9
10963 Berlin
Tel. 0 30/90 25 40
Fax 0 30/90 25 41 75
www.dtmb.de
info@dtmb.de

Öffnungszeiten
Dienstag bis Freitag stehen die Museumstore zwischen 9 und 17.30 Uhr offen, am Wochenende zwischen 10 und 18 Uhr. Das Oldtimer-Depot beim Spectrum kann man an den Öffnungstagen jeweils von 10 bis 17 Uhr besichtigen.

Verkehrszentrum
Deutsches Museum

Der Verkehrsbereich des wohl bekanntesten Technikmuseums, des 1903 von Oskar von Miller gegründeten Deutschen Museums befindet sich derzeit im Umbruch. Die Räumlichkeiten auf der Museumsinsel in der Isar platzen aus allen Nähten. Deswegen ziehen die Fahrzeuge zur Theresienhöhe um. Auf dem früheren Messegelände wächst bis 2006 ein stattliches Verkehrszentrum heran. In denkmalgeschützten Hallen werden nicht nur die Fahrzeuge präsentiert, sondern auch deren Verkehrsumfeld. Schließlich rollen Züge nicht um ihrer selbst oder der in ihnen steckenden technischen Spitzenleistungen willen, sondern um Menschen und Güter zu befördern. Die erste Halle wurde 2003 eröffnet, die Übergabe der beiden anderen Hallen ist für 2006 geplant. Für Sommer 2005 ist die Inbetriebnahme des »Historischen Lokschuppens« in Freilassing vorgesehen. Dort, auf dem Gelände des ehemaligen Bw entsteht ein begehbares Depot, in dem eine Reihe historisch wertvoller Originalfahrzeuge zu sehen sein wird. Es formiert sich eine Fahrzeugschau der Superlative.

Adresse
Deutsches Museum
Museumsinsel 1
80538 München
Tel. 0 89/2 17 91
Fax 0 89/2 17 93 24
www.deutsches
-museum.de
information@deutsches
-museum.de

Deutsches Museum
Verkehrszentrum
Theresienhöhe 14A
80339 München
Tel. 0 89/2 17 95 29

Öffnungszeiten
Das Deutsche Museum und das Deutsche Museum Verkehrszentrum sind täglich von 9 bis 17 Uhr geöffnet. Das Verkehrszentrum ist Donnerstag bis 20 Uhr geöffnet.

Loklegenden
Deutsches Dampflok-Museum

Gedanken an Loklegenden wie die 01, die 03.10, die 10, die 38.10, die 44, die 78 oder die 95 werden wach. Sie alle stehen im DDM, das seit 1977 im ehemaligen Bahnbetriebswerk Neuenmarkt untergebracht ist. Ringlokschuppen und Drehscheibe sind hier erhalten geblieben – beste Voraussetzung für ein Dampflokmuseum, das aber auch Fahrzeuge modernerer Traktionsformen enthält. Zu den Prachtstücken gehört die V 45009, eine Diesellok von den Eisenbahnen des Saarlandes, das bis 1957 zu Frankreich gehörte. Somit wurde die Lok 1956 in einer elsässischen Fabrik hergestellt und hat mit den damaligen deutschen Diesel-Baureihen wenig gemein. Die V 45 ist nur eine von vielen Überraschungen. Über vier Räume erstreckt sich eine gewaltige Modellbahnanlage im Maßstab 1:87, welche die Schiefe Ebene darstellt. Unter diesem Namen ist der spektakulärste Abschnitt der Ludwigs-Süd-Nord-Bahn Lindau–Hof bekannt, die legendäre Steilrampe zwischen Neuenmarkt-Wirsberg und Marktschorgast.

Adresse
Deutsches
Dampflok-Museum (DDM)
Birkenstr. 5
95339 Neuenmarkt
Tel. 0 92 27/57 00
Fax 0 92 27/57 03
www.dampflokmuseum.de
ddm@dampflokmuseum.de

Öffnungszeiten
Schuppen und Freigelände sind ganzjährig von Dienstag bis Sonntag sowie an Feiertagen zwischen 10 und 17 Uhr geöffnet. Gruppen und Vereine, die eine Führung wünschen, sollten sich eine Woche vor dem Termin anmelden.

05 und ICE
DB-Museum

1899 öffnete in Nürnberg ein Verkehrsmuseum, getragen von den Königlich Bayerischen Staatseisenbahnen und der Post- und Telegraphenverwaltung. Erstere brachte u. a. eine sehenswerte Modellsammlung ein. Bereits seit 1882 fertigen Lehrlinge der Werkstatt Nachbildungen von Fahrzeugen im Maßstab 1:10. Zuerst von bereits ausgemusterten oder sogar schon verschrotteten Lokomotiven und Wagen, später auch Modelle nach zeitgenössischen Vorbildern. Nicht weniger als 160 Modelle teilen sich heute rund 1000 qm Ausstellungsfläche. Natürlich zogen auch wertvolle Originale in das Museum ein, beispielsweise die Baureihe 05, die als erste Dampflok 200 km/h erreichte. Vom legendären »Fliegenden Hamburger« blieb die Kopfpartie erhalten und sogar der ICE gibt sich die Ehre, auch wenn er noch lange nicht zum alten Eisen gehört. In der »Eisenbahn Erlebniswelt« können Kinder wie Erwachsene ihr Können an einer Schrankenanlage oder am Fahrsimulator beweisen. Oben im Haus lädt das Postmuseum, das heute »Museum für Kommunikation« heißt, zum Besuch ein.

Adresse
DB Museum im Verkehrs-
museum Nürnberg
Lessingstr. 6
90443 Nürnberg
Tel. 0 18 04/44 22 33
(24 Cent je Anruf)
Fax 09 11/2 19 21 21
www.dbmuseum.de
info@db-museum.de

Öffnungszeiten
Dienstags bis sonntags stehen die Tore des Hauptbahnses von 9 bis 17 Uhr offen. Auf dem Freigelände kann man sich zwischen April und Oktober umschauen. Die Museumsbibliothek bleibt am Wochenende geschlossen.

119

Adresse
Miniatur-Wunderland
Kehrwieder 2 Block D
20457 Hamburg
Tel. 0 40/3 00 68 00
Fax 0 40/30 06 80 99
www.miniatur-
wunderland.de

Einfach träumen
Miniatur-Wunderland

Öffnungszeiten
Ein Wunderland kennt na-
türlich keine Ruhetage. Tag
für Tag fahren die Züge
durch den alten Speicher-
bau. Nur nachts müssen die
Besucher draußen bleiben.
Dann finden nämlich die
Wartungs- und Reparatur-
arbeiten statt. Montag bis
Freitag öffnet das Wunderland um 9.30 Uhr seine
Pforten. Gewöhnlich endet
der Zugbetrieb um 18 Uhr.
Dienstag bleiben die Fahrzeuge bis 21 Uhr auf der
Strecke. Am Wochenende
sowie an Feiertagen rollen
die Räder zwischen 8.45
und 20 Uhr.

In der Hamburger Speicherstadt steht eine gewaltige Modellbahnanlage. Von der Waterkant bis zum
Alpenrand reicht das Panorama. Alle wichtigen
Landstriche sind vertreten. Im Nachbarraum befindet sich Amerika, in einem weiteren Raum wächst
derzeit Skandinavien heran. Nichts ist unmöglich
im Reich des kleinen Maßstabes und so vollbrach-
ten Frederik und Gerrit Braun ein Wunder in 1:87.
Gemeinsam errichteten sie eine der schönsten
Märklin-Anlagen der Welt. Bereits mehr als zwei
Millionen Besucher lockte das Miniatur-Wunderland nach Hamburg. Hagen von Ortloff stellte die
Riesenmodellbahn in mehreren Folgen der »Eisenbahn-Romantik« vor, der beliebtesten Bahnsende-
reihe des deutschen Fernsehens.

Mit der Gestaltung des Wunderwerkes beauf-
tragten die Gebrüder Braun Gerhard Dauscher, einen
professionellen und äußerst erfahrenen Modell-
bauer. Er entwarf die Anlage mit mehreren Kilometern Gleis und hunderten Weichen, auf denen 450
Züge mit 5000 Wagen ihre Runden drehen. Wie auf
modernen Strecken der Deutschen Bahn steuern
Computer den Betrieb. Des Nachts erhellen mehr als
30 000 Lichtquellen die Szenerie. Nachts? Ab und an
gehen im Wunderland die Deckenlampen aus – im
Schein der Miniaturlampen erstrahlt die Anlage in einem Glanz besonders wunderbarer Natur.

Weltmarktführer
Märklin-Museum

Adresse
Märklin-Museum
Holzheimer Str. 8
73037 Göppingen
Tel. 0 71 61/60 82 89
www.maerklin.de/museum

Öffnungszeiten
Das Märklin-Museum ist täglich von 9 bis 17 Uhr bei freiem Eintritt geöffnet. Lediglich an Feiertagen stehen die Krokodile (mehr zu dieser Lokomotive → Seite 156), das Modell der Wuppertaler Schwebebahn (→ Seite 66) oder die historischen Dampfmaschinen nicht im Scheinwerferlicht. Der Museumsshop bietet eigens gefertigte Sonderwagen an, die es nur im Museum gibt und nicht beim Fachhändler um die Ecke. Sammler bieten für die Sonderwagen denn auch mitunter stolze Preise.

Auf eine fast 150-jährige Tradition blickt Märklin zurück. 1859 nahm Theodor Friedrich Wilhelm Märklin in Göppingen die Fabrikation feinster Blechspielwaren auf. 1891 präsentierte das Unternehmen seine erste Modellbahn. Im Gegensatz zu anderen Herstellern baute Märklin nicht nur Lokomotiven und Wagen, sondern bot auch Gleise an. Bald kam Zubehör hinzu. Die Systemeisenbahn war geboren. Fast von Beginn an baute Märklin Bahnen in unterschiedlichen Maßstäben. Zuerst produzierte das Unternehmen recht große Modelle. Heute bezeichnet man die Nenngrößen als 0, I und II. 1935 schrieb das Unternehmen Modellbahngeschichte. Zeitgleich mit Trix, das seit 1997 zur Märklin-Holding gehört, stellten die Göppinger eine Tischeisenbahn im Maßstab 1:87 vor. Da die Null für die kleinste Bahn schon vergeben und die Tischbahn halb so groß wie die 0-Bahn war, sprach man von »Halb-Null«, kurz H0.

1972 erschien die mini-club, die kleinste Serienbahn der Welt. 1:220 lautete der Maßstab, »Z« das Kürzel. Als einer der wenigen Weltmarktführer, die Deutschland noch hat, stößt Märklin nicht nur im engen Kreis der (Modell-)Eisenbahnfreunde auf Interesse. 2003/04 präsentierte niemand anderes als die Kunsthalle Tübingen die exklusive Märklin-Sonderausstellung »Mythos Modelleisenbahn«.

Vorratslok
Waldviertler Schmalspurbahn

Adresse
Waldviertler
Schmalspurbahnverein
Bahnhofstr. 59
A-3871 Altnagelberg
Tel. 00 43/6 64/3 58 10 99
www.erlebnisbahn.at/wsv
wsv@erlebnisbahn.at

Streckenverlauf

Strecke	Länge in km
■ Altnagelberg → Langegg	6,5
■ Langegg → Aalfang	1,6
■ Aalfang → Gasthof Weinstabl	3,85
■ Gasthof Weinstabl → Moor- und Torfmuseum	0,55
■ Museum → Heidenreichstein	0,5

Betriebszeiten
Saisonauftakt:
Der regelmäßige Fahr-
betrieb an Wochenenden
beginnt Mitte Mai.
Saisonende:
Im Oktober endet der
Planbetrieb. Sonderfahrten
finden aber auch in den
Wintermonaten statt, bei-
spielsweise zu
Weihnachten.

Geschichte

Am 3. Juli 1900 bekamen auch die entlegeneren Orte im Waldviertel Bahnanschluss. Die Nieder-Öster-
reichische Waldviertelbahn erbaute die Strecke von
Altnagelberg nach Heidenreichstein. Den Betrieb
übernahm das Landeseisenbahnamt, ab 1922 die
Bundesbahnen. Erst 1940 erfolgte die Verstaatlichung der Privatbahn. 1986 stellten die Bundesbahnen den Reisezugverkehr ein. Bis Anfang Juni
1992 fuhren noch Güterzüge.

Im Februar 1987 fanden sich Eisenbahnfreunde zusammen, um gemeinsam die Erinnerung an
die Schmalspurbahn zu erhalten. Bereits im Juni jenes Jahres konnte der Verein die ersten Sonderfahrten anbieten. Teils kamen eigene Fahrzeuge, teils
gemietete auf die Strecke. Über Altnagelberg hinaus fuhren die Züge bis Litschau. Dorthin führte die
ebenfalls schmalspurige Strecke aus Gmünd. Als
die ÖBB den Güterverkehr beendeten, musste der
Verein die Strecke übernehmen, um weiterhin fahren zu können. Seit 1997 können die Museumszüge
nur noch zwischen Heidenreichstein und Altnagelberg verkehren, da die ÖBB den Weiterbetrieb nach
Litschau untersagten. Doch es gelang, eine Vielzahl
unterschiedlicher Fahrzeuge aufzutreiben und mit
ihnen einen höchst abwechslungsreichen Museumsbetrieb zu organisieren.

Technik

In der Floridsdorfer Lokfabrik entstand die 170.01. Das Werk fertigte Maschinen dieses auch unter dem Namen »Erzberg« bekannt gewordenen Typs für die Spurweiten 790 bis 900 mm. Gewissermaßen war die Bauart eine Vorratslok, denn Bestellungen lagen dem Hersteller nicht vor, als er sie entwickelte. Floridsdorf hatte sich aber verkalkuliert; die 1938 gebaute 170.01 blieb ein Einzelstück. Immerhin gelangte sie nach der Annexion Österreichs an NS-Deutschland im selben Jahr zur Hütte Donawitz der Österreichisch-Alpinen Montan Gesellschaft. Nach der Ausmusterung wurde sie in Stainz betriebsfähig aufgearbeitet und fuhr einige Jahre auf der Stainzer Museumsbahn (→ Seite 148). 1997 wechselte sie ins Waldviertel.

Für den Unterhalt der Strecke kam eine in Österreich etwas fremd wirkende Lok in den Landstrich. Die Diesellok Nummer 1 mit dem schönen Namen »Findling« stammt vom Lokomotivbau Babelsberg, also aus der DDR. 1957 verließ die Maschine des Typs Ns2h die Werkshalle. Die Jenbacher Werke stellten die Maschinen 2 »Christa« und 4 her. Die Abnahme der Fahrzeuge vom Typ DM 100 H 14 erfolgte 1969 und 1972. Aus dem Jahr 1952 stammt der Kleinwagen Klw 1, dem man seinen Charakter als Arbeitsfahrzeug deutlich ansieht.

Strecke

Kurz hinter dem Bahnhof Heidenreichstein passiert der Zug erst das Werksgelände von MKE, dann einen Reithof. Dieser liegt linker Hand der auf einem Damm verlaufenden Strecke. Nach der Haltestelle Gasthof Weinstabl geht es etwa einen Kilometer an Feldern entlang, bis man die Gebäude einer Textilfabrik erblickt. In dichtem Wald geht es bis Aalfang. Unterhalb der Betonbrücke über die Braunau kann man noch die Dammreste sehen, die einstmals zum Fangen der Aale genutzt wurden. Der steilste Abschnitt der Strecke beginnt hinter Langegg. Offenes Gelände erreicht der Zug erst wieder am Beginn der Gemarkung von Altnagelberg.

⚠ Wussten Sie, dass …

… die Reisezugwagen der Museumsbahn in Eigenfertigung entstanden? 1995 nahmen die Waldviertler Eisenbahnfreunde die ersten Wagen in Betrieb.

… das Anschlussgleis des Unternehmens MKE einstmals von den Schmalspurzügen der Waldviertelbahn bedient wurde? Die früheren Eisert-Werke gehören zur metallverarbeitenden Industrie.

Wasserburg Heidenreichstein

Lebendes Museum
Das Heizhaus Strasshof

Adresse
Eisenbahnmuseum
Strasshof
Sillerstr. 123
A-2231 Strasshof
Tel. 00 43/1/6 03 53 01
www.heizhaus.com
office@heizhaus.com

Streckenverlauf

Strecke	Länge in km
■ Gloggnitz → Schlöglmühl	3
■ Schlöglmühl → Payerbach-Reichenau	4
■ R.-R. → Küb	3
■ Küb → Eichberg	3
■ Eichberg → Klamm-Schottwien	4
■ K.-S. → Breitenstein	5
■ Breitenstein → Wolfsbergkogel	5
■ Wolfsbergkogel → Semmering	1

Betriebszeiten
Die Sonderfahrten des Heizhauses Strasshof finden ganzjährig zu verschiedenen Terminen und Anlässen statt. Das Museum hat vom 1. April bis 26. Oktober täglich außer Montag zwischen 10 und 16 Uhr geöffnet. An Sonn- und Feiertagen finden Führungen und Fahrbetrieb auf der Modellbahn statt. An anderen Tagen nach vorheriger Anmeldung.

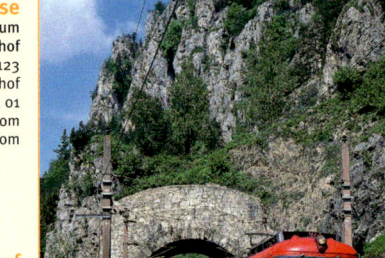

Geschichte
Zwischen 1939 und 1947 entstand in Strasshof nordöstlich ein neues Bahnbetriebswerk – »Zugförderung« heißt es in Österreich. Bis 1976 setzten die ÖBB von Strasshof aus Dampflokomotiven ein. Dann übergaben sie die vollständig erhaltene Anlage Eisenbahnfreunden, die ein Museum einzurichten versprachen. Nach den notwendigen Restaurierungsarbeiten öffnete es am 1. April 1984 erstmals seine Pforten.

Im Gegensatz zu ähnlichen Einrichtungen präsentiert sich das Strasshofer Heizhaus als lebendiges Museum. Schon das Äußere ist authentisch. In der Halle blieb der Ruß an den Wänden kleben. Der Geruch von Kohle und Öl steigt einem in die Nase. Bei den Präsentationen werden nicht nur historische Fahrzeuge zur Schau gestellt Vielmehr erfahren die Besucher auch einiges über die Arbeitsumstände in der guten, alten Zeit.

Technik
Alterspräsidentin im Heizhaus Strasshof ist zweifelsohne die Lok »Ajax«, erbaut 1841 in England. Sie fuhr auf der Kaiser-Ferdinands-Nordbahn. Bereits 1908 wurde sie restauriert. Die erste Präsentation für die Öffentlichkeit erfolgte im Zusammenhang mit der Vorstellung der Reihe 210, damals das

neueste Dampfross der Staatsbahnen. Etwas älter als die 210 ist die ab 1900 gebaute 180 des legendären Lokkonstrukteurs Karl Gölsdorf. Unter seiner Regie entstanden eine Vielzahl gelungener Maschinen. 1912 beschafften die Staatsbahnen für die im gleichen Jahr eröffnete Mittenwaldbahn Lokomotiven, die bis 1935 im Einsatz blieben. Mit der 52.100 gehört auch eine Kriegslok deutscher Herkunft zum Bestand des Museums.

Strecke

Das ganze Jahr über schickt das Heizhaus Strasshof Sonderzüge auf die Strecke. Zu den schönsten befahrenen Bahnen gehört die Semmeringlinie. 1854 ging sie als erste europäische Gebirgsbahn in Betrieb. Die Züge fahren zunächst auf der Flachlandstrecke von Wien nach Gloggnitz. Hinter dem Ort, in dem bis 1930 die Flachland- gegen Gebirgslokomotiven gewechselt wurden, beginnt ein Schienenabenteuer, das auch heute noch seinesgleichen sucht. Zunächst führt der Schienenstrang tief in das Tal der Schwarza. Dies ist aber nicht den Verkehrsbedürfnissen der dort ansässigen Bewohner und Betriebe geschuldet. Vielmehr muss der Zug vor dem Scheiteltunnel an Höhe gewinnen. Die Station Semmering liegt auf 896 m ü. NN, während Gloggnitz nicht einmal 500 Höhenmeter erreicht. Vom Zug aus blickt man auf beschauliche Orte und eine einmalige Landschaft. Es lohnt sich, am Semmering zu verweilen und Teile der Strecke zu Fuß zu erkunden.

Eisenbahnmuseum

Alle technischen Einrichtungen des Heizhauses sind voll betriebstüchtig. Somit gibt es in Österreich ein echtes Bw für Regelspurlokomotiven. Wasserturm und Wasserkräne sind ebenso vorhanden wie die Bekohlungsanlage. In einer zehngleisigen Halle finden die Lokomotiven Platz. Auf der 23-m-Drehscheibe können auch lange Schlepptendermaschinen die Fahrtrichtung wechseln. Nicht weniger als 1,2 km in der Ausdehnung und 14 ha Fläche misst das attraktive Museum.

❗ Wussten Sie, dass …

… auf dem Gelände des Eisenbahnmuseums Strasshof nicht weniger als 14 km Gleis verlegt sind?

… in Strasshof wenigstens einmal monatlich die alten Dampf- und Diesellokomotiven zu Leben erweckt werden?

… Franz Xaver Riepl bereits 1829 den Bau der Nordbahn vorschlug, bei Kaiser Franz aber auf taube Ohren stieß?

Sehenswürdigkeiten

Waldhofpark
Unweit des Bahnhofs Semmering entstand in der Anfangsphase der Bahn das »Südbahnhotel«. Dieses verfügte neben dem Haupttrakt über die Dependance »Waldhof«. Beide verbindet eine ausgedehnte Parkanlage, die in den neunziger Jahren von Professor Kallousis neu gestaltet wurde. Das großzügige Areal lädt zum Spaziergang und zum Verweilen ein.
Tourismusbüro, Passhöhe 248, A-2680 Semmering; Tel. 00 43/26 64/2 00 25

Wintersportmuseum
Die Ski kommen zwar aus Skandinavien, doch wurde natürlich auch im Alpenraum schon frühzeitig Wintersport getrieben. Daran und an die Entwicklung des Skilaufens erinnert das Wintersportmuseum auf etwa 1000 qm Ausstellungsfläche. Es ist das weltweit größte Museum seiner Art.
Wiener Str. 13, A-8680 Mürzzuschlag; Tel. 00 43/38 52/35 04; Di–So 10–18 Uhr

Einkehrmöglichkeit

Belvedere
In Semmering kann man in dem gut geführten Familienbetrieb zu günstigen Preisen sehr ordentlich speisen. Für Gruppen besteht die Möglichkeit, sich im Restaurant in einen eigenen Raum zurückzuziehen.
Hochstr. 60, A-2680 Semmering; Tel. 00 43/26 64/22 70

Wintersportmuseum

Parkattraktion
Die Wiener Praterbahn

Adresse
Liliputbahn im Prater
Prater 99
A-1020 Wien
Tel. 00 43/1/7 26 82 36
Fax 00 43/1/72 68 23 64
www.liliputbahn.com
info@liliputbahn.com

Streckenverlauf

Strecke	Länge in km
■ Rundkurs	ca. 4

Betriebszeiten
Saisonauftakt:
Wann die Saison beginnt, hängt vom Wetter ab. In der Regel fahren Mitte März die ersten Züge.
Saisonende:
Auch das Saisonende ist witterungsabhängig. Bis Anfang Oktober kann man aber mit Parkbahnbetrieb rechnen.

Foto oben:
Park mit Tradition:
Wiener Prater

Geschichte

Denkt man an den Wiener Prater, fällt einem sofort das Riesenrad ein. Diese Attraktion begeistert auch Jahrzehnte nach ihrem Bau Jung wie Alt. Doch kehren auch Riesenradfahrer gewöhnlich nach einiger Zeit wieder auf den Boden zurück und können dort ein weiteres technisches Kleinod entdecken.

Auf Schienen mit der Spurweite 381 mm verkehrt seit 1928 im Prater eine kleine Parkeisenbahn. Erbaut wurde sie von dem Leipziger Unternehmen Erich Brangsch. Dieses hatte Schienen und Lokomotiven der Parkeisenbahn gekauft, welche 1925 auf der »Deutschen Verkehrsausstellung« in München ihre Runden drehte. Brangsch war fest davon überzeugt, dass Parkeisenbahnen auch außerhalb von Großveranstaltungen eine Zukunft haben. Folglich bestellte er bei der Lokomotivfabrik Krauss, die ja nicht nur Liliputmaschinen herstellte, fünf weitere Triebfahrzeuge.

So ganz ging die Kalkulation nicht auf. Zumindest in Wien dümpelte die Praterbahn lange Jahre vor sich hin. Zwar verlängerte man 1933 die Strecke von zunächst zwei auf vier Kilometer. Doch fehlte den Menschen seinerzeit einfach das Geld, sich durch den Park kutschieren zu lassen. Erst 1938, als es auch weltwirtschaftlich wieder aufwärts ging, besserten sich die Zahlen. Vor allem Zuwanderer und auch deutsche Soldaten nutzten die Parkbahn. Seitdem gehört sie zu den festen Einrichtungen des traditionsreichen Vergnügungsparks. Die im Zweiten Weltkrieg ausgelagerten Lokomotiven aus den Anfangstagen sind bis heute in Betrieb.

Technik

1923 entwickelte Oberingenieur Roland Marten bei Krauss eine kleine Lokomotive der Pazifik-Bauart. Sowohl äußerlich als auch technisch lehnte sie sich an die in jener Zeit entstehenden Schnellzug-Einheitslokomotiven an. Man kann daher die Marten'schen Maschinen ohne weiteres als »kleine 01« bezeichnen. Drei Exemplare fuhren auf der »Deutschen Verkehrsausstellung«. Die beiden Wiener Praterlokomotiven stammen aus der Nachlieferung, die Brangsch 1928 in Auftrag gegeben hatte. Brangsch wollte ursprünglich eine dritte Lokomotive in Wien stationieren. Wegen der wirtschaftlichen Probleme der Praterbahn unterließ er das aber. Erst 1938 gelangte die dritte Maschine nach Wien. Die beiden ersten Pazifiks fahren bis heute unverändert. Das Fahrgestell der dritten Lok erhielt in den fünfziger Jahren einen neuen Aufbau und einen Dieselantrieb. Die Lok mit dem bauchigen Vorbau macht äußerlich einen höchst außergewöhnlichen Eindruck. Eine typische Feldbahnlok ist dagegen die 1964 gebaute Diesellok mit der Achsfolge 2'B2'. Zwei weitere Diesellokomotiven aus den Jahren 1956 und 1967 ergänzen den Bestand.

Strecke

Die Schmalspurgleise führen mitten durch den Vergnügungspark. Natürlich passieren die Züge auch das Riesenrad. Lange Jahre hieß die Station am Fuße dieses Wiener Wahrzeichens einfach nur »Hauptkassa«. Inzwischen macht ein Schild auf das Riesenrad aufmerksam. Abends hüllen Laternen Perron und Gleise in ein romantisches Licht. In der Hauptallee stößt man auf die schön gestaltete Haltestelle Rotunde. In Zukunft wird die Strecke eventuell zum Praterstern und zur Messe verlängert.

⚠ Wussten Sie, dass …

… die Spurweite von 381 mm exakt 15 britischen Fuß entspricht?

… die Wiener Praterbahn die älteste, noch betriebene Liliputbahn auf dem europäischen Festland darstellt?

… der Betreiber der Praterbahn auch die Donauparkbahn betreibt? Ein Fahrzeugtausch ist jederzeit möglich.

Sehenswürdigkeiten

Fußball-Museum
Im Prater entdeckt man nicht nur die Liliputbahn und das Riesenrad, klein und groß also. Auch das wichtigste Wiener Fußballstadion ist dort heimisch. Das »Praterstadion« heißt heute »Ernst-Happel-Stadion«. Im Stadion entstand ein Fußball-Museum, das Geschichte und Geschichten rund um das runde Leder erzählt. Der Abstecher lohnt sich.
Wiener Praterverband,
Prater 9, A-1020 Wien;
Tel. 00 43/1/7 28 05 16;
www.prater.at

Wiener Klassik(er)
Wien gehört seit jeher zu den Hochburgen klassischer Musik. Zahlreiche große Komponisten wohnten in der Donaustadt. An verschiedenen Punkten rufen Gedenkstätten die Erinnerung wach.
Wien Hotels & Info,
A-1025 Wien;
Tel. 00 43/1/2 45 55;
www.wien.info

Einkehrmöglichkeit

Wrenkh
In angenehmer Atmosphäre schmeckt es noch besser. Das Wrenkh präsentiert sich in einem unaufdringlichen Bistrostil. Seine Spezialität ist die vegetarische Küche. Doch auch Liebhaber von Fleisch- und Fischgerichten kommen auf ihre Kosten. Die Rechnung fällt alles andere als Wientypisch aus.
Bauernmarkt 10,
A-1010 Wien;
Tel. 00 43/1/5 33 15 26

Restaurant Wrenkh

Im Pielachtal
Die Mariazellerbahn

Adresse
Freunde der
Mariazellerbahn
Willingerstr. 5
A-3203 Hofstetten
Tel. 00 43/27 23/87 90
www.mariazellerbahn.at
freunde@mariazellerbahn.
at

Streckenverlauf

Strecke	Länge in km
■ St. Pölten → Schwadorf	6
■ Schwadorf → Ober Grafendorf	6
■ Ober Grafendorf → Klangen	4
■ Klangen → Mainburg	7
■ Mainburg → Rabenstein	2
■ Rabenstein → Kirchberg	6
■ Kirchberg →Loich	4
■ Loich → Schwarzenbach	4
■ Schwarzenbach → Frankenfels	4
■ Frankenfels → Laubenbachmühle	6
■ Laubenbachmühle → Winterbach	9
■ Winterbach → Gösing	10
■ Gösing → Erlaufklause	6
■ Erlaufklause → Mitterbach	3
■ Mitterbach → Mariazell	4

Betriebszeiten
Die Mariazellerbahn fährt
ganzjährig nach dem im
ÖBB-Kursbuch abgedruck-
ten Fahrplan 115. Sonder-
züge mit historischen
Maschinen kommen von
Zeit zu Zeit auf die Strecke.

Geschichte

Schon kurz nach Eröffnung der Westbahn Wien–Salzburg kamen Forderungen auf, auch das Pielachtal an das Schienennetz anzuschließen. Doch erst 1896 begannen die Bauarbeiten. 1898 ging der Abschnitt St. Pölten–Kirchberg in Betrieb. Bis auch das untere Pielachtal Bahnverkehr sah, schrieb man das Jahr 1905. 1906 fuhr der erste Güterzug weiter nach Mariazell. Im Folgejahr begann der Reisezugverkehr. Zwischen 1907 und 1911 fand die Elektrifizierung der Strecke nach Mariazell statt. Sie war die erste durchgehend elektrisch betriebene Bahnlinie in Österreich.

Wie alle österreichischen Nebenbahnen litt auch die Mariazellerbahn in der Vergangenheit unter verkehrspolitischem Hickhack. Mal beschlossen die ÖBB und das Land, alle Nebenbahnen zu erhalten, mal verkündete die Staatsbahn, sich grundsätzlich von scheinbar unwirtschaftlichen Leistungen trennen zu wollen. Die Zukunft könnte eine europaweite Ausschreibung des Zugverkehrs bringen.

Technik

Mit der Reihe 1099 verwirklichten Krauss und Siemens neue Konzepte im Lokbau. Zwei dreiachsige Drehgestelle trugen den Lokkasten mit zwei Endführerständen sowie dem Maschinenraum in der

Mitte. In jedem Drehgestell sitzt ein Fahrmotor, der über Vorgelegewelle und Kuppelstangen alle drei Achsen antreibt. Nach ersten Probefahrten 1910 entstanden 16 Exemplare der Maschine. Für den Reisezugverkehr eignet sie sich ebenso wie zum Schleppen von Güterzügen. Heute zeigen sich die Maschinen mit einem neuen Lokkasten, den sie Ende der fünfziger, Anfang der sechziger Jahre erhalten haben.

Die 1099 bespannt das Gros der Sonderzüge. Im Nahverkehrsalltag machen sich moderne Triebzüge der Reihen 4090 und 5090 verdient. Für den Museumseinsatz steht zudem die Dampflok Mh 6 bereit. Sie stammt aus den Anfangstagen und zählt zu den Schmalspur-Dampfrössern mit der stärksten Leistung ihrer Zeit. Seit 1993 gehört sie zum Nostalgiefahrzeugbestand der ÖBB. Besonders gern nimmt sie den »Panoramic 760« an den Haken, einen gediegen ausgestatteten Ausflügler-Sonderzug mit Wagenmaterial aus den ersten Betriebsjahren der Mariazellerbahn.

Strecke

Nur kurz begleitet die Schmalspurstrecke in St. Pölten die Regelspurbahn Richtung Salzburg. Dann biegt sie scharf nach Süden ab und strebt schließlich in westlicher Richtung der Pielach zu. In Ober Grafendorf zweigt die Stichstrecke nach Mank ab. Bis Schwarzenbach begleitet die Mariazellerbahn den Fluss in enger Nachbarschaft. Mit wenigen Bögen geht es auf Laubachmühle zu. Dort endet die Talstrecke. Von da an führt der Schienenstrang steil aufwärts. Winterbach und Puchenstuben liegen zwar recht nahe an Laubachmühle, doch muss die Bahn einige Bögen ausfahren, um 270 Höhenmeter zu überwinden. Bevor der Zug im 2368 m langen Gösingtunnel verschwindet, sollte man schnell einen Blick auf den 1177 m hohen Geißenberg linkerhand und die 1276 m hohe Brandmauer rechterhand werfen. In Gösing ist der Scheitelpunkt erreicht. Bis Mitterbach fällt das Niveau von 890 auf 799 m ü. NN, ehe es bis Mariazell wieder auf 849 m ü. NN steigt.

⚠ Wussten Sie, dass …

… die auf der Mariazellerbahn verkehrenden Maschinen der Reihe E die ältesten im Plandienst eingesetzten Elektrolokomotiven der Welt sind? Zur Elektrifizierung wurden sie von Kraus, Linz, geliefert und fahren als Reihe 1099 bis heute.

… die Mariazellerbahn einst zum Gusswerk weiterführte? Auf dem Abschnitt ruhte der Verkehr schon lange, ehe er 2003 von den ÖBB endgültig demontiert wurde.

Sehenswürdigkeiten

Hofkäserei

Seit dem 16. Jh. betreibt die Familie Schweighofer einen Hof, auf dem die Tiere schon zu einer Zeit artgerecht gehalten wurden, als noch niemand davon sprach. Vor Ort wird die Milch zu Käse, Joghurt und anderen Köstlichkeiten verarbeitet. Einer strengen Kontrolle amtlicher Prüfer haben sich die Landwirte freiwillig unterworfen. In der Hofkäserei können Besucher die Spezialitäten verkosten und natürlich erwerben. Für die Kinder werden Stallführungen angeboten.
Halltal 15,
A-8630 Mariazell; Tel./
Fax 00 43/38 82/4533;
naglhof@mariazell.at

Wildführungen

Fachkundige Führungen durch die Wälder rund um Mariazell bietet die promovierte Biologin Veronika Grünschachner-Berger an. Mit etwas Glück entdeckt man neben raren Pflanzen auch seltene Tierarten.
Tel. 00 43/6 76/3 84 45 89;
anderkraeuterin@aon.at

Einkehrmöglichkeit

Goldenes Kreuz

Die Inhaber des Gasthofes bieten eine gutbürgerliche Küche auch für den schmalen Geldbeutel an. Das Restaurant ist in klassischem Stil eingerichtet.
Wiener Str. 7,
A-8630 Mariazell;
Tel. 00 43/38 82/23 09

Hotel Goldenes Kreuz

Nach Pfaffenschlag
Die Ybbstalbahn

Adresse
Pro Ybbstalbahn
Südtirolerplatz 1
A-3340 Waidhofen
Tel. 00 43/74 42/55 68 00
www.ybbstalbahn.at
verein.pro@ybbstalbahn.at

Streckenverlauf

Strecke	Länge in km
▪ Kienberg-Gaming → Gstetten	1,0
▪ Gstetten → Gaming	1,9
▪ Gaming → Pfaffenschlag	8,3
▪ Pfaffenschlag → Holzapfel	3,7
▪ Holzapfel → Lunz	3,3

Betriebszeiten
Die Museumszüge verkehren ganzjährig zu ausgewählten Terminen.
Der Fahrplan der Strecke Waidhofen–Lunz findet sich im ÖBB-Kursbuch in der Tabelle 132.

Geschichte

Erste Pläne, das Tal der Ybbs auf dem Schienenwege zu erschließen, entstanden 1870. Die Wirtschaftskrise nach dem Börsensturz 1873 machte die Hoffnungen zunichte. In den achtziger Jahren nahm man einen erneuten Anlauf. Bis die Verhandlungen abgeschlossen waren, schrieb man das Jahr 1893. 1895 begannen dann die Bauarbeiten für die Strecke mit 760 mm Spurweite. 800.000 Gulden wollte man durch den Verzicht auf die Regelspur sparen. Zwischen 1896 und 1898 ging die durchgehende Linie von Waidhofen nach Kienberg-Gaming in Betrieb. Im Folgejahr fuhr auf der Stichstrecke von Gstadt nach Ybbsitz der erste Zug.

Der höchste Punkt der Strecke lag bei Pfaffenschlag auf 699 m ü. NN. Besonders der Bergabschnitt der insgesamt 71 km langen Ybbstalbahn forderte den Lokomotiven einiges ab. Der Betrieb war anstrengend und aufwändig, die Fahrgastzahlen überzeugten weniger. Zum Sommerfahrplan 1988 stellten die ÖBB denn auch den Betrieb auf der Bergstrecke ein. Nur noch zwischen Waidhofen und Lunz sowie auf der Stichstrecke fahren Züge. Dort findet heute moderner Nahverkehr in annäherndem Taktfahrplan statt.

Um die Bergstrecke kümmern sich dagegen Eisenbahnfreunde. Bereits 1990 nahm die Öster-

NIEDERÖSTERREICH

reichische Gesellschaft für Lokalbahnen (ÖGLB) den Museumsbetrieb auf, nachdem sie die Strecke von den ÖBB übernehmen konnte. 1991 trat der Verein Pro Ybbstalbahn ins Leben. Er schickt nicht nur Sonderzüge auf die Strecke, sondern setzt sich auch für den Erhalt und die Modernisierung der Bahn ein und versucht, für den Fremdenverkehr auf der Schiene zu werben.

Technik

Die ÖGLB hat einen großen Bestand interessanter Schmalspurfahrzeuge in der Spurweite 760 mm zusammengetragen. Besonders attraktiv ist natürlich die Lok Bh 1, die einstmals auf der Ybbstalbahn verkehrte. Der Verein Club 598 restaurierte zudem eine weitere Ybbstalerin, die 1896 von Gölsdorf gebaute Verbundlokomotive 598.01.

Strecke

Die Museumsstrecke beginnt in Kiemberg-Gaming an der Erlauftalbahn, die in Pöchlarn startet. Im Bahnhofsgelände fallen der Wasserturm von 1877 sowie die vierschienige Drehscheibe ins Auge. Gleich hinter dem Bahnhof auf 388 m ü. NN beginnt eine Steigung von 22 ‰. Die Trasse folgt dem beschaulichen Pockaubach. Mit 31 ‰ geht es nunmehr die Abhänge des Zürnerbergs hinauf. Die Haltestelle Gaming liegt hoch über dem Ortskern. Auf dem folgenden Abschnitt beträgt die Neigung wiederum 31 ‰. Linker Hand blickt man auf die große Anlage der gotischen Kartause »Marienthron«. Nach einem kurzen Abschnitt in der Waagerechten, steigt die Trasse dann um 31,5 ‰. Der Zug durchquert gewaltige Felseinschnitte und passiert hoch aufragende Stahlbrücken, deren Konstruktion US-amerikanisch anmutet. In Pfaffenschlag ist der Scheitelpunkt auf 699 m ü. NN erreicht. Die Straße fällt nun schnell, während die Bahnlinie mit mäßigen 20 ‰ dem Ybbstal entgegenstrebt. Die Strecke führt in weiten Bögen an Wiesenhängen entlang. Kurz vor Lunz passiert sie eine steile Felsmauer, ehe sie auf der 23 m langen Brücke den Bodingbach kreuzt.

⚠ Wussten Sie, dass …

… der Volksmund das Stampfen der Dampffrösser lautmalerisch in die Worte kleidete »Mit Sack und Pack nach Pfaffenschlag«?

… das Gebiet des Ybbs- und Erlauftals seit jeher »Eisenwurzen« heißt? Seit dem Mittelalter florierten dort Schmieden und Hammerwerke. Um 1860 begann der Niedergang, der auch die Diskussion um den Bahnanschluss beeinflusste.

Sehenswürdigkeiten

Altstadt Waidhofen
Schmal- und Regelspurbahn treffen in Waidhofen etwas außerhalb des Stadtkerns zusammen. Am Bahnhof befindet sich auch die Zugförderung. Wer mit der Schmalspurbahn in die Gemeinde kommt, steigt besser bereits am Schillerpark aus. Von dort aus ist es ein Katzensprung in die malerische Altstadt. Der mittelalterliche Stadtkern blieb weitgehend erhalten. Prächtige Bürgerhäuser und schön gestaltete Plätze erinnern an die Tage, als der Eisenabbau und natürlich auch die Schmalspurbahn Wohlstand in das Land brachten. Die malerischen Gassen der Stadt laden zum Verweilen, das fußgängerfreundlich ausgebaute Ybbsufer zum Spaziergang ein. Die Flusslandschaft besticht durch eine europaweit einmalige Vielfalt in Fauna und Flora.
Tourismuswerkstatt,
Freisingerberg 2,
A-3340 Waidhofen;
Tel. 00 43/74 42/51 11 12 55;
www.waidhofen.at

Einkehrmöglichkeit

Schloss an der Eisenstraße
Wer wegen des Namens ein Restaurant der gehobenen Preisklasse erwartet, wird angenehm überrascht sein. In den freundlich-hell und neuzeitlich-schlicht ausgestatteten Räumen bekommt man gutes Essen und eine erfreulich niedrige Rechnung serviert.
Schlossplatz 1,
A-3340 Waidhofen;
Tel. 00 43/74 42/5 05

Schloss an der Eisenstraße

Immer unter Dampf
Die Steyrtalbahn

Adresse

Österreichische Gesellschaft für Eisenbahngeschichte (ÖGEG)
Postfach 11
A-4018 Linz
Tel. oo 43/6 64/3 81 22 98
Fax oo 43/72 57/71 02
www.oegeg.at
steyrtalbahn@oegeg.at

Streckenverlauf

Strecke	Länge in km
■ Steyr → Unterhimmel-Christkindl	1,217
■ Unterhimmel-Christkindl → Schloss Rosenegg	1,467
■ Schloss Rosenegg → Pergern	1,525
■ Pergern → Neuzeug	2,613
■ Neuzeug → Letten	1,217
■ Letten → Aschach	1,568
■ Aschach → Sommerhubermühle	2,323
■ Sommerhubermühle → Waldneukirchen	3,522
■ Waldneukirchen → Grünburg	1,241

Betriebszeiten

Saisonauftakt:
Von Anfang Juni an fahren die Museumszüge an jedem Wochenende.
Saisonende:
Der Betrieb läuft bis Ende September. Außerhalb der Saison finden verschiedene Sonderfahrten statt.

Geschichte

Zwischen dem nordwestlichen Ausläufer der Ennstalbahn, der von St. Valentin nach Kastenreith führte, und der Pyhrnbahn Linz–Selzthal entstand um die Wende zum 20. Jh. ein ausgedehntes Schmalspurnetz. Als Erstes ging der Abschnitt Garsten–Grünburg der Steyrtalbahn in Betrieb, auf der erstmals die Spurweite 760 mm genutzt wurde. Bereits 1889 fuhr auf dieser Strecke der Eröffnungszug. Als 1909 der in Agonitz beginnende Schienenstrang sein Ziel, den Ort Klaus erreichte, war das 55 km große Netz vollendet.

Bereits 1933 wurde der Betrieb zwischen Sierning und Bad Hall eingestellt. Zwischen 1967 und 1980 legten die Österreichischen Bundesbahnen dann Schritt für Schritt einzelne Abschnitte still. Im Februar 1982 fuhr auf dem letzten Teilstück der Steyrtalbahn der Abschiedszug.

Immerhin gelang es der ÖGEG, einen 17 km langen Abschnitt dieser Schmalspurbahn am Leben zu halten. Sie übernahm die Strecke Steyr–Grünburg von den ÖBB und richtete 1985 den Museumsbetrieb ein. Zeitlebens waren auf der Steyrtalbahn ausschließlich Dampfrösser unterwegs gewesen. Deswegen gehört die Museumsbahn zu jenen Strecken, die auch heute noch das Originalflair der guten, alten Zeit ausströmen.

Die ÖGEG ist 1974 gegründet worden. Sie betreibt heute neben der Steyrtalbahn auch die Strecke Ampflwang–Timelkam. Zudem schickt sie Nostalgiezüge über ÖBB-Strecken und auch in das Ausland. In Ampflwang baut sie derzeit ein Eisenbahnmuseum auf.

Technik

Die auf der Steyrtalbahn eingesetzten Dampfrösser, unter anderem die Baureihe 699, stammen noch aus dem 19. Jh. Die liebenswerten Maschinchen sind immer wieder gern gesehene Fotomodelle. Auf den Sonderfahrten machen größere Maschinen Betrieb. Eine Nebenbahn-Tenderlokomotive der Reihe 93 – in Österreich bedeutet dies eine Lok mit der Achsfolge 1'D1' – ist ebenso darunter wie eine 44, die übrigens aus Deutschland kommt. Überhaupt nennt die ÖGEG eine Vielzahl deutschstämmiger Maschinen ihr Eigen. Mehrere 50 und 52 repräsentieren die Einheits- und Kriegslokomotiven, die nach der Annexion Österreichs, 1938, in die Alpenrepublik gekommen und zum Teil dort verblieben waren. Zudem erwarb die ÖGEG einige Nachbauten alter Preußinnen, beispielsweise die 638.1301, eine P 8, die in Lizenz beim Hersteller Resita in Rumänien entstand. Eine echte Preußin ist die 657.3459, die einst als 57 3459 bei der Reichsbahn fuhr, die es sie im Zweiten Weltkrieg nach Österreich verschlug. Selbstverständlich gehört auch das »deutsche Krokodil« zum Bestand der ÖGEG. Drei Lokomotiven sicherten sich die Eisenbahnfreunde von der E 94, die in Österreich 1020 hieß.

Strecke

Die Steyrtalbahn führt durch ein liebenswertes Flusstal inmitten des Hochgebirges. Auf dem größten Teil der Strecke verläuft die Trasse direkt an der Steyr. Leider konnte die ÖGEG nur einen Teil der ersten 760-mm-Schmalspurbahn der Alpenrepublik reaktivieren. Auf den 17 km finden sich aber viele Fotostellen, die auch einen Spaziergang entlang der Strecke zum Vergnügen machen.

Wussten Sie, dass ...

... man die Spurweite 760 mm auch als »bosnische Spurweite« bezeichnet? In Bosnien, das damals Teil der österreichisch-ungarischen Doppelmonarchie war, entstand ein Großteil des Bahnnetzes in der schmalen Spur. In der jugoslawischen Epoche der Geschichte Bosniens wurden die Strecken entweder umgespurt oder stillgelegt. Heute gibt es in Bosnien nur noch museal betriebene Schmalspurstrecken.

Sehenswürdigkeiten
Museum der Stadt Steyr
Von dem ziemlich bürokratisch klingenden Namen sollte sich niemand abschrecken lassen. In dem Museum finden sich einmalige Schätze, die mit dem in Heimat- und Stadtmuseen Üblichen nichts – oder wenig zu tun haben. So präsentiert das Steyrer Museum eine Kollektion von rund 500 erstklassig gestalteten Messern aus allen Kontinenten mit Ausnahme Australiens. Originalgetreu wiederhergestellt wurde ein Sensenhammer aus der Zeit von Kaiserin Maria Theresia. Dabei legte man Wert darauf, ausschließlich Bauteile zu verwenden, die mehr als 100 Jahre alt waren.
Grünmarkt 26,
A-4400 Steyr; Tel./
Fax 00 43/ 72 52/57 53 48;
Jan.–März, Nov. Mi–So
10–16 Uhr, Apr.–Okt.
Di–So 10–16 Uhr,
Dez. tgl. 10–16 Uhr

Einkehrmöglichkeit
Landhotel Mader
Die Züge der Steyrtalbahn führen einen Büffetwagen mit. Doch auch in der Steyrer Innenstadt kann man preiswert und gut speisen. Das Restaurant verfügt über mehrere Gasträume. Sie strahlen Gediegenheit aus oder wirken ländlich-rustikal. Platz kann man auch im Arkaden-Innenhof nehmen. Sehenswert ist die Vinothek mit Backsteingewölbe.
Stadtplatz 36,
A-4400 Steyr;
Tel. 00 43/72 52/53 35 80

Über St. Wolfgang
Die Schafbergbahn

Adresse
Schafbergbahn &
Wolfgangseeschifffahrt
Markt 35
A-5360 St. Wolfgang
Tel. 00 43/61 38/2 23 20
Fax 00 41/61 38/22 32 12
www.wolfgangsee
schifffahrt.at
berg.schiff@pv.oebb.at

Streckenverlauf

Strecke	Länge in km
◾ St. Wolfgang → Schafbergalpe	2
◾ Schafbergalpe → Schafbergspitze	6

Betriebszeiten
Saisonauftakt:
Ab Anfang Mai fährt die
Zahnradbahn.
Saisonende:
Das Saisonende ist wetter-
abgängig auf den Zeitraum
Mitte bis Ende Oktober
festgelegt. Bei
Schlechtwetter können
Planzüge wegen zu gerin-
ger Auslastung ausfallen.

Geschichte

Hoch über dem Wolfgangsee thront ein mächtiger Berg, von dem aus man gut in das umliegende Land blicken kann. Zu Beginn des 19. Jh. ließen sich hochgestellte Herrschaften aus Wien und auch andere, die finanziell ausreichend potent waren, von St. Wolfgang aus auf den Schafberg tragen. Schon früh fand der Beruf des Sesselträgers Eingang in die Annalen der Gemeinde. Die Sesselträger bildeten eine Berufsvereinigung, die mit Billigung der Bürgerschaft zum einen mit festen Tarifen und fixen Standplätzen jeglichen Wettbewerb ausschaltete, zum anderen mit strengen Regeln die Sicherheit der Fahrgäste gewährleistete. Etwa 30 Männer besorgten das ebenso anstrengende wie ertragreiche Geschäft. Bei gutem Wetter begann die Schafbergtour in der Dunkelheit. Selbst höchste Herrschaften mussten früh aus den Federn kommen, um den Sonnenaufgang auf dem Gipfel des 1783 m hohen Berges verfolgen zu können. 1836 richtete man auf dem Schafberg eine Schutzhütte ein, die nicht nur bei überraschenden Unwettern aufgesucht wurde. Vielmehr diente sie bald als romantische Übernachtungsmöglichkeit für Bergsteiger jedweder Couleur.

Ab 1892 bekamen die Sesselträger anderes zu schleppen als Menschen, Proviant und Regenschutz. Zwischen St. Wolfgang und der Schafberg-spitze begann der Bau einer Zahnradbahn. Mehr als 350 italienische Fremdarbeiter schufen im Auftrag des Privatunternehmens Stern & Hafferl die kühne Trasse. Maultiere schafften Arbeits- und andere Materialien auf den Berg. In nur einem Jahr gelang es, die Zahnradbahn fertig zu stellen und in Betrieb zu nehmen.

Technik

Aus dem Eröffnungsjahr 1893 sind noch vier Zahnradlokomotiven erhalten. Sie wurden als Reihe 999.100 eingestuft und sind kohlegefeuert. Grundsätzlich stehen sie auf der Talseite, schieben also bei Bergfahrt den aus einem Wagen bestehenden Zug. In dem Vorstellwagen finden 60 Reisende Platz. 100 Jahre jünger sind die Dampflokomotiven der Reihe 999.200. Ja, Sie haben richtig gelesen. Auch Ende des 20. Jh. wurden noch Dampffrösser gebaut. Die mit Leichtöl gefeuerten Lokomotiven bringen zwei Wagen mit zusammen 105 Sitzplätzen sicher den Berg hoch und wieder hinunter. Das taten auch die beiden Dieseltriebwagen der Reihe 5099.00 mit jeweils 75 Sitzplätzen. Sie rationalisierten zwar den Betrieb, wollten aber nicht so recht nostalgische Stimmung aufkommen lassen. Deswegen nahm die Schafbergbahn die Fahrzeuge wieder aus dem Planbetrieb.

Die Strecke ist mit einer Zahnstange des Systems Abt ausgerüstet. Diese verfügt über drei versetzt angeordnete Lamellen, in die drei Zahnräder greifen. Zu jedem Zeitpunkt steckt somit mindestens ein Zahn fest im Untergrund. Es kann also nicht passieren, dass einmal Zahn auf Zahn steht.

Strecke

Auf exakt 5,85 km – die offizielle Kilometrierung weist den Wert 6 aus – überwindet die Zahnradbahn 1188 Höhenmeter. Deswegen verwundert es nicht, dass die Fahrzeit knapp 40 Minuten beträgt. Wer nicht ins Tal hinabblicken möchte, kann während der Fahrt Blumen pflücken.

! Wussten Sie, dass …

… am Wolfgangsee über Jahre hinweg ein deutscher Bundeskanzler Urlaub machte? Alljährlich lud Helmut Kohl Pressefotografen ein, ihn und seine Gemahlin Hannelore dort beim Streicheln oder Füttern von Tieren abzulichten.

… Anfang des 19. Jahrhunderts zahlreiche Maler der Romantik nach St. Wolfgang reisten? Das taten sie natürlich in der Postkutsche.

Sehenswürdigkeiten

Kleefelder Wildpark
Die alpine Tierwelt wartet in Strobl auf Besucher. Oberhalb des Ortes, im Kleefelder Wildpark, kann man bei freiem Eintritt Rotwild, Steinböcken, Bergziegen und anderen Vierbeinern begegnen.
Weißenbach 12,
A-5350 Strobl;
Tel. 00 43/61 37/73 83

Holzbildhauerwerkstatt
Ebenfalls in Strobl lässt sich der Holzbildhauermeister Matthäus Mayrhauser bei der Arbeit zusehen.
Bahnstr. Ecke Moosgasse,
A-5350 Strobl;
Tel. 00 43/61 37/7 52 00;
Juni–Sept. Mi 15–19 Uhr

Puppenmuseum
In der Villa Bachler-Rix in St. Wolfgang präsentiert Margit Bachler-Rix ihre sehenswerte Sammlung von über 300 historischen Puppen. Die meisten sind mehr als 100 Jahre alt.
Josef-Stern-Allee 101,
A-5360 St. Wolfgang;
Tel. 00 43/61 38/23 23;
tgl. 10–12, 14–17.30 Uhr

Einkehrmöglichkeit

Zum Weißen Hirschen
Das rustikal gestaltete Restaurant bietet eine reiche Palette wohlschmeckender Gerichte zu Preisen, wie man sie auch in Gegenden mit weniger Tourismus nicht immer vorfindet.
Markt 73;
A-5360 St. Wolfgang;
Tel. 00 43/61 38/22 38

Restaurant Zum Weißen Hirschen

Auf nach Krimml
Die Pinzgauer Lokalbahn

Adresse
Österreichische Bundesbahnen
Geschäftseinheit Pinzgaubahn
Brucker Bundesstr. 21
A-5700 Zell
Tel. 00 43/65 42/
93 00 03 60
Fax 00 43/65 42/
93 00 03 54
www.schmalspur.at/
pinzgau

Streckenverlauf

Strecke	Länge in km
■ Zell → Bruckberg	3
■ Bruckberg → Fürth-Kaprun	4
■ Fürth-Kaprun → Walchen	5
■ Walchen → Niedersill	4
■ Niedersill → Uttendorf-Stubachtal	6
■ U.-S. → Pirtendorf	3
■ Pirtendorf → Burk	3
■ Burk → Mittersill	1
■ Mittersill → Hollersbach	6
■ Hollersbach → Wenns	4
■ Wenns → Habachtal	4
■ Habachtal → Sulzbachtäler	4
■ Sulzbachtäler → Wald	4
■ Wald → Lahnsiedlung	1
■ Lahnsiedlung → Krimml	2

Betriebszeiten

Nach dem in Tabelle 230 des ÖBB-Kursbuches abgedruckten Fahrplan findet auf der Lokalbahn das ganze Jahr über Betrieb statt.

Geschichte

Wie so viele österreichische Lokalbahnen entstand auch die Strecke entlang der Salzach in der Spurweite 760 mm. Am 2. Januar 1898 nahmen die Kaiserlich-königlichen Staatsbahnen den Betrieb auf. Dies geschah im Auftrag des Eigentümers, einer privaten Gesellschaft. Diese hatte allerdings schwer mit den Unbilden der Natur zu kämpfen. Immer wieder unterspülte oder überschwemmte das lange Zeit im Jahr lieblich dahinströmende Flüsschen den Schienenstrang. 1905 zogen die Gesellschafter die Konsequenzen und traten ihre Bahn mit Wirkung zum 1. Januar 1906 dem Staat ab.

Von Beginn an gehörte der Fremdenverkehr zu den Trägern des Verkehrsaufkommens. Anfangs reisten die Bürger nur sommers in den Pinzgau, später kamen sie auch winters. 1938 gelangte die Schmalspurbahn gar an ihre Kapazitätsgrenze, als massenweise Urlauber und Ausflügler nach Krimml und Umgebung aufbrachen. Im Güterverkehr brachten die 1926 eingeführten Rollwagen Erleichterung, brauchte die Ladung von Regelspurwagen doch nicht mehr umgeladen zu werden. Mit den Gepäcktriebwagen der Reihe 2091 kamen erstmals Dieselfahrzeuge in den Pinzgau. 1998, kurz nach der 100-Jahrfeier, stellten die ÖBB den Güterverkehr wegen vermeintlicher Unwirtschaftlichkeit ein.

Technik

Selbstverständlich bewältigen auch heute noch leistungsstarke Dieseltriebfahrzeuge den Planbetrieb im Krimmler Tal. Die Stütze des Durchgangsverkehrs ist die leistungsstarke Reihe 2095, die Anfang der sechziger Jahre auf die Pinzgauer Lokalbahn kam. 1989 wuchs die Fahrzeugvielfalt um die beschleunigungsstarken Triebwagen der Reihe 5090, welche den Vorortverkehr zwischen Zell und Bruckberg bewältigen. Für den Langstreckeneinsatz nach Krimml fehlen ihnen aber Toiletten. Die ÖBB haben deswegen Beiwagen umgerüstet. Welche Fahrzeuge in Zukunft entlang der Salzach zu sehen sein werden, ist unklar, denn die Auguren sprechen von einem Betreiberwechsel nach einer europaweiten Ausschreibung des Personenverkehrs. Kein Zweifel besteht aber daran, dass auch künftig die 399.01 im Pinzgau anzutreffen sein wird. Die Maschine fuhr einst bei der Mariazellerbahn (→ Seite 128). Nach deren Elektrifizierung bediente sie die Zweigstrecke nach Gresten. In den neunziger Jahren wechselte die Lok für den Traditionsbetrieb an die Salzach.

Strecke

Die Krimmler Bahn zweigt in Zell am See von der Giselabahn Wörgl–Schwarzach-St. Veit ab. Wenige Meter verlaufen Regel- und Schmalspurgleise nebeneinander. Dann schwenkt die Lokalbahn auf strammen Westkurs. Links erscheint langsam die Salzach, welche die Strecke zwischen Walchen und Niedernsill erreicht. Fortan bilden Fluss und Bahn ein Paar. Bei Uttendorf mündet linkerhand das Stubachtal in das Krimmler Tal. Später kommt das Habachtal an die Reihe. Der Stationsname verrät's. Die Bezeichung Sulzbachtäler ist darauf zurückzuführen, dass oberhalb des gewaltigen Sulzbachfalls zwei Wasser führende Täler das Gebirge gen Süden durchschneiden, das Unter- und das Obersulzbachtal. Kurz vor Krimml beginnt der einzige steilere Abschnitt der Linie. Mit 25 ‰ erklimmen die Züge zwischen Wald und Krimml knapp 60 Höhenmeter.

⚠ Wussten Sie, dass ...

... immer wieder Gastfahrzeuge in den Pinzgau reisen? 2003 gab sich die 699.103 der Österreichischen Gesellschaft für Eisenbahngeschichte die Ehre und bespannte gut zwei Monate lang die Dampfbummelzüge nach Krimml.

... schon öfter über eine Verlängerung der Pinzgauer Lokalbahn debattiert wurde? Sämtliche Diskussionen verliefen im Sande.

Sehenswürdigkeiten

Krimmler Wasserfälle
Wer die Pinzgauer Lokalbahn besucht, sollte sich die Krimmler Wasserfälle nicht entgehen lassen. Sie schießen südlich der Gemeinde zu Tal und sind auch für Ortsunkundige nicht zu verfehlen. Ein Naturspektakel dieser Art und Klasse gibt es ansonsten in Europa nur höchst selten zu bewundern.

Nationalpark Hohe Tauern
Südlich der Pinzgauer Lokalbahn erstrecken sich die Hohen Tauern mit zahlreichen Zwei- und Dreitausendern. Die Wiener Regierung erklärte das Gebiet zum Nationalpark. Eingriffe in die Natur sind deswegen auf das absolut Notwendige beschränkt. Es führen auch kaum Straßen in den Park. Seilbahnen und Sessellifte gibt es überhaupt nicht. Besucher müssen sich die Berge selbst erschließen – zu Fuß. Doch Berge wie der 2420 m hohe Breitkopf oder der 2024 m messende Krautgarten liegen nahe der Bahn, über die sie gewissermaßen wachen. Der Blick von den Gipfeln lohnt sich allemal.
www.krimml.at

Einkehrmöglichkeit

Grüner Baum
Äußerst preisgünstig kann man inmitten der Zeller Fußgängerzone essen. Der »Grüne Baum« ist in einem gemütlichen Wirtshausstil eingerichtet.
Seegasse 1, A-5700 Zell;
Tel. 00 43/65 42/77 10

Nationalpark Hohe Tauern

Unter'm Kanisfluh
Die Bregenzerwaldbahn

Adresse
Verein Bregenzerwaldbahn
A-6941 Langenegg 39
Tel. 00 43/6 64/4 66 23 30
Fax 00 43/55 13/6 19 24
www.waelderbaehnle.at
info@waelderbaehnle.at

Streckenverlauf

Strecke		Länge in km
■	Bezau → Reuthe	1,767
■	Reuthe → Schwarzenberg	3,236

Betriebszeiten
Saisonauftakt:
Mitte Mai nimmt das Wälderbähnle seinen Betrieb auf. An allen Wochenenden und Feiertagen herrscht Dampf- oder Dieselbetrieb.
Saisonende:
Mitte Oktober klingt die Saison aus. Allerdings finden bis in den Dezember hinein Sonderfahrten statt.

Geschichte

Der Gedanke, den Bregenzerwald auf der Schiene zu erschließen, kam früh auf. Noch ehe die Staatsbahnstrecke vom bayerischen Lindau in die Vorarlberger Hauptstadt Bregenz eröffnet wurde, regte ein Komitee den Bau einer Pferdebahn von Bregenz nach Au an. Das Vorhaben zerschlug sich. 1891 dann lag im Wiener Ministerium das Ersuchen für eine mit Dampf betriebene Eisenbahn von Bregenz nach Bezau vor. Bis zum Baubeginn verstrichen neun Jahre. Wie viele österreichische Nebenbahnen entstand auch die Bregenzerwaldbahn in der Spurweite 760 mm. Nach der Inbetriebnahme der Strecke am 15. September 1902 dachte man über eine Verlängerung bis Schoppernau nach. Als dann der Erste Weltkrieg ausbrach, fehlte das Geld für die Realisierung.

Bereits 1936 lag den zuständigen Stellen der erste Antrag vor, die Bregenzerwaldbahn wegen Unrentabilität stillzulegen. Doch das Wälderbähnle fuhr weiter, allerdings ab 1937 mit Diesel- statt Dampfbespannung. Dampfrösser kehrten erstmals 1974 auf die Strecke zurück, als während der Sommermonate Dampfbummelzüge Bregenz und Bezau verbanden. Der Fahrgastzahlen konnten sich sehen lassen und die Sonderzüge blieben bis 1980 im Programm. In jenem Jahr ging ein Fels bei Kennelbach auf die Strecke nieder. Die ÖBB nutzten die Chance, die defizitäre Bahn loszuwerden; sie verzichteten einfach auf die notwendige Reparatur. Fünf Jahre später erteilte der Landeshauptmann, also der Regierungschef von Vorarlberg, die Genehmigung zur Stilllegung. Im gleichen Jahr trat der Verein Bregenzerwaldbahn-Museumsbahn ins Leben, der 1987 den Betrieb aufnahm. Gewaltige Rückschläge prägten die Vereinsgeschichte. So zerstörte das Hochwasser 1999 einen Teil der Strecke. Doch gelang der Wiederaufbau, sodass bis heute Dampfwolken über dem Wälderbähnle aufziehen.

Technik

Star der Schiene ist natürlich die U 25, die den Namen »Bezau« trägt. Von 1902 bis 1938 war sie mit Unterbrechungen in Bregenz stationiert. 1992 holten die Eisenbahnfreunde sie vom Denkmalsockel. Die Werkstatt der Zillertalbahn (→ Seite 144) restaurierte die 24,1 t schwere Lok mit drei angetriebenen Achsen. Ebenfalls drei gekuppelte Achsen hat die vom Verein Gurktalbahn gekaufte Uh 102 von 1931. Sie war die letzte in der Floridsdorfer Lokfabrik hergestellte Schmalspurmaschine. 2002 wurde sie zur Hundertjahrfeier der Bregenzerwaldbahn offiziell in Betrieb genommen. Den Dieselbetrieb repräsentiert die 1091.08. Lokomotiven ihres Typs schleppten ab 1937 Züge zwischen Bregenz und Bezau. Die 23 t schweren Fahrzeuge wurden von der leistungsstärkeren Reihe 2095 abgelöst.

Strecke

Der Museumsbetrieb beginnt in Bezau und endet in Bersbuch. Nach Bregenz kommen die Schmalspurzüge nicht. Zu Beginn der Reise wacht der Kanisfluh über die Bahn, einer der markantesten Berge der Gegend. In Reuthe lohnt der Blick auf das Stationsgelände mit dem liebevoll gepflegten Blumenschmuck. Wenig später begleitet die Bregenzerache den Schienenstrang. Man glaubt es kaum, dass der liebliche Bach manchmal zu einem reißenden Strom anwachsen kann.

⚠ Wussten Sie, dass …

… die Bregenzerwaldbahn mit den Diessellokomotiven D 1 und D 2, genannt »Hilde« und »Margreth«, auch zwei deutsche Maschinen besitzt? Lok »Hilde« schleppte die Museumszüge in der Anfangsphase und macht sich heute vor Schneeräumzügen verdient. Lok »Margreth« löste »Hilde« im Alltagsdienst ab, nachdem deren Leistungen für die schwereren Züge nicht mehr ausreichten.

Sehenswürdigkeiten

Bergbahnen Bezau
Von Bezau aus führt eine Seilbahn auf die Berge, welche über die Gemeinde wachen. Sowohl vom Sonderdach als auch vom Baumgarten aus hat man eine gute Sicht und kann ausgedehnte Wanderungen durch das Bergland beginnen. Zahlreiche Wege sind ausgewiesen. Der Sonderdacher Rundweg weist kaum Höhenunterschiede auf. In einer Stunde blickt man über Bezau, Bizau und Reuthe. Der Panoramarundweg von Baumgarten über die Niedere Alpe und Niedere Mulde lässt sich in etwa anderthalb Stunden bewältigen. Mit fünf Stunden Fußweg etwas anstrengender ist der Weg von Baumgarten über Wildmoos, Stongen und Schreibere nach Schönebach. Besonders attraktiv sind die Fahrpreise für Familien: Nur ein Kind braucht einen Fahrschein, die übrigen fahren gratis mit.
Bergbahnen Bezau, Postfach 5, A-6870 Bezau;
Tel. 00 43/55 14/22 54;
www.bergbahnen-bezau.at

Einkehrmöglichkeit

Das Wirtshaus
Der Name untertreibt. »Das Wirtshaus« ist keine Kneipe, sondern ein Gasthof mit gutbürgerlicher Küche. Das Ambiente überzeugt, die Preise sind maßvoll. Das Wirtshaus gehört zur etwas teureren »Gourmetstube« und bietet nur Mittagessen an.
Platz 44, A-6870 Bezau;
Tel. 00 43/55 14/22 20

Bezau im Bregenzerwald

Tiefes Tal
Die Montafonerbahn

Adresse
Montafonerbahn
Bahnhofstr. 15 a & b
A-6780 Schruns
Tel. 00 43/55 56/90 00
Fax 00 43/55 56/7 27 89
www.montafonerbahn.at
offiuce@montafonerbahn.at

Streckenverlauf

Strecke	Länge in km
■ Bludenz → Bludenz-Moos	2
■ Bludenz-Moos → Brunnenfeld	1
■ Brunnenfeld → Lorüns	2
■ Lorüns → St. Anton	2
■ St. Anton → Vandans	2
■ Vandans → Kaltenbrunnen	2
■ Kaltenbrunnen → Tschagguns	1
■ Tschagguns → Schruns	1

Betriebszeiten
Die Montafonerbahn fährt ganzjährig nach dem in der Tabelle 420 des ÖBB-Kursbuches abgedruckten Fahrplan. Sonderzüge kommen zu ausgewählten Terminen auf die Strecke.

Geschichte
Eine Zweiglinie der Arlbergbahn Bregenz–Innsbruck führt von Bludenz aus in das Montafon. Zwischen 1869 und 1872 von der Kaiserlich königlich privilegierten Vorarlbergbahn erbaut, gehört sie seit 1926 einer selbstständigen Gesellschaft. Die Arlbergbahn ging dagegen in den Bundesbahnen auf. Von Beginn an fuhren die Züge elektrisch in das Montafon. Die Fahrleitung führte 800 V Gleichspannung. Das ging so lange gut, wie auf der Arlbergbahn Dampfrösser schnauften. Nach der Elektrifizierung der Hauptstrecke bissen sich Wechsel- und Gleichstrom. Zunächst schleppten Dampflokomotiven die Gleichstromfahrzeuge im Bludenzer Bahnhof. Dies war aber reichlich umständlich. Ab 1926 setzte die Montafonerbahn daher Akkumulatorenfahrzeuge ein. Erst 1972 entschloss sie sich, das mitteleuropäische Stromsystem einzuführen, also Einphasen-Wechselstrom mit 15 kV Spannung und 16,7 Hz Frequenz.

Technik
Eisenbahnfreunde schätzen natürlich besonders den Einsatz der 178.84 mit ihrer historischen Wagengarnitur. Doch ebenso wie die Dampflokomotive ziehen die beiden 1045 die Blicke auf sich, Vorkriegs-Elektrolokomotiven, welche die Monta-

fonerbahn 1980 von den ÖBB erworben hat. Dies geschah übrigens nicht so sehr mit Blick auf den musealen Einsatz. Vielmehr schickte die Montafonerbahn die Veteraninnen vor Planzügen auf die Strecke. Aus der Schweiz kam in den neunziger Jahren ein NPZ-Triebzug in das Montafon, der bis heute den Regelbetrieb bewältigt. Sicher wird die rührige Bahngesellschaft auch in Zukunft das eine oder andere interessante Fahrzeug gebraucht beschaffen, zur Freude der Bahnliebhaber.

Strecke

Entlang der Ill führt die Montafonerbahn in südöstliche Richtung nach Schruns. Ein Stück weit begleitet sie die Hauptbahn in Richtung Innsbruck. Am Stadtausgang schwenkt die Arlberglinie nach Osten, während die Montafonerbahn gleich in der ersten, noch von der ÖBB-Strecke tangierten Ortschaft Brunnenfeld Station macht. Kurz vor Lorüns überquert der Schienenstrang das erste Mal die Ill, gleich hinter Lorüns das zweite Mal. Danach bleibt der Fluss auf der rechten Seite, auch wenn dadurch ein Bahnhof jenseits eines Ortes liegt. In Vandans ist das der Fall. Um zum Bahnhof zu gelangen, müssen die Bewohner die Ill überqueren. Vor Vandans grüßt von links die 1881 m hohe Davenna die Reisenden und rechterhand der sich auf 2449 m erhebende Große Valkastiel. Auf Höhe von Tschagguns verlässt die Montafonerbahn die Ill und beschreibt einen leichten Linksbogen. Die Siedlungsgebiete von Tschagguns und dem östlich gelegenen Schruns gehen nahtlos ineinander über. Das Montafonertal ist in Tschagguns/Schruns aber noch lange nicht zu Ende. Vielmehr reicht das Wintersportparadies weitere zwölf Kilometer tief bis Partenen in die Berge hinein. Von dort kann, wer will, in das schweizerische Klosters wandern. Die Rückfahrt gestaltet sich allerdings etwas umständlich, gilt es doch, bis Schruns Züge der Rhätischen Bahn, der SBB, der ÖBB und der Montafonerbahn zu benutzen, also mindestens dreimal umzusteigen – in Landquart, Buchs und Bludenz.

❗ Wussten Sie, dass …

… nach dem Zweiten Weltkrieg italienische Elektrolokomotiven in Feldkirch an der Arlbergbahn standen? Da man in Italien mit Gleichstrom fährt, konnten sie in Österreich nie eingesetzt werden. Warum sie dennoch überführt wurden, ist bis heute unbekannt.

… im Montafon seit dem 14. Jh. Silbervorkommen ausgebeutet wurden?

Bludenz

Hoch zum Schiff
Die Achenseebahn

Adresse
Achenseebahn
A-6200 Jenbach
Tel. 00 43/52 44/6 22 43
Fax 00 43/52 44/62 24 35
www.achenseebahn.at
achenseebahn@netway.at

Streckenverlauf

Strecke	Länge in km
■ Jenbach → Burgeck	1
■ Burgeck → Eben	3
■ Eben → Maurach	1
■ Maurach → Achensee	2

Betriebszeiten
Saisonauftakt:
Ende Mai beginnt die
Hauptsaison der
Achenseebahn mit einem
verdichteten Fahrplan
Saisonende:
Ende September findet ein
weiterer Fahrplanwechsel
statt. Während der
Nebensaison verkehren
weniger Planzüge.

Geschichte

Nördlich von Jenbach erstreckt sich der Achensee, der seit jeher zu den beliebten Ausflugszielen zählte. Seine Fläche erstreckt sich über neun Kilometer in der Länge und einen Kilometer in der Breite. Taucher stoßen in bis zu 133 m Tiefe auf den Grund. Steile Berghänge begrenzen den Binnensee nach praktisch allen Seiten. Nur im Norden besteht ein kleiner Ausgang, durch den der anschließende Fluss seinen Weg zur Isar nimmt. Von Jenbach aus gilt es 440 m zu erklimmen, weshalb schon recht früh an den Bau einer Bahn gedacht wurde.

Diese musste natürlich über einen Zahnradantrieb verfügen. Die Erbauer wählten das bewährte System Riggenbach mit den einreihigen Lamellen, in die das Zahnrad der Lokomotive greifen kann. Im September 1888 begannen die Bauarbeiten. Rechtzeitig zu Sommerbeginn 1889 fuhr am 6. Juni der erste Zug auf der Meterspurstrecke, die ohne große Kunstbauten wie Tunnels und Brücken auskommt. Seitdem hat sich auf der Achenseebahn eigentlich nicht viel verändert.

Technik

Bis heute bewältigen die zur Betriebsaufnahme beschafften Dampflokomotiven den Zugverkehr. Es handelt sich um Nassdampflokomotiven mit zwei angetriebenen Achsen und Zahnradtriebwerk. Hergestellt wurden sie von der Lokomotivfabrik Floridsdorf nach Plänen der Maschinenfabrik Esslingen. 5,65 m messen sie über Puffer. Mit gut 18 t bringen sie insgesamt weniger Gewicht auf die Schienen als die meisten moderneren Lokomotiven mit nur einer Achse. Anfangs gab es vier Maschinen, heute noch drei. Sie wurden 1986 grundlegend überholt und für die Zukunft gerüstet. Vor kurzem entstand als vierte eine typengleiche Neubaulok. Die 10,3 m kurzen Reisezugwagen haben offene Plattformen. Die Aufbauten entstanden aus Holz. In jedem der rot/weiß gestrichenen Wagen finden 55 Ausflügler Platz. Die Abteile sind von außen zugänglich. Auf dem Trittbrett kann der Zugführer während der Fahrt von Abteil zu Abteil balancieren. Angesichts einer Geschwindigkeit von rund 8 km/h braucht man sich aber um seine Sicherheit keine Sorgen zu machen.

Strecke

Die Achenseebahn beginnt an der Nordseite des Jenbacher Bahnhofs. Zunächst schiebt die Dampflok den Zug. Das ist aus Sicherheitsgründen notwendig. Etwa 300 m hinter dem Bahnhof beginnt die Zahnradstrecke. Schon bis Burgeck müssen die kleinen Lokomotiven einiges leisten. Dahinter beginnt der mit 160 ‰ am stärksten geneigte Abschnitt. Im Durchschnitt beträgt die Neigung 130 ‰. Entsprechend viel Dampf stoßen die Maschinen aus. Die Fahrgäste blicken derweil in das Inntal, auf die Stubaitaler und bald auch auf die Zillertaler Alpen. Die Strecke verläuft mal durch dichten Mischwald, mal an saftig grünen Almwiesen vorbei. In Eben, einer Kreuzungsstation, ist für die Lokomotive das Schlimmste überstanden. Sie kuppelt ab und setzt sich an die Spitze des Zuges, der fortan gemütlich einige Meter zu Tale fährt. Kurz nach dem Zwischenhalt in Maurach rückt der Achensee, der größte Bergsee Tirols, in das Blickfeld. Die Bahn begleitet ihn ein Stück weit bis zur Schiffsanlegestelle. Einen Ort Achensee gibt es nicht. Der Endbahnhof sieht nur Umsteigerverkehr.

❗ Wussten Sie, dass …

… die Kapitäne der Achenseeschifffahrt stets das Eintreffen der Zahnradzüge abwarten? Umgekehrt gilt natürlich, dass auch die Lokführer den Regler erst betätigen, wenn alle Mann von Bord und im Zug sind.

… die Lokomotiven der Achenseebahn die ältesten, bis heute fahrplanmäßig eingesetzten Zahnradlokomotiven der Welt sind?

Posthotel Achenkirch

Südlich des Inn
Die Zillertalbahn

Adresse
Zillertaler Verkehrsbetriebe
Austr. 1
A-6200 Jenbach
Tel. 00 43/52 44/60 60
Fax 00 43/52 44/6 06 39
www.zillertalbahn.at
office@zillertalbahn.at

Streckenverlauf

Strecke	Länge in km
Jenbach → Rotholz	2
Rotholz → Straß	2
Straß → Schlitters	3
Schlitters → Gagering	2
Gagering → Fügen-Hart	2
Fügen-Hart → Kapfing	1
Kapfing → Uderns	2
Uderns → Ried	3
Ried → Kaltenbach-Stumm	1
Kaltenbach-Stumm → Aschau	4
Aschau → Erlach	2
Erlach → Zell	2
Zell → Ramsberg-Hippach	3
Ramsberg-Hippach → Bühel	1
Bühel → Mayrhofen	3

Betriebszeiten
Die Zillertalbahn fährt ganzjährig. Der Fahrplan steht im ÖBB-Kursbuch – Tabelle 310. Im Juli und August fahren Dampf-Sonderzüge.

Geschichte

Gleise gleich dreier Spurweiten befinden sich im Bahnhof Jenbach. Auf der Inntallinie verkehren Züge auf der Regelspur. Richtung Norden zweigt die meterspurige Achsenseebahn ab (→ Seite 142), Richtung Süden die Zillertalbahn. Sie nutzt Gleise der »bosnischen Spur«, also 760 mm. Der Grund dafür lag in der Sparsamkeit der Wiener Ministerialen. Schmalspurbahnen zu erbauen, war schon immer billiger als die Erstellung von Regelspurstrecken. Auf den Gedanken, dass eines Tages vielleicht Reise- oder Güterzüge aus Innsbruck in Jenbach auf die Nebenstrecken wechseln könnten, kam Ende des 19. Jh. offenbar niemand. Billiges Personal gab es reichlich, beispielsweise zum Umladen von Gütern. Warum sollte man also in eine teure Strecke investieren?

Mit zwei Lokomotiven begann am 31. Juli 1902 der Betrieb, also gerade noch rechtzeitig in der Sommersaison. Die Bahn entwickelte sich zum bedeutenden Verkehrsträger der Gegend. Trotzdem hätte sie beinahe 1956 der Straße weichen müssen. Der Bau eines Speicherkraftwerkes im hinteren Zillertal rettete sie. 325.000 t Zement gelangten auf schmaler Spur an ihren Bestimmungsort. Die Stilllegungspläne sind längst vom Tisch. Mit fantasievollen Aktionen, in denen sich nicht selten eine gehörige

Portion Selbstironie verbirgt, macht die Zillertalbahn auf die Schmalspurstrecke aufmerksam.

Technik

Gleich zwei Dampfrösser blieben aus den Anfangstagen der Zillertalbahn erhalten, die 1900 gebaute Lok »Zillertal« und die »Tirol«, die zwei Jahre später die Fabrikhallen verließ. Beide haben sie die Achsfolge C1'. Handelt es sich bei der »Zillertal« um eine Maschine mit einfacher Dampfdehnung, verfügt die »Tirol« über ein Verbundtriebwerk. 114 kW Leistung stehen denn auch 141 kW gegenüber. Beide Lokomotiven schleppen besonders gern Sonderzüge. Bei 35 km/h Höchstgeschwindigkeit kommt die passende, nostalgische Stimmung auf. Deutlich schneller sind die moderneren Diesellokomotiven der Zillertalbahn. Auf 50 km/h bringen es die D 8 und D 9, auf gar 60 km/h die D 10. Erstere beide haben vier, fest im Rahmen gelagerte Achsen, also die Achsfolge D. Die D 10 hat zwei Drehgestelle mit einzeln angetriebenen Achsen – Bo'Bo', lautet das Kürzel. Bei Diesellokomotiven mit Strömungsgetriebe kommt der Einzelachsantrieb relativ selten vor. Die Zillertalbahn bietet eben das Besondere.

Strecke

Über gut 800 m erstrecken sich die Anlagen der Zillertalbahn in Jenbach. Damit ist der Zillertalbahnhof durchaus der Ausgangsstation einer regelspurigen Strecke, vielleicht sogar einer eingleisigen Hauptbahn ebenbürtig. Kurz hinter dem Bahnhof quert die Trasse den Inn. Über Rotholz und Straß pirschen sich die Schienen an den Ziller heran, dem sie fortan mehr oder weniger eng angelehnt folgen. Bei Ried überquert die Bahn den von rechts kommenden Riedbach, der links in den Ziller mündet. Auf beiden Seiten des Wagens bekommen die Reisenden also etwas zu sehen. Hinter Erlach taucht der Ziller dann auf einmal am rechten Fenster auf. 50 m misst die Brücke über den Fluss. Zwischen Ramsberg-Hippach und Bühel müssen die Züge auf 1,3 Streckenkilometern 20 Höhenmeter erklimmen.

! Wussten Sie, dass …

… die Zillertaler Verkehrsbetriebe auch ein bedeutendes Busunternehmen sind? 30 moderne Fahrzeuge stehen für den Linien- wie Ausflugsverkehr bereit. Der Busverkehr wurde 1956 aufgenommen.

… die Zillertalbahn eine Aktiengesellschaft ist? Die Mehrzahl der Anteile gehören Zillertaler Gemeinden, deren Bürger natürlich stolz von ihrer Bahn sprechen.

Sehenswürdigkeiten

Mineralien und Kristalle
Rutilglitter, Zepterquarze, Adulare mit Calcit, Amethyste und andere Kostbarkeiten aus den Zillertaler Alpen präsentiert die Familie Mitterer in einem kleinen Museum.
Persal 204,
A-6292 Finkenberg;
Tel. 00 43/52 85/6 20 89;
Führungen nach Anmeldung

Tierpark Hainzenberg
Tiere der Alpenwelt zeigt der Hainzenberger Tierpark in natürlicher Umgebung.
Hainzenberg,
A-6280 Zell;
Tel. 00 43/52 82/48 20;
tgl. 9–18 Uhr

Goldschauergwerk
An die Goldfunde im Zillertal erinnert das Zillertaler Goldschauergwerk.
Hainzenberg,
A-6280 Zell;
Tel. 00 43/52 82/48 20;
tgl. 9–17 Uhr

Einkehrmöglichkeit

Wirtshaus zum Griena
Der Gasthof mit dem wohlklingenden Namen befindet sich in einem über 400 Jahre alten, denkmalgeschützten Holzhaus am Endpunkt der Bahn. Gemütliche, holzgetäfelte kleine Stuben laden zum Verweilen ein. Für das gediegene und trotzdem familiäre Ambiente zahlt man Preise, die es verdienen, ebenfalls unter Denkmalschutz gestellt zu werden.
Dorfhaus 763,
A-6290 Mayrhofen;
Tel. 00 43/52 85/6 27 78

Bergstraßenbahn
Die Stubaitalbahn

Adresse
Innsbrucker
Verkehrsbetriebe
Pastorstr. 5
A-6010 Innsbruck
Tel. 00 43/5 12/5 30 70
Fax 00 43/5 12/5 30 71 10
www.ivb.at
office@ivb.at

Streckenverlauf

Strecke	Länge in km
Innsbruck Hbf → Stubaitalbahnhof	2
Stubaitalbahnhhf → Sonnenburgerhof	4
Sonnenburgerhof → Gärberbach	1
Gärberbach → Hölltal	1
Hölltal → Natters	1
Natters → Burgstall	0,5
Burgstall → Mutters	0,5
Mutters → Birchfeld	0,5
Birchfeld → Nockhofweg-Muttereralmbahn	0,5
N. M. → Raitis	1
Raitis → Feldeler	0,5
Feldeler → Außerkreith	0,5
Außerkreith → Kreith	1
Kreith → Brandeck	1
Brandeck → Telfer-Wiesen	1
Telfer-Wiesen → Luimes	2
Luimes → Telfes	1
Telfes → Fulpmes	1

Betriebszeiten
Die Stubaitalbahn fährt ganzjährig. Ihr Fahrplan steht im ÖBB-Kursbuch in der Tabelle 320.

Geschichte
Schon früh bemühten sich die Gewerbetreibenden im Stubaital südlich von Innsbruck um einen Anschluss an die weite Welt der Eisenbahn. Schließlich versprach der Schienenweg, neue Absatzgebiete erobern zu können. Mehrere Projekte blieben auf dem Papier stehen. Schließlich gelang es, 1904 die Strecke in Betrieb zu nehmen. Vom ersten Tag an fuhren elektrische Fahrzeuge.

Schuld daran war die AEG. Diese wollte den neuen Eichberg-Winter-Motor in der Praxis erproben und finanzierte die Elektrifizierung der Strecke. 2500 V betrug die Spannung, 42,5 Hz die Frequenz. 1926 stellte man die Stromversorgung auf die etwas üblicheren 3000 V und 50 Hz um. Einschneidender war die Änderung 1983. Nachdem die Stubaitalbahn gebrauchte Straßenbahnwagen aus Hagen erwerben konnte, schickte sie mit einem Schlag die Altbaufahrzeuge auf das Altenteil. Die Hagener Wagen fuhren mit 800 V Gleichstrom. Mit der neuen Fahrenergie konnten die alten Züge natürlich nichts anfangen.

Technik
Trotz der Modernisierung strahlt die meterspurige Stubaitalbahn einen herrlich nostalgischen Charme aus. Die Straßenbahn-Gelenktriebwagen ähneln

den nicht nur bei Straßenbahnfreunden äußerst beliebten Duewag-Großraumwagen aus den fünfziger Jahren. Lediglich die eckigen Signallampen dürften etwas Stirnrunzeln hervorrufen, passen sie doch überhaupt nicht zu den Rundungen der aus den fünfziger Jahren stammenden Fahrzeuge.

Strecke

Die Stubaitalbahn beginnt am Innsbrucker Hauptbahnhof. Auf dem Gebiet der Tiroler Landeshauptstadt halten die Züge bis zur Station Stubaitalbahnhof an allen Haltestellen der Straßenbahnlinie 1 – eine positive Folge der Stromumstellung von 1983. Mit 45 ‰ Neigung geht es hinter dem früheren Ausgangspunkt der Schmalspurbahn bergauf. Um an Höhe zu gewinnen, durcheilen die Züge einen 158 m langen Kehrtunnel. Bis zur ersten größeren Ortschaft, Natters, muss der Zug sich durch mehrere enge Bögen zwängen. Hohe Geschwindigkeiten erreicht er angesichts dessen nicht. Für die 18 km lange Bergstrecke braucht die Stubaitalbahn gut eine Dreiviertelstunde. Die straßenverkehrsmäßige Reisegeschwindigkeit wird allerdings durchgehend auf eigenem Bahnkörper erzielt; kein Auto kommt der Bergstraßenbahn in die Quere.

Hinter Natters beschreibt die Strecke kurz nacheinander zwei Kehrschleifen, schaut also quasi aus wie eine aufgeklappte Acht. Die zweite größere Gemeinde, Mutters, folgt wenig später. Nach einer weiteren Kehre erreicht der Zug die Station Nockhofweg-Muttereralmbahn. Die Bergbahn führt auf den 2097 m hohen Pfriemeskogel. Der Mutterer Tunnel misst 150 m Länge, der anschließende Viadukt über den Mutterer Graben 82 m. Das imposanteste Bauwerk der Bahn findet sich hinter Kreith, der 110 m lange Klausgrabenviadukt. Dessen Träger ruhen auf Stahlfachwerkstützen. Somit erinnert die Brücke an die US-amerikanischen Trestlework-Brücken, die allerdings aus Holz gezimmert werden. In Luimes ist der Scheitelpunkt auf 1007 m ü. NN erreicht. Danach sinkt das Niveau wieder um 71 m. Vor Fulpmes entstand eine weitere Doppelschleife.

❗ Wussten Sie, dass …

… der erste Schmalspur-Schienenbus 1926 im Stubaital fuhr? Das eigens beschaffte Fahrzeug sollte Ausflügler befördern und war offen. Die potentiellen Kunden akzeptierten den Bus nicht, weshalb er noch im selben Jahr nach gerade einmal 134 km Laufleistung abgestellt wurde.

… die Stubaitalbahn nach Matrei weiterführen sollte? In Fulpmes hätten die Reisenden allerdings umsteigen müssen.

Sehenswürdigkeiten

Schmiedemuseum Fulpmes
Im Riedlhaus in Fulpmes entstand ein sehenswertes Museum, das an die Zeiten erinnert, als Wasserkraft noch Schmiedehämmer antrieb. Das Arbeitsgerät der alten Riedlschmiede stammt von 1836 und verblieb bis heute weitgehend im Originalzustand. Es ist einsatzfähig.
Fachschulgasse,
A-6166 Fulpmes;
Tel. 00 43/52 25/69 60 24;
Mai–Sept. Mi 14–17 Uhr

Greifvogelpark Telfes
Wer einmal europäische Greifvogelarten in natürlichem Lebensraum ganz, wenn auch nicht zu nahe kommen möchte, der besuche den Greifvogelpark in Telfes. Während der Führung erfahren die Besucher alles über die Lebensweise der großen Vögel und ihre vielfältigen Aufgaben in freier Wildbahn.
Luimes, A-6166 Telfes;
Tel. 00 43/52 25/6 41 26;
Mitte Mai–Okt. tgl. Führung um 15 Uhr

Einkehrmöglichkeit

Dorfkrug
Unweit des Bahnhofs von Fulpmes lädt ein alpenländischer Gasthof zum gepflegten Mahl. An das bürgerlich gestaltete Restaurant schließt sich ein eigenes Café an. Das Preisniveau ist äußerst familienfreundlich.
Bahnhofstr. 10,
A-6166 Fulpmes;
Tel. 00 43/52 25/6 24 88

Greifvogelpark Telfes

Im Grazer Vorland
Der Stainzer Flascherlzug

Adresse
Tourismusbüro Stainz
A-8510 Stainz
Tel. 00 43/34 63/45 18
Fax 00 43/34 63/4 51 84
www.stainz.at
info@schilcherland.com

Streckenverlauf

Strecke	Länge in km
■ Stainz → Herbersdorf Ölmühle	3,2
■ Herbersdorf Ölmühle → Neudorf	1,8
■ Neudorf → Kraubath	1,2
■ Kraubath → Preding-Wieselsdorf	5,2

Betriebszeiten
Saisonauftakt:
Im Mai beginnt der Betrieb
des Flascherlzuges. Bis
August fährt er an Wochen-
enden und Feiertagen um
15 Uhr ab Stainz. Im Sep-
tember und Oktober gibt es
sogar einen erweiterten
Fahrplan mit einer Fahrt um
9 Uhr. Sonntags und an
Feiertagen dampft der Zug
zudem um 12 Uhr ab Stainz.
Saisonende:
Ende Oktober rollen die
Fahrzeuge in das Depot.

Geschichte

Rund 20.000 Fahrgäste nutzen jedes Jahr die reizvolle Museumsbahn, die im Bahnhof Preding-Wieselsdorf von der Strecke Graz–Lieboch–Wies-Eibis-
wald der Graz-Köflacher Eisenbahn abzweigt. 1892
ging die Lokalbahn nach Stainz in Betrieb. Mit zunächst zwei, ab 1900 drei Zwischenstationen erschloss sie das Tal des Stainzbaches. Wirtschaftlich
interessant war das Verkehrsaufkommen allerdings
nie, im Gegenteil. Schon nach dem Ersten Weltkrieg
geriet die Bahn in Schwierigkeiten und stellte 1932
den Betrieb ein. Im Folgejahr fuhren auf Betreiben
der Gemeinde Stainz wieder Güterzüge auf den
Gleisen mit der Spurweite 760 mm, wenn auch nur
in beschränktem Umfang. Voll wurde der Güterverkehr erst 1941 wieder aufgenommen. Gegen Ende
des Zweiten Weltkrieges begann auf der Stainzer
Bahn sogar wieder der Reisezugverkehr.

Dieser endete bereits 1951, derweil sich der
Güterverkehr erstaunlich lange halten konnte. Seinen Höhepunkt erreichte er 1974. Sechs Jahre stellte die Bahn den Güterverkehr ein. Zeitgleich wurde
der mit vier Schienen ausgestattete Abschnitt im
Bahnhof Preding-Wieselsdorf stillgelegt.

Anderswo wäre damit das Ende der Bahn be-
siegelt gewesen. Nicht so im Stainzer Tal. Bereits
1971 fuhren dort mit Unterstützung des »Clubs

760, Freunde der Murtalbahn« erste Museumszüge. Der Erfolg übertraf selbst die kühnsten Erwartungen. Zehn Jahre lang kamen Nostalgiezüge nur zu ausgewählten Terminen auf die Strecke. Seit 1981 gehört der Stainzer Flascherlzug zu den festen Angeboten der Gemeinde, der die Strecke auch gehört.

Technik

Die erste Museumslok des Flascherlzuges, die S 11, steht auch heute noch im Einsatz. Sie kam von der Salzkammergut-Lokalbahn, stammt also aus einer ganz anderen Ecke Österreichs. Das stört die Bahnfreunde, welche sich liebevoll um die Maschine kümmern, aber wenig. Im Rahmen von notwendigen Ausbesserungsarbeiten versetzten sie das Dampfross in den Ursprungszustand von 1894 zurück. Mit der U 8 steht inzwischen eine weitere Dampflokomotive für den Betrieb bereit. Sie stammt aus Weiz, ist also eine Steiermärkerin. Bei Bedarf springt sie für die S 11 ein.

Strecke

Die Museumszüge beginnen grundsätzlich in Stainz. Dort befinden sich auch die Behandlungsanlagen für die eingesetzten Fahrzeuge. Die Gebäude und Einrichtungen stammen aus den Anfangstagen der Lokalbahn. Der Lokschuppen ist das letzte in der Steiermark erhalten gebliebene Schmalspurheizhaus. Sogar die Herzstücke der Weichen im Bahnhof sind Stainzer Originale aus dem 19. Jahrhundert. Für die 11 km lange Strecke braucht der Zug eine knappe Stunde. Das Stainztal liegt höchst idyllisch im südlichen Voralpenland. Wenige Kilometer ostwärts befindet man sich bereits im ungarischen Tiefland. Doch spürt man im Stainztal jederzeit, die Nähe der großen Alpenriesen. Der Zug macht in Herbersdorf, Neudorf und Kraubath Station. In Preding-Wieselsdorf endet die Fahrt an der eigens eingerichteten Haltestelle Wohlsdorf bei Preding. Sie liegt in dem Bereich, in dem einst die Stainzer Lokalbahn in die Strecke der Graz-Köflacher mündete.

❗ Wussten Sie, dass …

… ein Stainzer Original bei der Murtalbahn unterwegs ist? Dort fährt die Dampflok Nr. 2 mit Namen »Stainz«.

… die Bezeichnung »Flascherlzug« auf einen vermeintlichen Wunderdoktor zurückzuführen ist? Zu diesem pilgerte in den zwanziger Jahren der Großteil der Fahrgäste der Lokalbahn. Der Höller-Hansl erstellte die Diagnose nach einer Urin-Analyse. Den Urin führten die Fahrgäste im Flascherl mit.

Sehenswürdigkeiten

Schloss Stainz
1229 ließ Leuthold von Wildon am Schlossberg eine kleine Kirche errichten. Aus ihr ging letzten Endes ein Augustiner-Chorherrenstift hervor. Seine Blütezeit erlebte es im 16. Jh., als Probst Jakob Roselenz die Geschäfte führte. Dieser ordnete unter anderem an, eine neue Kirche mit prächtiger, barocker Innenausstattung und wertvoller Stuckdekoration zu bauen. Die 1980 restaurierte Orgel gehört zu den wohlklingendsten der Steiermark. Unter der Herrschaft von Kaiser Joseph II. wurde das Stift 1785 aufgehoben. Erzherzog Johann erwarb die Anlage. Seine Nachkommen, die Grafen von Meran, leben noch heute in einem Teil des Schlosses. Im anderen befindet sich das Joanneum, das erstklassige volkskundliche Sammlungen und interessante Sonderausstellungen präsentiert.
Schlossplatz 1,
A-8510 Stainz;
Tel. 00 43/3463/27 72;
Apr.–Nov. tgl. 9–17 Uhr

Einkehrmöglichkeit

Engelweingarten
Ein Name, der lockt. In dem ländlich gestalteten Restaurant in wunderschöner Umgebung kann man zu wohltuenden Preisen speisen. Den Tisch rechtzeitig fernmündlich zu bestellen, empfiehlt sich außerordentlich.
Max-Gschiel-Str. 41,
A-8510 Stainz;
Tel. 00 43/34 63/23 81;
So, Mo geschl.

Restaurant Engelweingarten

Einzigartige Spur
Die Waldenburgerbahn

Adresse
Waldenburgerbahn
Hauptstr. 12
CH-4437 Waldenburg
Tel. 00 41/61/9 65 94 94
Fax 00 41/61/9 65 94 99
www.waldenburgerbahn.ch
info@waldenburgerbahn.ch

Streckenverlauf

Strecke	Länge in km
■ Liestal → Altmarkt	1,3
■ Altmarkt → Bad Bubendorf	2,0
■ Bad Bubendorf → Talhaus	1,2
■ Talhaus → Lampenberg-Ramlinsburg	1,3
■ L.-Ramlinsburg → Hölstein	2,1
■ Hölstein → Hölstein Süd	0,5
■ H. Süd → Hölstein Weidbächli	0,6
■ H. Weidbächli → Hirschlang	1,2
■ Hirschlang → Niederdorf	0,7
■ Niederdorf → Oberdorf Winkelweg	0,9
■ Oberdorf Winkelweg → Oberdorf BL	0,5
■ Oberdorf BL → Waldenburg	0,7

Betriebszeiten
Die elektrischen Züge der Waldenburgerbahn fahren ganzjährig im Takt. Ihr Fahrplan findet sich in Tabelle 502 des SBB-Kursbuches.
Zu ausgewählten Terminen kommen mit der »Gedeon Thommens« bespannte Dampfsonderzüge auf die Strecke.

Geschichte
Bis Mitte des 19. Jh. hatte der Obere Hauenstein große Bedeutung als Passstrecke. Auf Initiative Gedeon Thommens engagierten sich Bürger für den Bau einer Stichstrecke. 1870 erhielten sie die Konzession, doch erst 1880 hatte man das nötige Geld zusammen. Noch im selben Jahr ging die Strecke in Betrieb. Ihre Spurweite ist bis heute einmalig in der Schweiz: 750 mm. 70 Jahre lang beherrschte das Dampfross die Strecke, genauer gesagt: acht Dampfrösser. Mehr brauchte die kleine Bahn auch nicht. 1953 übernahm die elektrische Traktion die Herrschaft. Drei Triebwagen genügten für die Leistungen – welch ein Gewinn an Wirtschaftlichkeit!

Doch nicht nur im Fahrzeugsektor wurde der Betrieb stets aufs neue rationalisiert. Auch die Linienführung erfuhr so manche Änderung. Heute gehört die Waldenburgerbahn zu den modernen Nahverkehrsbetrieben, für welche die Schweiz europaweit Hochachtung genießt. 2003 beförderten die Züge rund 1,8 Millionen Reisende.

Technik
Die zur Elektrifizierung mit 1500 V Gleichstrom beschafften Elektrotriebzüge der Bauart BDe 4/4 I mussten bereits 1985 moderneren Zügen gleicher

Bauart weichen. Die römische »II« hinter der Bezeichnung weist darauf hin. Die Züge bestehen aus Trieb- und Steuerwagen. Aus den Anfangstagen blieben zwei Lokomotiven erhalten, die Nummern 5 und 6. Während Letztere in den Besitz des Luzerner Verkehrshauses überging und nicht betriebsfähig ist, wurde Erstere 1975 von der Langeweile erlöst. Eisenbahnfreunde stürzten das Denkmal, selbstredend behutsam. Schließlich wollten sie die 1902 bei der Schweizerischen Lokomotivfabrik in Winterthur gebaute Lok aufarbeiten und reaktivieren. Die meisten Arbeiten wurden in Eigenregie ausgeführt. Nur für Kessel und Feuerbüchse brauchten die Dampfbahnfreunde professionelle Hilfe. 1980, rechtzeitig zur 100-Jahrfeier der Waldenburgerbahn, stand die Lok wieder unter Dampf. Ende der neunziger Jahre stand eine weitere Revision auf dem Kalender. Wiederum erfolgte die Sanierung des Kessels in einer professionellen Werkstatt. Nach der Hauptuntersuchung präsentierte sich die Lok in einem technisch und optisch perfekten Zustand. Auch in ihrer aktiven Zeit dürfte sie nur selten so rüstig gewesen sein wie im musealen Dienst.

Strecke

Die Gleise der Schmalspurbahn beginnen im SBB-Bahnhof von Liestal. Bis Altmarkt begleiten sie die regelspurige Strecke Basel–Olten. Das Niveau steigt bereits um beachtliche 22 ‰. Auf dem Abschnitt befinden sich beide nennenswerten Kunstbauten der Linie, ein Einschnitt sowie die Gitterträgerbrücke über die Frenke. Hinter Altmarkt schwenkt die Waldenburgerbahn dann südwärts in das Waldenburgertal. Die ganze Zeit über begleitet sie die Kantonsstraße. Früher lagen die Gleise teilweise auf der Fahrbahn. Heute gibt es noch einige Ortsdurchfahrten, auf denen die Eisenbahn quasi zur Straßenbahn wird. In Hölstein und in Niederdorf wechselt der Schienenstrang die Straßenseite. Die größte Neigung findet sich auf dem Abschnitt Hölstein–Hölstein Süd mit 35 ‰. Waldenburg liegt mit 515 m ü. NN knapp 180 m höher als Liestal.

(!) Wussten Sie, dass …

… die Dampflok Nummer 5 schon in ihrer aktiven Zeit den Namen »Gedeon Thommens« trug?

… der Preis der Maschine anno 1902 stolze 25.000 Schweizer Franken betrug?

… die »Gedeon Thommens« während ihrer aktiven Zeit auf der Strecke 1 020 318 Laufkilometer erreichte?

Sehenswürdigkeiten

Dichter- und Stadtmuseum
In Listhal wird der Nachlass von Emma und Georg Herwegh aufbewahrt. Da lag es nahe, das Stadtmuseum um eine literarische Abteilung zu erweitern, zumal auch Erinnerungsstücke an Joseph Viktor Widmanns und Carl Spitteler erhalten geblieben sind. Gewissermaßen können die Besucher den Autoren über die Schulter blicken. Am ersten Sonntag im Monat heißt es: Eintritt frei.
Rathausstr. 30,
CH-4410 Liestal;
Tel. 00 41/ 61/9 23 70 15;
Di–Fr 14–17, Sa,
So 10–16 Uhr

Harmonium-Museum
Eine schweizweit einzigartige Sammlung findet sich in Liestal. Das Harmonium-Museum präsentiert mehr als 100 noch spielbare Instrumente.
Widmannstr. 9 A,
CH-4410 Liestal; Tel. 00 41/ 61/9 21 64 10; nur Gruppenbesuche nach Anmeldung

Einkehrmöglichkeit

Engel
Im Tal dem Himmel nahe zu kommen – was will man mehr? Das »Engel« verfügt über drei Speiseräume: Le Papillon (Schmetterling), Raphaels und die Taverne. Schon die ersten beiden Namen machen neugierig. Die Preise liegen auf niedrigem Schweizer Niveau.
Kasernstr. 10,
CH-4410 Liestal;
Tel. 00 41/61/9 27 80 80

Scheinbar flach
Die Appenzeller Bahnen

Adresse

Appenzeller Bahnen (AB)
Bahnhofplatz 10
CH-9101 Herisau
Tel. 00 41/71/3 54 50 60
Fax 00 41/71/3 54 50 65
www.appenzellerbahnen.ch
info@appenzellerbahnen.ch

Streckenverlauf

Strecke	Länge in km
Gossau → Herisau	5,0
Herisau → Wilen	1,8
Wilen → Waldstatt	2,5
Waldstatt → Zürchersmühle	4,3
Zürchersmühle → Urnäsch	1,6
Urnäsch → Jakobsbad	3,9
Jakobsbad → Gonten	1,8
Gonten → Appenzell	5,0
Appenzell → Weissbad	3,1
Weissbad → Wasserauen	3,1
St. Gallen → Lustmühle	3,9
Lustmühle → Niederteufen	1,3
Niederteufen → Teufen	2,0
Teufen → Steigbach	2,1
Steigbach → Bühler	1,3
Bühler → Gais	3,3
Gais → Sammelplatz	2,3
Sammelplatz → Appenzell	3,9
Gais → Rietli	3,0
Rietli → Altstätten	4,7

Betriebszeiten

Die Appenzeller Bahnen verkehren ganzjährig. Ihre Fahrpläne nennt das SBB-Kursbuch in den Tabellen 854, 855 und 856

Geschichte

Was wir heute unter Appenzeller Bahnen verstehen, handelt sich historisch um den Zusammenschluss zweier Bahngesellschaften mit in Appenzell verknüpften Strecken. Erst 1988 wuchs zusammen, was zusammengehört. Zuvor hatten die Bahnen, mit kräftiger Unterstützung des Kantons und des Bundes, ihre Strecken saniert und den Fahrzeugpark modernisiert.

Den Beginn machte die Strecke Winkeln–Herisau im April 1875. Bereits im September ging es weiter nach Urnäsch. Dort endeten die Züge noch, als die Betreiberin 1885 liquidieren musste. Dank der Unterstützung der Gemeinden und privater Investoren gelang die Rettung und 1886 die Verlängerung nach Appenzell. Am nördlichen Ende führte man die Meterspurbahn ab 1913 nach Gossau anstatt Winkeln.

1889 führten auch Gleise von St. Gallen nach Gais. Bis die Verbindung nach Appenzell fertig war, schrieb man das Jahr 1904. »Gaiserbahn« hieß die Strecke im Volksmund. 1947 bekam sie Verstärkung durch die »Stossbahn« Gais –Altstetten. 1948 wuchs das Netz um die Strecke Appenzell–Wasserauen, den einzigen verwirklichten Abschnitt eines stolzen Projektes, das einen Bahnanschluss des Säntis' vorsah.

ST. GALLEN, AUSSER RHODEN, INNER RHODEN

Diese beiden Bahnen wurden natürlich von Beginn an elektrisch betrieben. Über der Gaiserbahn hing der Fahrdraht ab 1931, über der Strecke Gossau–Appenzell ab 1933. Zum Glück entschieden sich beide Bahngesellschaften für das gleiche System, 1500 V Gleichstrom. Ein kostenträchtiger Umbau der Energieversorgung konnte daher unterbleiben.

Technik

Die Appenzeller Bahnen bieten heute einen modernen Nahverkehr an. Die Gaiserbahn ist sogar in das St. Galler S-Bahn-System integriert. Das nostalgische Flair der Strecken liegt zum einen in der schmalen Spur, zum anderen in den kurzen Fahrzeugen begründet. Sie wirken einfach anmutig und charmant, vielleicht sogar ein Stück mehr als so manche gewaltige Dampflokomotive.

Strecke

Im ersten Moment wirken die Strecken der Appenzeller Bahnen überhaupt nicht wie Gebirgsbahnen. Sie können weder große Viadukte noch lange Tunnel vorweisen und durchqueren keine engen, schluchtartigen Täler. Auch brauchte nirgendwo die Strecke in den Fels gesprengt zu werden. Eher scheinen die Bahnen durch flaches Land, vorbei an beschaulichen Dörfern zu führen. Wer aber genau hinschaut, bemerkt, welche gewaltigen Steigungen die Meterspurzüge zu überwinden haben. Wächst das Niveau zwischen Gossens und Gontanbad nur mäßig, folgt darauf ein Abschnitt, der mit 37 ‰ Gefälle nach Appenzell führt. Die Züge auf dieser Strecke fahren in der Regel nach Wasserauen durch. 30 ‰ beträgt dort die Höchstneigung. Auf der Strecke Appenzell–Gais haben die Züge mit bis zu 65 ‰ Steigung zu kämpfen. Auf bis zu 69 ‰ bringen es die im Reibungsbetrieb bewältigten Abschnitte der Gaiserbahn. Auf der mit Zahnstange ausgerüsteten Steilstrecke zwischen Riethüsli und St. Gallen erreicht die Steigung den Wert 100 ‰. Das ist aber noch gar nichts. Auch die Stossbahn hat einen Zahnstangenabschnitt, einen mit 160 ‰.

! Wussten Sie, dass …

… der enge 30-m-Bogen bei St. Gallen im Volksmund nicht Ruckhaldekurve, sondern »Klose-Kurve« heißt? Spötter behaupten, Adolph Klose, Erbauer der Bahn, habe die in einer 90-‰-Steigung liegende Kurve absichtlich so eng angelegt, um auf diese Weise die Überlegenheit des von ihm entwickelten Zahnradantriebes zu unterstreichen. Bei der Sanierung, 1975, blieb der Bogen mitsamt Zahnstange erhalten.

Sehenswürdigkeiten

Museum Liner
Werke von Carl August und Carl Walter Liner präsentiert das nach den beiden Malern benannte Museum in Appenzell. Ein weiterer Schwerpunkt liegt in der Darstellung architektonischen Schaffens. Zudem zeigt das Museum Wechselausstellungen mit zeitgenössischer Kunst. Unterrainstr. 5, CH-9050 Appenzell; Tel. 00 41/71/7 88 18 00; www.museum.ai.ch; Apr.–Okt. Di–Fr 10–12, 14– 17 Uhr, Sa, So 11–17 Uhr, Nov.–März Di–Sa 14–17, So 11–17 Uhr

Museum Appenzell
Die Spezialität des Museums ist eine internationale Stickereisammlung. Eine Dauerausstellung schildert die Geschichte des Kantons. Wechselausstellungen ergänzen das Angebot. Hauptgasse 4, CH-9050 Appenzell; Tel. 00 41/71/7 88 96 31; www.museum liner.ch; Apr.–1. Nov. tgl. 10–12, 14–17 Uhr, 2. Nov.–März Di–So 14–17 Uhr

Einkehrmöglichkeit

Rössli
Billig ist das Lokal zwar nicht gerade. Doch im »Rössli« können die Besucher den Einheimischen beim Karten spielen zuschauen, also beim »Jassen«, wie es in der Appenzeller Sprache heißt. Postplatz, CH-9050 Appenzell; Tel. 00 41/71/7 87 12 56; Mo, Di Ruhetag

Museum Liner in Appenzell

Mountain-Lok
Der Verein 241 A 65

Adresse
Verein 241 A 65
Dieter Holliger
Zur Mühle 4
CH-5706 Boniswil
Tel. 00 41/62/7 77 29 65
Fax 00 41/62/7 77 58 95
www.241a65.ch
renatehauri@bluewin.ch

Streckenverlauf

Strecke	Länge in km
■ Burgdorf → Solothurn	20,7
■ Solothurn → Olten	33,5
■ Olten → Brugg	32

Geschichte

Einen scheinbar kuriosen Namen hat sich der Schweizer Verein ausgesucht. Während andere Organisationen sich nach ihrer Stammstrecke oder ihrem Heimatort benennen, wählten die Gründer des Vereins die Bezeichnung ihres schönsten Kindes, der französischen Dampflok 241 A 65. Um diese dreht sich das Schaffen der Dampfbahnfreunde, die in der ganzen Schweiz unterwegs sind.

Technik

Die 241 A 65 gehört zu den gewaltigsten Dampfrössern, die in der alten Welt gebaut wurden. Die vordere Nummer kennzeichnet die Bauart: zwei Laufachsen, zusammengefasst in einem Drehgestell, vier Treibachsen, eine Laufachse »Mountain« nennt man diese Bauart jenseits des großen Teiches. Mit dem gewaltigen Dampfkessel beschritten die Entwickler in Europa Neuland. In Amerika waren Kessel solcher Bauart bereits bei der Pennsylvaniabahn im Einsatz. Selbstverständlich entstand die 241 A in Verbundbauweise. Jeder der vier Zylinder besitzt eine eigene Steuerung. Wegen der außerordentlich hohen Leistungen wurden Maschinen dieses Typs stets mit besonders großen Tendern gekuppelt.

Das Baumuster der neuen Lok entstand 1925 in der Werkstatt der französischen Ostbahn. Nach

Betriebszeiten
Der Verein 241 A 65 fährt mit seiner stolzen Lok das ganze Jahr über zu verschiedenen Terminen auf interessanten Strecken.

der Erprobung und verschiedenen Bauartänderungen stellte diese 40 Serienlokomotiven in Dienst. Zudem sprang eine weitere Bahngesellschaft auf den Zug auf, die Etat. Sie bestellte 49 Maschinen, die bei Cie de Fives in Lille und Cail in Denain gefertigt wurden. 1938 verstaatlichte Frankreich seine Bahnen und fasste sie in der Nationalen Gesellschaft der Französischen Eisenbahnen zusammen, kurz der SNCF. Diese gab den Lokomotiven die Bauartbezeichnung 241 A, wobei das »A« für Ostbahn steht. Die Etat-Lokomotiven erhielten ebenfalls das »A«.

Bei der 65 handelt es sich um eine Etat-Maschine. 1931 entstand sie bei Cie de Fives unter der Fabriknummer 4714. Im Planeinsatz blieb sie bis zum 23. Juli 1965. Bis zum Mai 1968 diente sie als Heizlok, das heißt, sie stand im Depot Chaumont und erzeugte Dampf für andere Maschinen. Dann erwarb der Züricher Armin Glaser die Lok und brachte sie in die neue Heimat. Die erste Instandsetzung erfolgte rein äußerlich. Ab 1978 gehörte die Lok zum Bestand des Luzerner Verkehrshauses. 1982 verließ sie das Museum. Bis zu ihrer Aufarbeitung im thüringischen Meiningen vergingen aber knapp 15 Jahre. Seit 1997 steht die Maschine wieder unter Dampf. Sechs Jahre später kam sie in die Obhut des eigens gegründeten Vereins 241 A 65. Zugelassen ist sie in der Schweiz und in Deutschland. Ihre Heimat heißt Burgdorf.

Strecke

Deswegen versuchen wir, eine dort beginnende Sonderfahrt beispielhaft nachzuvollziehen. Von Burgdorf aus führt sie über die Strecke des Regionalverkehrs Mittelland nach Solothurn. Die Linie begleitet auf weiten Teilen den Fluss Emme. Auf SBB-Gleisen geht es weiter, zunächst nach Olten, dann nach Brugg, ehe der Zug wieder seinem Ausgangspunkt entgegenstrebt. Auf der Reise lernt man keine Drei- oder Viertausender kennen. Doch ist auch das Flachland überaus reizvoll, das in der Schweiz nirgendwo wirklich als gänzlich flach bezeichnet werden kann.

! Wussten Sie, dass …

… die 241 A 65 die erste Etat-Lokomotive ihrer Bauart war? Anlässlich der Verstaatlichung erhielt sie zunächst die Bezeichnung 3-241 A 1. Ab 1947 hieß sie 1-241 A 301. Schließlich folgte 1950 die heutige Nummer.

… die 241 A 65 während des Zweiten Weltkrieges in Deutschland fuhr? Die Besatzer beschlagnahmten die Lok und setzten sie unter anderem zwischen Bebra und Leipzig ein.

Sehenswürdigkeiten

Goldmuseum
Das Gold der Emme hat einen höheren Feingehalt als das kalifornische. Seine Reinheit liegt bei 97 %. Leider endete der Schweizer Goldrausch bereits gegen Ende des 18. Jahrhunderts. An die Goldwäscherei und den Goldbergbau, gewissermaßen die goldene Zeit der Schweiz, erinnert das Museum mit verschiedenen Goldfunden, Geräten und Dokumenten. Schloss Burgdorf, CH-3400 Burgdorf; Tel. 00 41/34/ 4 23 02 14; Apr.–Okt. Mo–Sa 14–17, So 11–17 Uhr, Nov.–März So 11–17 Uhr

Kornhaus-Museum
Einblicke in die Schweizer Volkskultur gibt das Kornhaus-Museum, das unter anderem eine sehenswerte Sammlung von Volksmusikinstrumenten präsentiert. Die Grammophon- und Phonographen-Kollektion gehört zu den größten und wichtigsten Europas. Kornhausgasse 16, CH-3400 Burgdorf; Tel. 00 41/34/4 23 10 10; 16. März–Okt. Di–Fr 10–12.30, 13.30–17, Sa, So 10–17 Uhr, Nov.–15. März Di–Fr 13.30–17, Sa, So 10–17 Uhr

Einkehrmöglichkeit

Serendib
Srilankische Spezialitäten gibt es nicht überall. Das »Serendib« bietet eine Frischküche mit Curries in verschiedenen Variationen. Metzgergasse 8, CH-3400 Burgdorf; Tel. 00 41/34/ 4 22 38 16; Mo geschl.

Kornhaus-Museum

Krokodil auf Rädern
Die Stiftung SBB Historic

Adresse
Schweizerische
Bundesbahnen (SBB)
CH-3030 Bern
Rail Service:
Tel. 00 41/9 00/30 03 00
(1,19 SFr./Min. innerhalb
der Schweiz)
www.sbb.ch

Streckenverlauf

Strecke	Länge in km
■ Erstfeld → Amsteg-Silenen	5,0
■ Amsteg-Silenen → Wassen	16,2
■ Wassen → Göschenen	7,7
■ Göschenen → Airolo	15,7
■ Airolo → Faido	19,8
■ Faido → Bodio	19,5
■ Bodio → Biasca	6,3
■ Biasca → Bellinzona	19,1

Betriebszeiten
Sonderfahrten von SBB
Historic finden zu ausge-
wählten Terminen im Jahr
statt. Sie führen natürlich
nicht nur über den
Gotthard.

Geschichte
Nicht nur in Deutschland, sondern auch in der
Schweiz fand kürzlich eine Bahnreform statt. Diese
brachte nicht nur die Spaltung der Bundesbahnen
in verschiedene Geschäftsfelder mit sich. Sie führte
auch dazu, dass eine Reihe wertvoller historischer
Fahrzeuge heimatlos zu werden drohte. Das durfte
natürlich nicht sein und so entstand eine Stiftung,
die das Erbe der Anfang des 20. Jh. gegründeten
SBB bewahren soll. SBB Historic nahm nicht nur
wertvolle Fahrzeuge früherer Generationen unter
die Fittiche, sondern archiviert auch wichtiges
Schriftgut. Um die Traditionswahrung in der
Schweiz braucht also keinem bange zu sein.

Technik
Dies gilt insbesondere natürlich für die historischen
Fahrzeuge, Zu den wichtigsten der SBB Historic gehört zweifelsohne deren »Krokodil«. Mit diesem Kosenamen belegten Eisenbahner eine Elektrolok mit
sechs angetriebenen und zwei Laufachsen. Die Mo-
toren stecken in beweglichen Vorbauten. Ein Fahr-
zeugkasten zwischen ihnen beherbergt den Maschinenraum und die Führerstände. Die Lok soll
den Namen ihres nickenden Laufs wegen erhalten
haben. Gebaut wurden die »Krokodile« für den Verkehr auf der Gotthardlinie. Diese wurde in den

zwanziger Jahren elektrifiziert, nachdem die Schweiz während des Ersten Weltkrieges erhebliche Probleme durch fehlende Kohlelieferungen aus den Nachbarländern verzeichnet hatte. Die letzten Exemplare der robusten und leistungsstarken Lokomotive quittierten Anfang der achtziger Jahre den Dienst. Zum Glück überdauerten, nicht nur bei SBB Historic, eine Reihe Fahrzeuge die Zeiten, sodass man bis heute immer wieder ein »Krokodil« über den Gotthard fahren sehen kann.

Strecke

Historisch und verkehrstechnisch betrachtet, durchquert die Gotthardlinie etwa zwei Drittel der Schweiz. Der Schienenstrang beginnt in Zürich und Luzern im Norden und endet in Bellinzona kurz vor der italienischen Grenze. Stammgebiet der »Krokodile« war aber der Abschnitt Erstfeld–Bellinzona, sodass wir uns auf diesen beschränken wollen. Im Erstfelder Depot waren die Lokomotiven einstmals stationiert. Dort fand der Lokwechsel von Flachland- zu Bergmaschinen statt und dort wurden die »Krokodile« selbst dann noch gewartet, als sie am Gotthard leistungsstärkeren Nachfolgerinnen Platz machen mussten. Zu Flachlandreptilien degradiert, kehrten sie zu fälligen Untersuchungen immer wieder in die angestammte Heimat zurück, nur selten übrigens ohne Last am Haken. Bis Erstfeld steigt das Niveau nur um mäßige 10 ‰. Danach geht es aber mit bis zu 26 ‰ aufwärts. Die Züge durchfahren eine Reihe Tunnel. Einer davon, bei Gurtnellen, ist als Kreiskehrtunnel angelegt. Nur so konnte die Strecke an Höhe gewinnen. Bei Waasen beschreibt sie zwei Kehrschleifen mit Tunneln an den Spitzen. Von verschiedenen Punkten des Ortes aus hat man dreimal die Gotthardlinie im Blick. In Göschenen beginnt dann der gut 15 km lange Gotthardtunnel. An dessen Südrampe mussten gar vier Kreisel entstehen, um unzulässige Neigungen zu vermeiden. Zum Glück liegen sie weit auseinander. Weder den Reisenden noch den »Krokodilen« ist beim Karussell fahren jemals schlecht geworden.

❗ Wussten Sie, dass …

… auf der Gotthardstrecke heute nur noch Fernreise- und Güterzüge verkehren? Den Nahverkehr bewältigen Busse.

… bis 1980 Autos von der Bahn über den Gotthard gebracht wurden? Mit Eröffnung des neuen Tunnels endete der Dienst.

… die Brücke über die Schöllenenschlucht bei Göschenen vom Teufel persönlich erbaut worden sein soll?

Sehenswürdigkeiten

Drei Burgen

Drei gewaltige Burgen wachen über Bellinzona. Noch im 19. Jh. dienten sie als Zeughaus, Kaserne und Gefängnis. Doch längst sind Museen dort eingezogen. Im Castelgrande auf dem Schlosshügel befinden sich historisch-archäologische und kunsthistorische Sammlungen. Auf dem Montebello-Hügel thront das gleichnamige Kastell, in dem heute archäologisches Kulturgut besichtigt werden kann. Doch auch die Aussicht über die Stadt und den Maggiore-See ist gigantisch. Auf dem Nachbarhügel entstand das Castello di Sasso. Dort gibt es ausschließlich Wechselausstellungen. Alle drei Burgen stehen auf der Welterbeliste, welche die UNO-Organisation für Kultur, Erziehung und Bildung führt, die Unesco.
Bellinzona Turismo,
CH-6500 Bellinzona;
Tel. 00 41/91/8 25 21 31;
www.bellinzonaturismo.ch;
Di–So 10–12.30,
13.30–17.30 Uhr
(alle Museen)

Einkehrmöglichkeit

Pedemonte

Lokale Spezialitäten bietet der Gasthof Pedemonte in gediegenem Ambiente zu vergleichsweise niedrigen Preisen.
Via Pedemonte 12,
CH-6500 Bellinzona;
Tel. 00 41/91/8 25 33 33

Burgenstadt Bellinzona

Flirten im Aargau
Die Seetalbahn

Adresse
Historische Seethalbahn
Postfach
CH-5712 Beinwil am See
www.seetal-plus.ch

Streckenverlauf

Strecke	Länge in km
■ Luzern → Emmenbrücke	4,9
■ Emmenbrücke → Emmenbrücke Gersag	1,1
■ Emmenbrücke Gersag → Waldibrücke	4,5
■ Waldibrücke → Eschenbach	3,2
■ Eschenbach → Ballwil	2,4
■ Ballwil → Hochdorf	2,7
■ Hochdorf → Baldegg Institut	1,7
■ Baldegg Institut → Baldegg	0,5
■ Baldegg → Gelfingen	3,5
■ Gelfingen → Hitzkirch	1,4
■ Hitzkirch → Ermensee	1,1
■ Ermensee → Mosen	2,2
■ Mosen → Beinwil	3,1
■ Beinwil → Birrwil	2,3
■ Birrwil → Boniswil-Seengen	3,6
■ B.-Seengen → Hallwil-Dürrenäsch	1,5
■ H.-Dürrenäsch → Seon	2,3
■ Seon → Lenzburg	5,3

Betriebszeiten
Die Seetalbahn fährt ganzjährig nach Taktfahrplan.
Dieser steht in Tabelle 651
im SBB-Kursbuch.
Sonderfahrten finden zu
ausgewählten Terminen
statt.

Geschichte

Durch eine liebliche Landschaft führt die Seetallinie zwischen Luzern und Lenzburg. Ihr erstes Teilstück wurde am 3. September 1883 eröffnet. Die private Bahn entstand mithilfe englischen Kapitals. Die Gesellschafter der Swiss Lake Valley Railway Company spekulierten vor allem auf Ausflügler, die von Luzern aus den Hallwiler und den Baldegger See besuchen wollten. Welchen Rang der Fremdenverkehr innehatte, konnte man daran erkennen, dass bis Anfang des 20. Jh. in die Züge der Seetalbahn Büffet-Speisewagen eingestellt wurden.

Mit Gründung der Schweizerischen Bundesbahnen, 1902, endete aber auch die Unabhängigkeit der Seetalbahn und damit der Einsatz der Speisewagen. Am Rang der Linie als einer der Pioniere der elektrischen Traktion in der Schweiz rüttelten aber auch die Bundesbahnen nicht. Zu kämpfen hatten sie dagegen mit den Anlagen der Strecke, die an zahlreichen Punkten im öffentlichen Straßenland verlief, gewissermaßen einer regelspurigen Straßenbahn mit niveaugleichen Übergängen entsprach.

Viele Unfälle waren die Folge – die Seetalbahn galt vor ihrer Sanierung als die unfallreichste Strecke der Bundesbahnen. Diese handelten und beantragten beim Bund das Geld für die sicherheitstech-

nische Modernisierung der Strecke. Zudem beschafften sie moderne Triebwagen, die heute einen zeitgemäßen Nahverkehr im Seetal anbieten.

Technik

Die Niederflurwagen stammen vom letzten verbliebenen schweizerischen Fahrzeughersteller, von Stadler. »Flirt« heißen sie, was so viel wie »Flexibler, leichter, innovativer Regional-Triebwagen« bedeutet. Die niederflurigen Wagen sind höchst komfortabel und laufruhig. Auch Liebhaber älterer Fahrzeuge werden sich schnell mit ihnen anfreunden. Von Zeit zu Zeit fährt auch das »Seetal-Krokodil«. Bei diesem handelt es sich um eine elektrische Lokomotive, die mit ihren Vorbauten und dem Mittelteil dem legendären Gotthard-»Krokodil« der SBB ähnelt (→ Seite 156). Die De 6/6 15301 blieb der Nachwelt erhalten. Sie steht unter der Obhut der Oensingen-Balsthal-Bahn und wird von Eisenbahnfreunden liebevoll gepflegt.

Strecke

Die Züge der Seetallinie beginnen in Luzern und nutzen bis zur Abzweigstelle Hübeli die Gleise der Strecke nach Olten. An der Station Emmenbrücke ging einst eine Strecke nach Waldibrücke ab, die aber auf dem südlichen Abschnitt abgebaut wurde. Im Norden bedienen Güterzüge noch einen Wiederverwertungsbetrieb und ein Stahlwerk. Kurz nach dem Abzweig durcheilt der Zug den 628 m langen Hüslen-Tunnel, das längste Bauwerk seiner Art auf der Strecke. Hinter Eschenbach beginnt der erste stärkere Steigungsabschnitt. 35 ‰ müssen die Züge bewältigen. Fortan geht es immer wieder bergauf und bergab. Die stärkste Neigung beträgt 36 ‰. Bei Baldegg erblickt man linkerhand den gleichnamigen See. Hinter Ermensee überquert die Strecke den Aabach, sodass der nächste große See, der Hallwiler See, am rechten Zugfenster vorbeizieht. Zwischen Mosen und Beinwil kreuzt der Schienenstrang die Kantonsgrenze.

! Wussten Sie, dass …

… die modernen Triebwagen der Seetallinie 2002 auf einer Briefmarke erschienen? Zum 100-jährigen Bestehen der SBB gab die Post einen Satz mit vier Sondermarken heraus. Den Höchstwert zu 1,20 Schweizer Franken schmückte der »Flirt«.

… einst von der Seetallinie verschiedene Nebenstrecken abgingen? Sie alle wurden inzwischen stillgelegt, zuletzt 1997 die Bahn Beinwil–Beromünster.

Sehenswürdigkeiten

Picasso-Museum
Werke des spanischen Malers Pablo Picasso finden sich in zahllosen Museen überall auf dem Erdball. Die Luzerner Institution präsentiert ebenfalls eine Vielzahl an Originalen des höchst originellen Genies. Ein Schwerpunkt der Ausstellung liegt aber auch in der Vorstellung des Menschen hinter dem Künstler. Rund 200 Fotografien von David Douglas Duncan bieten Einblicke in die Arbeit des Spaniers. Die einzigartige Schau fand im Am-Rhyn-Haus direkt neben dem Rathaus am Kornmarkt Platz.
Furrengasse 21,
CH-6004 Luzern;
Tel. 00 41/41/4 10 35 33;
Apr.–Nov. tgl. 10–18 Uhr,
Dez.–März tgl. 11–17 Uhr

Schloss Heidegg
Im späten 12. Jh. entstand Schloss Heidegg, das 1998 nach der Restaurierung wiedereröffnet wurde. Besonders sehenswert ist der Rosengarten.
Schloss Heidegg, CH-6284 Gelfingen; Tel. 00 41/41/ 9 17 13 25; Apr.–Nov. Di–Fr 14–17, Sa–So 10–17 Uhr

Einkehrmöglichkeit

NH Luzern Hotel
Am Rande der Luzerner Innenstadt lädt das Hotelrestaurant zu gemütlichem Speisen bei recht günstigen Preisen ein. Auch Gruppen sind willkommen.
Friedenstr. 8,
CH-6000 Luzern;
Tel. 00 41/41/4 18 33 33

Schloss Heidegg

Doppelt hält besser
Die Rigibahnen

Adresse
Rigi-Bahnen
CH-6354 Vitznau
Tel. 00 41/41/8 59 08 59
(Goldau)
Tel. 00 41/41/3 99 87 87
(Vitznau)
Fax 00 41/41/3 99 87 00
www.rigi.ch
rigi@rigi.ch

Streckenverlauf

Strecke	Länge in km
Vitznau → Mittlerschwanden	1,2
Mittlerschwanden → Grubisbalm	0,9
Grubisbalm → Freibergen	0,5
Freibergen → Romiti Felsentor	0,8
Romiti Felsentor → Rigi Kaltbad-First	1,1
Rigi Kaltbad-First → Rigi Staffelhöhe	0,5
Rigi Staffelhöhe → Rigi Staffel	0,9
Rigi Staffel → Rigi Kulm	1,0
Arth-Goldau → Goldau	0,6
Goldau → Kräbel	1,5
Kräbel → Fruttli	2,1
Fruttli → Rigi Kösterli	1,6
Rigi Klösterli → Rigi First	1,0
Rigi First → Rigi Staffel	0,8

Betriebszeiten
Die Rigi-Bahnen fahren ganzjährig. Ihr Fahrplan steht in den Tabellen 602 (Arth-Goldau) und 603 (Vitznau) des SBB-Kursbuches.

Geschichte

Gleich zwei Bahnen führen auf den Rigi, einen sich maximal 1798 m über den Zuger See und den Vierwaldstätter See erhebenden Gebirgskamm. Eine Bahn beginnt in Arth-Goldau, die andere in Vitznau. »Glückliche Schweiz, die sich so etwas leisten kann«, wird da so mancher seufzen. Nun ja, der Bau beider Bahnen ist auf einen Schweizer Glücksfall zurückzuführen, die staatliche Souveränität der Kantone.

Die Vitznau-Rigi-Bahn bekam nämlich vom Kanton Luzern nur eine bis Rigi Staffel reichende Konzession. Für den letzten Abschnitt war der Kanton Schwyz zuständig, der großzügigerweise einem konkurrierenden Konsortium den Zuschlag erteilte, der Arth-Rigi-Bahn. Deren Trasse durfte die Vitznau-Rigi-Bahn immerhin mitbenutzen – gegen eine Gebühr von 50 % der Bruttoeinnahmen.

Als die Vitznauer Bahn am 23. Mai 1871 eröffnet wurde, endete sie noch in Rigi Staffel. Die andere Strecke war nämlich noch nicht fertig. Zwei Jahre vergingen, ehe die Vitznauer Bahn bis zum Gipfel, Rigi Kulm, weiterfahren konnte. Als die Arth-Rigi-Bahn dann den Betrieb aufnahm, waren weitere zwei Jahre ins Land gestrichen.

Immerhin gelang es, beide Strecken mit der Zahnstange des Systems Riggenbach auszurüsten.

Dennoch vergingen 117 Jahre, ehe in Rigi Staffel eine Weichenverbindung zwischen den Gleisen beider Bahnen geschaffen wurde. Dabei konnten die Bahnen gut nebeneinander leben. Schon vor Eröffnung der Arth-Rigi-Bahn nutzten mehr als 100.000 Besucher im Jahr den Schienenweg auf den Berg. Heute bereitet es allem kantonalen Zwist zum Trotz keine Schwierigkeiten, beide Strecken von einer gemeinsamen Gesellschaft betreiben zu lassen.

Technik
Auf beiden Strecken kommen heute moderne Elektrotriebwagen zum Einsatz. Sie verfügen über vier angetriebene Achsen und Fahrgasträume 2. Klasse. »Bhe 4/4« heißen sie denn auch in der Schweizer Nomenklatura. Von Zeit zu Zeit kommen vor bzw. hinter Sonderzügen – bergwärts herrscht natürlich sicherheitshalber Schiebeverkehr vor – auch Dampflokomotiven aus den Anfangstagen des Betriebes zum Einsatz, beispielsweise die H 2/3 17.

Strecke
Nicht weniger als 125 Alpengipfel erblickt man vom Rigi aus. Alle sind sie namentlich erfasst, sodass auch Besucher sofort erfahren, wer da alles seine Felsen in den Himmel schiebt. Der höchste, sichtbare Gipfel erreicht 4158 m – die Jungfrau. Zudem hat man vom Rigi Kulm aus einen herrlichen Blick auf Luzern und andere Gemeinden an den Ufern der umliegenden Seen.

Die Vitznauer Züge müssen gleich nach der Abfahrt die mit 250 ‰ größte Steigung bewältigen. Verglichen damit ist die Arther Bahn fast schon flach, beträgt die Maximalneigung doch nur 201 ‰. Diese hält in Klösterli auf historischem Terrain. Lange vor Sebastian Kneipp empfahlen die Pfarrer der dortigen Kapelle Wasserkuren. Der Quelle wurde seit dem 16. Jh. heilende Wirkung zugesprochen. Diese soll aber nur bei bestimmten Gebeten eingetreten sein. Zwischen Rigi Staffel und Rigi Kulm fahren die Züge heute mitunter parallel, sodass sich herrliche Fotomotive ergeben.

❗ Wussten Sie, dass …

… der Winterbetrieb der Vitznau-Rigi-Bahn von einem Hotelier herbeigeführt wurde? Zu Beginn des Winters 1906/07 verkündete der Betreiber des Hotels »Bellevue« in Kaltbad, die Bahn fahre jetzt auch während der Wintermonate. Was blieb der Bahngesellschaft da anderes übrig, als tatsächlich Züge einzusetzen? Obwohl der Rigi nicht zu den großen Skigebieten zählt, hat niemand die Entscheidung bereut.

Sehenswürdigkeiten
Wanderwege
Den Gipfel und das ganze Rigi-Gebiet kann man natürlich nicht nur erfahren, sondern auch auf Schusters Rappen erkunden. Geübte Wanderer sehen beim gemütlichen Schreiten eh mehr als vom Fenster eines Zuges oder einer Seilbahn aus. Sicher zu den schönsten, aber auch anstrengendsten Möglichkeiten, den Rigi zu erkunden, gehört der Gipfelwanderweg, der in Rigi Kaltbad beginnt. Er führt zunächst nach Rigi Känzeli mit Aussicht auf Luzern und den Bürgenstock. Von dort geht es weiter nach Rigi Staffelhöhe und entlang der Vitznau-Rigi-Bahn – dort bieten sich natürlich viele Fotomotive – nach Rigi Staffel, eher der kurze Aufstieg auf den Gipfel erfolgt. Durchschnittliche Wanderer sind anderthalb Stunden unterwegs. Keine nennenswerten Steigungen enthält der Seeweg, der ebenfalls in Rigi Kaltbad beginnt und über Rigi First und Unterstetten nach Hinterbergen führt. Weitere Wanderwege stellen die Rigi-Bahnen auf ihrer Internet-Seite ausführlich vor.

Einkehrmöglichkeit
Edelweiss
Vom »Edelweiss« hat man einen guten Blick in das Tal und auf die Berge. Die Preise sind vergleichsweise günstig.
CH-6356 Rigi Staffelhöhe;
Tel. 00 41/41/3 99 88 00;
Apr. geschl.

Vierwaldstätter See

Mit 480 ‰ bergauf
Die Pilatusbahn

Adresse
Pilatus-Bahnen
Schlossweg 1
CH-6010 Kriens
Tel. 00 41/41/6 70 11 30
Fax 00 41/41/3 29 11 12
www.pilatus.ch
info@pilatus.ch

Streckenverlauf

Strecke	Länge in km
■ Alpnachstad → Aemsigen	2,4
■ Aemsigen → Pilatus Kulm	2,4

Betriebszeiten
Saisonauftakt:
Wenn der Schnee getaut
ist, nimmt die Pilatusbahn
im Mai den Betrieb auf.
Saisonende:
Sowie mit den ersten
Schneefällen zu rechnen
ist, rollen die Züge
im Dezember in den
Schuppen.
Insgesamt ist der Betrieb
wetterabhängig. Der
Fahrplan der Pilatusbahn
steht in Tabelle 473 des
SBB-Kursbuches.

Geschichte

Es gehörte schon etwas Mut dazu, den Pilatus auf
dem Schienenweg zu erschließen. Dies nicht etwa
deswegen, weil das Massiv übermäßig hoch in den
Himmel ragt. 2120 m sind für einen Berg in den Alpen und dann noch in der Schweiz nicht gerade die
Welt. Doch fällt das Gelände rund um den Pilatus
äußerst steil zum Alpnacher See und zum Vierwaldstätter See hin ab. Heute hätte man zwischen Alpnachstad und der Pilatus-Spitze sicher eine Seilbahn errichtet.

1889 wagte man aber den Bau einer Schienen-
bahn, selbstverständlich im Zahnradbetrieb. Wegen der gewaltigen Steigung von bis zu 480 ‰
oder 480 m auf 1 km Streckenlänge entschied man
sich für ein Zahnradsystem, das besondere Sicherheit versprach, das System Locher. Bei diesem ver-
krallen sich gleich zwei Zahnräder beidseits in die
Zahnstange. Herausrutschen kann da nichts und
selbst bei einen Zahnradbruch bestünden noch gewisse Sicherheitsreserven. Seit Eröffnung der Pilatusbahn ist auch kein schwerer Unfall passiert.

Technik

Die rot gespritzten Triebwagen verfügen über der
Neigung angepasste Innenräume. Schon am Ausgangsbahnhof stehen sie quasi auf einer schiefen

Ebene. Im Inneren bemerkt man davon aber nichts. Der Boden befindet sich ebenso in der Waagerechten wie der Sitzplatz. Sogar die Fenster sind so ausgeschnitten, dass sie in der Horizontalen und Lotrechten liegen. Der äußere Eindruck, die Wagen seien treppenförmig aufgebaut, täuscht denn auch nicht. Die Fahrzeuge nutzen die seltene Spurweite von 800 mm. Für die Schweiz schon beinahe selbstverständlich ist, dass die Pilatusbahn elektrisch fährt. 1550 V Gleichstrom führt die Fahrleitung.

Strecke

Das gewaltige Massiv des Pilatus beeindruckt sommers wie winters. In der kalten Jahreszeit bedeckt Schnee die gezahnten Felsmassen. Im Frühjahr und Sommer grünt es dann auch in den lichten Höhen. Der Ausflug auf den Zweitausender lohnt sich also zu jeder Jahreszeit. Die Pilatusbahn überwindet auf der kurzen Distanz nicht weniger als 1634 Höhenmeter. Zum Ausgangsbahnhof Alpnachstad gelangt man mit der Brünigbahn ab Luzern (→ Seite 164) sowie mit dem Schiff, das beide Seen befährt. Attraktiv ist eine Rundreise ab Luzern. Morgens geht es mit der Brünigbahn nach Alpnachstad und von dort auf den Pilatus. Die Rückfahrt erfolgt mit der Seilbahn, die hinunter nach Kriens führt, einen Vorort Luzerns. Vom Endpunkt aus kommt man mit der Kriens-Luzern-Bahn wieder in die Stadt.

Die Strecke führt durch mehrere kurze Tunnel. Der vierte Eselswand-Tunnel misst beispielsweise gerade einmal 9 m. Auf 97 m bringt es der Spycher-III-Tunnel. An verschiedenen Stellen entstanden Galerien, welche die Strecke vor allem vor Steinschlag schützen sollen. Oftmals reicht der Platz auf dem Fels nur für das Bahngleis. Die Bauten in Pilatus Kulm wirken nicht unbedingt einladend. Ihre Architektur mit viel Beton erinnert an städtebauliche Sünden der Vergangenheit. Von der Gipfelstation aus ist es nur ein kurzer Fußweg zur Spitze des Berges. 50 Höhenmeter gilt es zu überwinden, um den Ausblick auf den Vierwaldstätter See und die Umgebung genießen zu können.

! Wussten Sie, dass ...

... der Pilatus seinen Namen tatsächlich vom zur Zeitenwende amtierenden, römischen Statthalter in Palästina hat? An der Spitze des Berges soll Pontius Pilatus begraben sein, besagt die Legende.

... bei der Pilatusbahn der Abstieg länger dauert als der Aufstieg? 30 Minuten ist man in Richtung Pilatus Kulm unterwegs, 40 Minuten talwärts.

Sehenswürdigkeiten

Wanderwege am Pilatus
Am Hotel Pilatus-Kulm beginnen vier ausgezeichnete Wanderwege rund um das Massiv. Ein kleiner Rundgang führt durch die Felsengalerie. Auch der Drachenweg über Chriesiloch bereitet selbst Ungeübten keine Schwierigkeiten. Etwas anstrengender sind die Wege zum Oberhaupt, zum Esel und zum Tomlishorn. Von den Gipfeln aus blickt man weit in die Berge und in das Alpenvorland.

Verkehrshaus Luzern
Wer das Luzerner Land besucht, darf um das Verkehrshaus keinen Bogen machen. Die Eisenbahn bildet natürlich einen Schwerpunkt der Ausstellungen. Unter anderem steht eine Ae 8/14 im Verkehrshaus. Lidostr. 5, CH-6006 Luzern; Tel. 00 41/41/3 70 44 44; www.verkehrshaus.ch; Apr.–Okt. tgl. 10–18 Uhr, Nov.–März tgl. 10–17 Uhr

Einkehrmöglichkeit

Continental-Park
Von einem Restaurant dieses Namens erwartet man gemeinhin höhere Preise. Doch der »Continental-Park« am Rande des Luzerner Zentrums gehört zu den günstigen Häusern in der Schweiz. Die italienische Küche des Hotels mit Restaurant überzeugt ebenso. Murbacher Str. 4, CH-6002 Luzern; Tel. 00 41/41/2 28 90 50

Bergstation am Pilatus

Zwischen den Seen
Die Brünigbahn

Adresse
Ballenberg Dampfbahn
CH-3855 Brienz
Tel. 00 41/33/9 71 35 87
Fax 00 41/33/9 71 61 78
www.dampfbahnen.ch
info@dampfbahnen.ch

Streckenverlauf

Strecke	Länge in km
■ Alpnachstad → Sarnen	7,4
■ Sarnen → Sachseln	2,8
■ Sachseln → Giswil	5,9
■ Giswil → Lungern	6,5
■ Lungern → Brünig-Hasliberg	4,3
■ Brünig-Hasliberg → Meiringen	5,4
■ Meiringen → Brienzwiler	7,7
■ Brienzwiler → Brienz	4,6

Betriebszeiten
Die Brünigbahn fährt ganzjährig zu den in Tabelle 470 des SBB-Kursbuches ausgewiesenen Fahrzeiten. Die Dampfsonderzüge kommen zu ausgewählten Terminen auf die Strecke.

Geschichte

Gleich beide Antriebsformen nutzt die meterspurige Brünigbahn der SBB. Im Flachland genügt der Reibungsbetrieb. Auf den Rampen helfen Zahnstangen des Systems Riggenbach den Lokomotiven beim Klettern. Ein Zahnrad greift in die Lamellen der Stange. 1880 konstituierte sich ein Brünigbahn-Komitee, das wenig später die Konzession erhielt. Diese schrieb einen ganzjährigen Betrieb vor. Da es Probleme mit der Kapitalbeschaffung gab, übernahm die Jura-Bern-Luzern-Bahn den Bau und Betrieb der Strecke. 1886 erfolgte der erste Spatenstich. In mehreren Abschnitten ging die Strecke 1887/88 zwischen Alpnachstad und Brienz in Betrieb. Damit kam man schnell und bequem über den Brünigpass. Für die Reise von Luzern nach Interlaken war aber noch immer zweimaliges Umsteigen zwischen Schiff und Zug angesagt. Ab 1. Juli 1889 fuhr die Bahn von Luzern nach Alpnachstad. Noch bis 1916 mussten Reisende von Brienz nach Interlaken über den Brienzer See schippern. Anfang der vierziger Jahre elektrifizierten die SBB die Strecke mit 15 kV Spannung und 16,7 Hz Frequenz. Unter den schweizerischen Schmalspurbahnen bildet die Brünigbahn damit eine Ausnahme. Während der Elektrifizierung verstärkten die SBB die Anlagen, um schwerere Fahrzeuge einsetzen zu können.

Technik

Den Planbetrieb bewältigen moderne Elektrolokomotiven der Bauart HGe 4/4 II. Sie verdrängten die
Gepäcktriebwagen aus der Anfangszeit des elektrischen Verkehrs von der Strecke. Mit dampfbespannten Sonderzügen macht die Ballenberg
Dampfbahn auf sich und die sehenswerte Strecke
aufmerksam.

Strecke

Beginnen wir unsere Reise in Alpnachstad, dem ursprünglichen Ausgangsort der Strecke. Gemütlich
geht es im Reibungsbetrieb bis Giswil. Dort existieren noch der Lokschuppen und die Drehscheibe aus
Dampfloktagen. Fortan braucht die Lokomotive die
Zahnstange, um vorwärts zu kommen. Etwa 100 ‰
beträgt die Steigung. Der Zug passiert die jeweils
35 m langen Brücken über den Dellibach und den
Weitlibach. Von der Station Kaiserstuhl aus blickt
man auf den Lungernsee. Entlang des Lungernsees
fällt die Neigung wieder mäßig aus. Zahnradbetrieb
ist daher überflüssig. Dafür mussten die SBB die
Strecke aufwändig gegen Lawinen- und Murenab-
gänge sichern. Linkerhand sieht man die so teuren
wie notwendigen Schutzbauten. Rechterhand erscheint der meistens tiefblaue Bergsee. Nach dem
Halt in Lungern kommt wieder der Zahnradantrieb
zum Zuge. Die Strecke führt zunächst durch eine
weiträumige Weiden- und Wiesenlandschaft, ehe
sie den 145 m langen Käppelitunnel erreicht. Der
Scheitelpunkt liegt am Bahnhof Brünig-Hasliberg in
1002 m ü. NN. In Richtung Süden blickt man auf die
Berge des Berner Oberlandes.

Fortan geht es abwärts. Das Tempo bleibt mäßig, denn der Zug hangelt sich an der Zahnstange
dem Tal entgegen. 121 ‰ gilt es zu bewältigen. Die
Trasse verläuft direkt am Felshang. Bald erscheint
im Tal der Lauf der Aare im Sichtfeld. In Meiringen
müssen die Züge kehren. Dort befindet sich das Depot der Brünigbahn. Für die folgenden Kilometer bis
Brienz genügt wiederum der Reibungsbetrieb. Die
Trasse folgt der Aare.

! Wussten Sie, dass …

… auf den Talstrecken der Brünigbahn reger Güterverkehr
herrscht? Um eine reine Fremdenverkehrsbahn handelt es
sich keineswegs.

… im Sarner Rathaus das »weiße Buch« aufbewahrt wird?
Dieses ist die älteste Chronik der Schweiz.

… Dampfzüge einst für die Strecke 3:45 Stunden brauchten?

Skigebiet Meiringen-Hasliberg

Mit Dampf bergauf
Die Brienz-Rothorn-Bahn

Adresse
Brienz-Rothorn-Bahn (BRB)
Postfach
CH-3855 Brienz
Tel. 00 41/33/9 52 22 22
Fax 00 41/33/9 52 22 10
www.brienz-rothorn.ch
info@brienz-rothorn
-bahn.ch

Streckenverlauf

Strecke	Länge in km
Brienz → Geldried	2,2
Geldried → Planalp	1,4
Planalp → Oberstaffel	2,1
Oberstaffel → Rothorn Kulm	1,9

Betriebszeiten
Saisonauftakt:
Ende Mai beginnt der
Planbetrieb. Anfangs fahren
die Züge nur bis Planalp.
Saisonende:
Ende Oktober läuft der
Betrieb langsam aus. Die
letzten Fahrtage sind witte-
rungsabhängig.
Der Fahrplan steht in
Tabelle 475 des SBB-
Kursbuches.

Geschichte
Der Kanton Bern ist bekannt für seine überaus reiche Bahnlandschaft. Den größten Bekanntheits-
grad genießt zweifellos die BLS Lötschbergbahn,
deren Kürzel für »Bern Lötschberg Simplon« steht.
Der Tunnelbau durch das Lötschbergmassiv gehörte zu den technischen Pionierleistungen. Bis heute
hält der Kanton an seiner Bahn fest. Die anderen
Berner Bahnen brauchen sich aber keineswegs zu
verstecken. Schließlich ist eine Hauptbahn nichts
ohne die vielen Zuläufer, die Reisende und Güter zu
den Knotenpunkten transportieren.

Von einer meterspurigen Hauptlinie, der Brünigbahn, geht die Brienz-Rothorn-Bahn ab. Sie
führt mit einer Steigung von bis zu 250 ‰ auf den
über dem Ort thronenden Berg, dessen Gipfel
2350 m in den Himmel ragt. Gut hundert Meter tiefer endet die Bahnstrecke in der Spurweite
800 mm. 1892 schnaufte das erste Dampfross von
Brienz auf das Rothorn. Bis heute setzt die Betreiberin vornehmlich auf Dampfrösser.

Technik
Die kleinen Schmalspurlokomotiven verfügen über
zwei angetriebene Achsen. Das Gewicht des Führer-
hauses und seiner Einrichtungen lastet auf einer
hinteren Laufachse. Der Kessel ist gegenüber dem

Fahrwerk so geneigt, dass die Feuerbüchse stets mit Wasser bedeckt ist. Das muss auch so sein. Bleibt die Feuerbüchse einen Moment lang trocken, kann sie sich derart stark aufheizen, dass Wasser, welches später auf die Feuerbüchsdecke trifft, blitzartig verdampft. Der dabei entstehenden Energie kann kein Dampflokkessel standhalten; er würde platzen. »Zerknall« heißt dies in der Fachsprache der Eisenbahner.

Die Dampflokomotiven der Brienz-Rothorn-Bahn schauen zwar äußerlich nostalgisch aus. Sie entstanden aber zu Beginn der neunziger Jahre. Die Schweizerische Lokomotivfabrik in Winterthur baute die H 2/3, wie die Bauartbezeichnung lautet. Damit sind die kleinen Dampfrösser Schwestern der »Lok 2000«, einer Universallok der Schweizerischen Bundesbahnen. Deren mehr als 6000 kW Leistung bringen die Rothorn-Lokomotiven allerdings nicht einmal gemeinsam auf die Schiene.

Strecke

Die Brienz-Rothorn-Bahn ist die einzige nicht elektrifizierte Bergbahn der Schweiz. Gleich hinter dem Bahnhof beginnt die mit bis zu 250 ‰ geneigte Strecke, die natürlich mit einer Zahnstange ausgestattet ist. Ebenso selbstverständlich steht die Lokomotive stets talseitig am Zug, dessen nostalgisch ausschauende Wagen die Blicke auf sich ziehen. Die Strecke führt durch nicht weniger als sechs Tunnel mit Längen zwischen 19 und 290 m. Bei Geldried und hinter Oberstaffel beschreibt sie Kehrbögen, um an Höhe zu gewinnen. Nach einem weiteren Bogen von 180° erreicht der Zug dann nach knapp einer Stunde Fahrzeit Rothorn Kulm.

Die ganze Zeit über begleiten bewaldete Hänge und Weideflächen den Schienenstrang. An vielen Stellen hat man einen herrlichen Blick in das Tal. Vom Gipfel des Rothorns, den man über einen Saumpfad erreicht, genießt man ein Panorama mit dem Brienzer See und zahlreichen Gipfeln des Berner Oberlandes. Bei guter Sicht blickt man weit nach Uri und in das Wallis hinein.

(!) Wussten Sie, dass …

… in der Schweiz die Kantone den Staat darstellen? Kantonale Bahnen wie die Lötschbergbahn sind denn auch Staatsbahnen. Über den Kantonen steht der Bund.

… die Brienz-Rothorn-Bahn auch Diesellokomotiven einsetzt? Diese sind ähnlich konstruiert wie die Dampfrösser, das heißt, der Vorbau mit Motor und Getriebe liegt stets in der Horizontalen.

Wandergebiet Rothorn

Fünf Linien
Die Jungfraubahnen

Adresse
Jungfraubahnen
Harderstr. 14
CH-3800 Interlaken
Tel. 00 41/33/8 28 73 51
00 41/33/8 28 71 11
(Anmeldung für Gruppen)
Fax 00 41/33/8 28 72 65
www.jungfraubahn.ch
info@jungfraubahn.ch

Streckenverlauf

Strecke	Länge in km
■ Kleine Scheidegg → Eigergletscher	2,0
■ Eigergletscher → Eigerwand	2,3
■ Eigerwand → Eismeer	1,4
■ Eismeer → Jungfraujoch	3,6

Betriebszeiten

Auf allen Strecken herrscht Ganzjahresbetrieb. Im Winter kann es wetterbedingt zu Zugausfällen oder gar Streckensperrungen kommen. Die Fahrpläne erscheinen im SBB-Kursbuch in den Tabellen 311, 312, 313 und 314.

Geschichte

Als Erste ging 1890 die meterspurige Berner Oberland Bahn (BOB) in Betrieb. Ihre Strecke beginnt in Interlaken und führt über Wilderswil nach Zweilütschinen. Dort verzweigt sie sich in Äste nach Grindelwald und Lauterbrunnen. Beide Gemeinden sind seit 1893 durch die Wengernalpbahn miteinander verbunden. Die Zahnradbahn führt über die Kleine Scheidegg und Wengern mehr oder minder in Ost-West-Richtung. Ihre Züge fahren auf 800 mm breiten Schienen. Wiederum auf Meterspur verkehrt die in Kleine Scheidegg beginnende Jungfraujochbahn. Sie entstand als Zahnradbahn mit Steigungen von bis zu 250 ‰. 1898 erreichte der erste Zug den Eigergletscher. Im Folgejahr ging es weiter bis zur Station Rotstock. Dort legte die Bahngesellschaft eine Aussichtsplattform in der Eigerwand an. Die Touristenattraktion brachte der Bahn erste nennenswerte Einnahmen. Erst 1903 erreichten die Züge die Station Eigerwand. Wiederum entstand eine Aussichtsplattform. Große Probleme bereitete der Tunnelbau auf dem letzten Abschnitt. Deswegen vergingen sieben Jahre, bis die Strecke das Jungfraujoch erreichte. Der Plan, die Bahn auf die Jungfrau (4158 m) zu verlängern, scheiterte.

In Lauterbrunnen begann ab 1891 die Strecke nach Mürren. Zwischen Lauterbrunnen und Grütschalp ist sie als Standseilbahn ausgeführt. Mit 606 ‰ gehört sie zu den steilsten Strecken der Schweiz. Die meterspurige Reibungsstrecke ab Grütschalp ist mit 50 ‰ aber auch nicht von schlechten Eltern. Gegenüber der Jungfrau erhebt sich die Schynige Platte. Sie wird seit 1893 in der Spurweite 800 mm erschlossen. Die Zahnradstrecke beginnt in Wilderswil und weist bis zu 250 ‰ Neigung auf. In Serpentinen führt die Bahn entlang bewaldeter Hänge zum 1400 m höher gelegenen Endbahnhof.

Technik

Alle Bahnen sind elektrifiziert. Im abwechslungsreichen Fahrzeugpark entdeckt man moderne Drehstromzüge ebenso wie zweiachsige Zahnradlokomotiven mit bereits 90 Jahren auf dem Buckel. Sie bedienen die Strecke der Schynige-Platte-Bahn. Diese setzt zudem im Sonder- und Bauzugdienst die Dampflok H 2/3 5 ein, die aus den Anfangstagen der Bahn stammt. Selbstverständlich bleiben auch bei den anderen Bahnen historische Fahrzeuge erhalten, beispielsweise die Elektrolokomotiven der Bauart He 2/2 der Bahn auf das Jungfraujoch.

Strecke

Deren Züge beginnen in Kleine Scheidegg gegenüber dem Bahnhof der Linien aus Grindelwald und Lauterbrunnen. Eine Spitzkehre führt zum tiefer gelegenen Depot. Weitere Behandlungsanlagen befinden sich an der Station Eigergletscher. Beide sind von der Aussichtsplattform an der Kleinen Scheidegg gut einsehbar. Überdies lässt sich von dieser gut die Streckenführung der Zahnradbahn beobachten, zumindest was den oberirdischen Abschnitt betrifft Dieser führt mit einer Steigung von 240 ‰ zur ersten Station Eigergletscher. Danach beginnen die Tunnel. Nur in den Stationen taucht der Zug an das Tageslicht. Von ihnen erblickt man sehenswerte alpine Panoramen. Etwa 120 m unterhalb der Aussichtsterrasse endet der Zug. Ein Aufzug bringt die Reisenden nach oben. Bei gutem Wetter kann man bis in den Schwarzwald schauen.

❗ Wussten Sie, dass …

… die Station Jungfraujoch der höchstgelegene Bahnhof der Alpenregion ist?

… man die Berge Jungfrau, Mönch und Eiger auch als das Dreigestirn bezeichnet?

… die modernen Fahrzeuge bei der Talfahrt ihre Bremsenergie in das Netz zurückspeisen?

Sehenswürdigkeiten

Jungfrau-Attraktionen
Wenn die Bahn fährt, stehen natürlich auch die Attraktionen auf dem Bergmassiv den Besuchern offen. Neben der Aussichtsplattform locken besonders die Spazierwege im ewigen Schnee. Auch im Juli kann sich kalte Füße holen, wer kein winterfestes Schuhwerk mitbringt. Besonders attraktiv ist der Spazierweg am Fuße der Eigernordwand. Der Fels erscheint zum Greifen nahe. Am Jungfraujoch warten der »Eispalast« und der »Ice Gateway« auf die Besucher. Zwischen Juni und September öffnet der Ski- und Snowboard-Park seine Pforten. Zudem finden Polarhund-Schlittenfahrten statt. Detailauskünfte geben die Jungfraubahnen.

Einkehrmöglichkeit

Füüfabnüüni-Zmorge
In Mürren findet sich ein herrliches Bergrestaurant, das vor allem durch sein reichhaltiges Frühstücksbüffet auffällt. Von Mitte Dezember bis Mitte April sowie von Ende Mai bis Anfang Oktober lädt es täglich von 9.05 bis 9.30 Uhr ein, zu Pauschalpreisen nach Herzenslust zu schmausen. Nach 9.30 Uhr gelten die regulären Preise, denn im Bergrestaurant kann man nicht nur frühmorgens sehr gut speisen. Es empfiehlt sich, rechtzeitig einen Tisch zu reservieren.
Bergrestaurant Winteregg, CH-2835 Mürren;
Tel. 00 41/33/8 55 18 93

Schlittenhunde am Jungfraujoch

Panorama-Express
Montreux-Berner Oberland-Bahn

Adresse

Montreux-Berner Oberland-
Bahn (MOB)
Boîte postale 14 26
CH-1820 Montreux
Tel. 00 41/21/9 89 81 81
Fax 00 41/21/9 89 81 05
www.mob.ch
mob@mob.ch

BLS Lötschbergbahn
Genfergasse 11
CH-3001 Bern
Tel. 00 41/31/3 27 27 27
Fax 00 41/31/3 27 29 10
www.bls.ch
info@bls.ch

Streckenverlauf

Strecke	Länge in km
■ Montreux → Chamby	7,3
■ Chamby → Les Avants	3,7
■ Les Avants → Jor	1,7
■ Jor → Montbovon	9,5
■ Montbovon → Château-d'Oex	10,6
■ Château-d'Oex → Flendruz	4,7
■ Flendruz → Saanen	6,0
■ Saanen → Gstaad	2,4
■ Gstaad → Zweisimmen	13,6
■ Zweisimmen → Erlenbach	23,6
■ Erlenbach → Burgholz	4,1
■ Burgholz → Spiez	7,2

Betriebszeiten

Die Montreux-Berner Ober-
land-Bahn und die Spiez-
Erlenberg-Zweisimmen
Bahn fahren ganzjährig. Die
Zeiten stehen im SBB-
Kursbuch in den Tabellen
120 und 320.

Geschichte

Erst 1900 begannen die Bauarbeiten für die Montreux-Berner Oberland-Bahn (MOB). Am 17. Dezember 1901 ging der erste Abschnitt in Betrieb. Zug
um Zug nahm die Bahn auf weiteren Teilstücken
den Verkehr auf. Bis man Zweisimmen erreichte,
schrieb man den 6. Juli 1905. Dort endete seit 1902
die Regelspurstrecke aus Spiez. Pläne, den Meter-
spurbetrieb bis Spiez und Interlaken zu verlängern,
scheiterten. Auf einem Dreischienengleis könnten
Meterspurzüge von Luzern über die Brünigbahn
(→ Seite 164) bis Montreux durchfahren. Allerdings
führt die Fahrleitung auf der Simmentalbahn Wechselstrom mit 15 kV Spannung, während die Züge
der MOB mit 900 V Gleichstrom fahren. Nicht einmal die Intervention des Militärs half. Lediglich der
Rollbockverkehr von Güterwagen ließ sich durch-
setzen. So enden die luxuriösen Express-Züge der
MOB bis heute in Zweisimmen.

Technik

Zu ihnen gehört mit dem »Crystal-Panoramic-Ex-
press« ein Zug, der europaweit Aufsehen erregt.
Äußerlich sieht er mit seinen zwei Steuerwagen an
beiden Spitzen wie ein Triebzug aus. Zwischen den
Mittelwagen steht aber eine Lok, deren Kasten in
den Wagenfarben gespritzt ist. Sie ist also Zug- und

Schubmaschine zugleich. Trotz des eher mäßigen Tempos auf der Strecke ist der Crystal Panoramic Express windschnittig gestaltet. Durch die Panoramascheiben hat man einen hervorragenden Blick auf die wunderschöne Landschaft.

Strecke

Kurz hinter dem Bahnhof von Montreux beginnt der erste, mit 65 ‰ geneigte Steigungsabschnitt. In mehreren Kehren erklimmt der Zug den Berg. Die Reisenden genießen derweil den Blick auf den Genfer See. Letztmalig kann man vor und hinter Sendy-Sollard auf den See, das Rhônetal sowie die Walliser und Savoyer Alpen schauen. In Les Avants beginnt der steilste Abschnitt. 73 ‰ beträgt das Steigungsmaß. Bis zur Ausweichstation Jor durcheilt der Zug nicht weniger als sechs Tunnel. Hinter Jor folgt der Jaman-Scheiteltunnel mit seinem Kulminationspunkt auf 1113 m ü. NN. In starkem Gefälle strebt die Trasse nunmehr dem Sarinetal entgegen. In Montboven beginnt die ebenfalls meterspurige Freiburger Bahn nach Bulle.

Die MOB folgt weiter der Sarine. Kurz vor Châteux-d'Oex befindet sich der 190 m lange Tunnel de Chaudanne. Zwischen Les Combes und Flendruz führt eine schöne Stahlfachwerkbrücke über den in die Sarine fließenden Flendruz. Der höchste Punkt der Strecke liegt zwischen Schönried und Saanenmöser auf 1275 m ü. NN. Nach zwei Kehrschleifen, von der Letztere im Tunnel angelegt ist, erreicht der Zug Zweisimmen. Dort muss in die Züge der Spiez-Erlenberg-Zweisimmen Bahn (SEZ) umgestiegen werden. Das prächtige Empfangsgebäude mit dem neckischen Uhrentürmchen wurde von der MOB erbaut. Die Anlagen teilen sich aber beide Bahnen. Jeder Perron hat je eine regel- und meterspurige Bahnsteigkante. Im Simmental finden abschnittsweise gerade einmal das Gleisbett und die Parallelstraße Platz. Kurz bevor die Strecke bei Spiez in die ebenfalls der Lötschbergbahn gehörende Linie Bern/Thun–Interlaken mündet, überquert sie die Kander auf einer 93 m langen Fachwerkbrücke.

! Wussten Sie, dass …

… die Reichenbach-Kurve hinter Gstaad nach einem Großrat benannt ist? Dieser hatte sich höchst energisch für deren Bau eingesetzt, um Gstaad an die Bahn anzuschließen.

… sich zwischen Rougemont und Saanen die französisch-deutsche Sprachgrenze befindet? Auch die Zugführer der MOB wechseln dort selbstverständlich vom Gallischen ins Germanische.

Sehenswürdigkeiten

Audiorama
Die Sammlung des hochinteressanten Rundfunkmuseums »Audiorama« in Montreux umfasst alle Spielarten des Rundfunks, also auch das Fernsehen, sowie die Multimedia-Technologien. Das Museum informiert nicht nur über die Geschichte dieser Medien. Es macht die Technik auch anschaulich.
Avenue de Chillon 74,
CH-1820 Montreux;
Tel. 00 41/21/9 63 02 94;
www.montreux.ch;
Di–So 13–18 Uhr

Auditorium Stravinski
Namhafte Vokalisten, Instrumentalmusiker und Orchester gastieren regelmäßig in dem Konzertsaal, der dem russischen Komponisten und Dirigenten Igor Strawinski gewidmet ist. Viele Veranstaltungen sind früh ausverkauft. Karten sollte man daher vor dem Reiseantritt erwerben.
Auditorium Stravinski,
Affaires culturelles,
Grand-Rue 95, CH-1820 Montreux; www.montreux.ch, culture@comx.org.

Einkehrmöglichkeit

Matara
Einen schönen Blick hat man vom Restaurant »Matara« des Eurotel Riviera aus. Es befindet sich unweit des Bahnhofs von Montreux. Das Angebot ist traditionell, die Preise sind moderat.
Grand-Rue 81,
CH-1820 Montreux;
Tel. 00 41/21/9 63 49 51

Audiorama Montreux

Über der Rhône
Bahnen um Bex und Aigle

Adresse

Transports Publics du
Chablais (TPC)
Rue de la Gare 38
CH-1860 Aigle
Tel. 00 41/0 24/4 68 03 30
Fax 00 41/0 24/4 68 00 31
www.tpc.ch
info@tpc.ch

Streckenverlauf

Strecke	Länge in km
Aigle → Aigle Dépôt	1,0
Dépôt → Rennaz	2,5
Rennaz → Leysin Village	1,7
Village → Leysin Grand-Hôtel	1,0
Aigle → Aigle Dépôt	1,4
Dépôt → Verchiez	2,4
Verchiez → Plambuit	4,2
Plambuit → Exergillod	2,2
Exergillod → Les Planches	2,6
Les Planches → Le Sépey	1,0
Les Planches → Les Aviolats	5,0
Les Aviolats → Vers-l'Eglise	1,7
Vers-l'Eglise → Les Diablerets	1,8
Bex → Bévieux	3,2
Bévieux → Gryon Bois-Gentil	5,7
G B.-G. → Arveyes	2,5
Arveyes → Villars	1,0
Villars → Col-de-Bretaye	4,7

Betriebszeiten

Die Bahnen rund um Aigle und Bex verkehren ganzjährig. Ihre Fahrpläne nennt das SBB-Kursbuch in den Tabellen 124, 125, 127, 128 und 129.

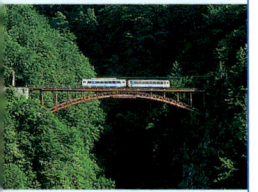

Geschichte

Zu den beliebtesten Ferienlandschaften der Schweiz gehört das Rhône-Tal. Insbesondere in der Gegend östlich des Genfer Sees reiht sich Urlaubsort an Urlaubsort. Zur Feinerschließung der Täler auf Waadter und Walliser Seite des Grenzflusses entstanden im Laufe der Jahre verschiedene, bezaubernde Kleinbahnen. Die Urlauber gelangen mit ihnen an ihr Ziel, für die Einheimischen sind sie wichtige Nahverkehrsmittel. In der Schweiz kann man das Auto auch stehen lassen, wenn man etwas abseits der Hauptverkehrswege lebt.

Aigle kann sich mit Fug und Recht als Bahnknoten bezeichnen. In der Gemeinde an der Rhônetal- oder Simplonbahn nach Martigny und Brig beginnen drei Meterspurbahnen. Sie führen nach Leysin (AL) und Les Diablerets (ASD) in Waadt und nach Champéry (AC) im Wallis. Von der ASD geht in Les Plaches eine Stichstrecke nach Le Sépey ab. Einen Halt auf der SBB-Hauptlinie weiter, in Bex, besteht eine Umsteigemöglichkeit in die Meterspurzüge nach Villars und Col-de-Bretaye (BVB). Alle Bahnen werden heute von den Transports Publics du Chablais (TPC) betrieben. Uns wollen im Folgenden nur die Waadter Bahnen interessieren.

Als Erste ging 1898 der Abschnitt Bex–Bévieux der BVB in Betrieb. Bis 1901 war die Bahn vollendet, 1900 begann zwischen Aigle und Leysin-Fey-dey der Zugbetrieb. Ab 1916 erreichte sie ihren heutigen Endpunkt. Auf der ASD fuhren die Züge zunächst 1913 von Aigle nach Sépey durch. Der Abschnitt Les Planches–Les Diablerets folgte 1914.

Alle Bahnen gehörten zunächst eigenständigen Gesellschaften. Davon künden bis heute die unterschiedlichen Stromsysteme. AL und ASD fahren mit 1500 V, die BVB nutzt 700 V Gleichstrom. Ursprünglich führte die Fahrleitung der AL sogar nur 1300 V.

Technik

Selbstverständlich setzt die TPC auf allen drei Linien heute moderne Elektrotriebzüge ein. Die kleinen Wagen hinterlassen aber einen höchst beschaulichen Eindruck. Das gilt sogar dann, wenn im Winter auf der Bergstrecke der BVB die Züge im Halbstundentakt die Skiläufer auf den Berg bringen.

Strecke

Damit ist ein wichtiger Daseinszweck der drei Bahnen genannt. Kein anderes Verkehrsmittel kann die Touristenströme so gut bewältigen wie die Eisenbahn. Auf der BVB müssen die Reisenden in Villars vom Tal- in den Bergzug umsteigen. »Talzug« ist aber reichlich untertrieben. Der steilste Abschnitt der Bahn befindet sich zwischen Bévieux und Gryon, also im Talabschnitt. 200 ‰ müssen die Züge mithilfe der Zahnstange erklimmen. Gar 230 ‰ beträgt die höchste Steigung auf der AL. Er befindet sich am Schluss der Linie zwischen Leysin Stadt und Leysin Grand-Hôtel. Auf den Reibungsabschnitten brauchen die Züge nur eine Maximalneigung von 38 ‰ zu bewältigen. In Aigle führt die Strecke zunächst durch die Gassen der Stadt. Hinter Aigle Dépôt blickt man rechter Hand auf die Stadt und die Bahnanlagen. Auch die Trasse der ASD schlängelt sich zunächst durch die Straßen der Gemeinde. Mit bis zu 60 ‰ geht es dann aufwärts, Le Sépey entgegen. Dort kehren die Züge, um Les Planches entgegenzustreben.

! Wussten Sie, dass …

… die ASD einstmals weiter nach Gstaad führen sollte? Dort hätte Anschluss an die MOB bestanden (→ Seite 170).

… die BVB erst 1943 entstand? Bis dahin gab es eigenständige Unternehmen für die Strecke nach Villars und für die Bergbahn nach Bretaye. Noch heute führt das SBB-Kursbuch beide mit eigenen Nummern, der 127 und der 128. Die 129 nennt die Fahrzeiten zwischen Bex und Bévieux.

Sehenswürdigkeiten

Schloss Aigle

Vom Ort aus gut einsehbar, steht in den Weinbergen eine der malerischsten Burgen der Schweiz. Sie wurde im 12. Jahrhundert von den Savoyern errichtet. 1475 zerstört, erfolgte zwischen 1482 und 1488 der Wiederaufbau. Bis 1798 diente Schloss Aigle als Residenz den Landvögten von Bern. Heute beherbergt das Schloss das »Rebbau- und Weinmuseum«, in dem die Besucher alles rund um die Erzeugung des edlen Getränkes erfahren. Dem »Rebbau- und Weinmuseum« angeschlossen ist das »Musée International de l'Etiquette« in der »Zehntscheuer«, einem mächtigen Bau mit Krüppelwalmdach. In den Ausstellungsräumen sind mehr als 800 Flaschenetiketten, die aus 52 Ländern stammen, zusammengestellt.
Schloss Aigle,
CH-1860 Aigle;
Tel. 00 41/24/46 84 111;
Apr.–Juni und Sept.–Okt.
Di–So 9–12.30, 14–18 Uhr,
Juli–Aug. tgl. 9–12.30,
14–18 Uhr, 14–18 Uhr

Einkehrmöglichkeit

Hôtel du Nord

Das Restaurant des »Hôtel du Nord« bietet eine gute Küche zu akzeptablen Preisen. Es liegt im Herzen der Altstadt.
Rue Colomb 2,
CH-1860 Aigle;
Tel. 00 41/24/4 66 46 16

Schloss Aigle

Alpen-Panorama
Die Arosabahn

Adresse
Rhätische Bahn
CH-7050 Arosa
Tel. 00 41/81/3 77 14 90
www.rhb.ch
contact@rhb.ch

Streckenverlauf

Strecke	Länge in km
■ Chur SBB →	
Chur Stadt	0,8
■ Chur Stadt →	
Chur Sand	0,6
■ Chur Sand → Sassal	0,8
■ Sassal → Untersax	3,6
■ Untersax →	
Lüen-Castiel	2,9
■ Lüen-Castiel →	
St. Peter-Molinis	4,0
■ St.Peter-Molinis →	
Peist	1,7
■ Peist → Langwies	3,5
■ Langwies → Litzirüti	2,8
■ Litzirüti →	
Haspelgrube	2,2
■ Haspelgrube →	
Arosa	2,8

Betriebszeiten

Die Arosa-Bahn fährt ganz-
jährig nach dem in der
Tabelle 930 des SBB-
Kursbuches abgedruckten
Fahrplan.

Geschichte

Ende des 19. Jh. suchten die Gemeinden im Tal zwischen Chur und Arosa Anschluss an die Eisenbahn.
Doch bis 1914 mussten sie warten, ehe der erste
Zug fahren konnte. Die Bauarbeiten dauerten zwar
nur zweieinhalb Jahre – ein heute traumhafter Wert.
Von Beginn an berücksichtigte man die geologische
Situation der Gegend. So sollten beispielsweise an
verschiedenen Stellen Brücken entstehen, um
bergrutschgefährdetes Terrain zu umgehen. Trotzdem mussten die Ingenieure immer wieder umpla-
nen, weil sich die Berge doch anders verhielten als
vorhergesagt. Beispielsweise rutschte im Frühjahr
1914 ein Schuttkegel mitsamt Stützmauer ab. Mo-
natelang waren zuvor Materialzüge darüber gefahren. An dieser Stelle entstand in den Folgemonaten
eine 46 m lange Brücke.

Von Beginn an fuhren die Züge elektrisch. Über
Jahrzehnte hinweg führte die Fahrleitung 2000 V
Gleichstrom. Erst 1997 stellte die Rhätische Bahn
auf den bei ihr üblichen Wechselstrom mit 11 kV
Spannung und 16,7 Hz Frequenz um.

Technik

Am schönsten ist die Fahrt auf der Arosalinie im eigens entwickelten »Arosa-Express«. Der blau ge-
spritzte Paradezug verfügt über große Panorama-

scheiben. Nicht nur Inhaber von Fensterplätzen können die Aussicht auf die Bergwelt und in die Täler genießen. Im Salon-, Bar- und Clubwagen werden die Reisenden zusätzlich verwöhnt.

Den Planbetrieb bewältigen Triebwagen und lokbespannte Züge. Historische Lokomotiven und Triebwagen der Arosa-Bahn können wegen der 1997 erfolgten Stromumstellung nicht auf die Strecke kommen.

Strecke

Die Fahrt auf der Arosabahn gehört zu den größten Erlebnissen für Eisenbahnfreunde. Sie beginnt im Stadtgebiet von Chur. Einer Straßenbahn gleich schlängelt sich der Zug durch die Altstadt, bis er den Fluss Plessur erreicht, dessen Ufer er bis zum Stausee kurz vor Arosa folgt. Hinter Sassal durchfährt er drei kurze, nach der Gemeinde benannte Tunnel. Nicht weniger als 16 weitere Tunnel folgen bis zum Endpunkt. Die meisten messen nur wenige Meter. Ordentliche Längen weisen der Spundeschatunnel mit 283, der Steinbodentunnel mit 188, der Bärenfalletunnel mit 249, der Lüener Rüfetunnel mit 389 und der Sandgrindtunnel mit 389 m auf. Sie alle liegen in der ersten Streckenhälfte. Auf den zweiten knapp 13 km entdeckt man nur den im Stadtgebiet von Arosa gegrabenen Tunnel mit 299 m Länge.

Von den gewaltigen Brücken der Strecke aus fällt der Blick in zum Teil tiefe Schluchten. Leider kann man vom Zug aus die Schönheit der Brücken nicht betrachten. Es lohnt sich daher, zwischendurch auch einige Male auszusteigen und Teile der Strecke zu Fuß zu erkunden, beispielsweise den hoch aufragenden Viadukt bei Langwies. Zudem bekommt man die Gelegenheit, so schöne Stationsgebäude wie das von Lüen-Castiel aus der Nähe zu bewundern. Um den schmucken Holzbau ranken im Sommer Blumen. Hinter Litzirüti gewinnt die Strecke in zwei ausgedehnten Kehrbogen an Höhe. Insgesamt steigt das Niveau zwischen Chur und Arosa um gut 1240 m. Die maximale Neigung beträgt 60 ‰.

❗ Wussten Sie, dass …

… in den neunziger Jahren Gedankenspiele kursierten, den Bahnhof von Chur unterirdisch zu erschließen? Glücklicherweise fehlte das Geld zur Realisierung. 1996 verschwand der Plan in den Schubladen.

… man Arosa am besten im Herbst besucht? Dann schillert der Wald in seiner ganzen Farbenpracht und der Trubel hält sich in Grenzen.

Sehenswürdigkeiten

Heimatmuseum
Das Plessurtal und Arosa liegen im Schanfigg. Die Geschichte der Region präsentiert das Heimatmuseum im Eggahuus. Dort wurde eine Wohnstube aus 1550 eingerichtet.
Eggahuus, CH-7050 Arosa;
Tel. 00 41/81/3 78 70 20;
Juni–Okt. Mo, Mi,
Fr 14.30–16.30 Uhr

Alpengarten Maran
Das ganze Panorama der Alpenblumen bietet der Alpengarten, der ein Versuchsfeld für Pflanzenbau ist. Treffpunkt ist die Bushaltestelle Maran.
Arosa Tourismus, Poststr.,
CH-7050 Arosa;
Tel. 00 41/81/3 78 70 20;
Juni–Aug. tgl. Führungen um 14.15 Uhr

Käserei Maran
Über die Herstellung hochwertigen Käses informiert eine Führung. Treffpunkt ist die Terrasse. Eine Anmeldung ist erforderlich.
Käserei Maran,
CH-7050 Arosa;
Tel. 00 41/81/3 77 22 77;
Juni–Sept. tgl. 10.15 Uhr

Einkehrmöglichkeit

Da Giacomo
Unweit des Bahnhofes von Arosa kann man recht preisgünstig speisen. Die Pizzeria »Da Giacomo« gehört zum Posthotel.
Oberseepromenade,
CH-7050 Arosa;
Tel. 00 41/81/3 78 50 00;
Dez.–Apr., 15. Juni–Sept. abends geöffnet

Heimatmuseum im Eggahuus

Karussellfahrten
Die Albulabahn

Adresse
Rhätische Bahn (RhB)
Bahnhofstr. 25
CH-7002 Chur
Tel. 00 41/81/2 88 56 40
(Bahnhof St. Moritz)
Fax 00 41/81/2 88 56 31
www.rhb.ch
contact@rhb.ch

Streckenverlauf

Strecke	Länge in km
■ St. Moritz → Celerina	2,7
■ Celerina → Samedan	2,6
■ Samedan → Bever	2,1
■ Bever → Spinas	3,8
■ Spinas → Preda	6,1
■ Preda → Bergün	12,6
■ Bergün → Filisur	8,7
■ Filisur → Tiefencastel	10,5
■ Tiefencastel → Thusis	12,6

Geschichte

Nachdem die Strecke Landquart–Chur 1896 in Betrieb gegangen war, begannen 1898 die Arbeiten für eine Bahn in das Albulatal. Als Oberbauleiter verpflichtete die Rhätische Bahn (RhB) Friedrich Hennings, der zuvor als Sektionsingenieur an der Gotthard-Nordrampe Erfahrungen hatte sammeln können. 1904 konnten die Züge bis St. Moritz durchfahren. Zwischen 1919 und 1921 erfolgte die Elektrifizierung.

Technik

Mit ihr gelangten die legendären RhB-»Krokodile« auf die Strecke. Die Ge 6/6 hatten zwei Achsen weniger als die großen Reptilien auf der Gotthard-Achse. Ihre Leistungen vermochten so sehr zu überzeugen, dass sie bis in die neunziger Jahre hinein im Dienst blieben. Heute bespannen sie Nostalgiezüge.

Strecke

Beginnen wir die Reise in St. Moritz. In dem mondänen Wintersportort treffen die Albulalinie und die Bernina-Bahn (→ Seite 178) zusammen. Kurz hinter der Gemeinde durcheilt der Zug zunächst zwei dicht beieinander liegende Tunnel, um einen Felsriegel passieren zu können. Danach beginnt die Fahrt durch das weite Hochtal des jungen Inn, dem der

Betriebszeiten
Die Albulabahn wird ganzjährig betrieben. Ihr Fahrplan findet sich in den Tabellen 920 und 940 des SBB-Kursbuches.

Schienenstrang bis Bever folgt. In Samedan kann man in die Züge umsteigen, die von der Albulalinie direkt auf die Bernina-Bahn übergehen. Zudem beginnen dort die Züge nach Scuol im Engadin. Zwar fahren Albula- und Engadin-Züge bis Bever parallel; Schnellzüge halten in Bever aber nicht. Hinter Bever verlässt die Albulalinie das Inntal in Richtung Nordwesten. Eine gewaltige Steigung gilt es zu erklimmen, ehe der Albulatunnel erreicht ist. Spinas liegt auf 1814 m ü. NN. Im Winter herrscht dort klirrende Kälte, weil die Sonne kaum in das enge Tal durchdringt. Die Werbung für den Fremdenverkehr stellt denn auch die absolute Schneesicherheit Spinas' heraus.

Der Albulatunnel misst 5864 m. Bis zum Bau des rund 21 km langen Vereinatunnels war er der längste Tunnel der RhB. An dessen Ende erreicht der Zug die Albulaschlucht. Eine manchen Reisenden etwas verwirrende Fahrt beginnt. Um Reibungsbetrieb zu ermöglichen, durften die Neigungen nicht allzu stark ausfallen. Deswegen entstanden eine Reihe Kehren, Schleifen und Kreisel. Schnell weiß man nicht mehr die Himmelsrichtungen zuzuordnen, es sei denn, die Sonne strahlt und der Blick auf die Uhr verrät, welche Position sie momentan einnimmt. Pfadfinderkenntnisse helfen eben mitunter auch bei der Bahnreise.

Bei Bergün endet die Karussellfahrt. Die Gemeinde besticht durch ihr geschlossenes Ortsbild. Zahlreiche Bürgerhäuser sind erkergeschmückt. Der trutzige, 40 m hohe Platzturm zählt bereits rund 800 Lenze. Im Westen erscheinen die Plessur-Alpen mit dem Aroser Rothorn im Mittelpunkt, im Süden die Albula-Alpen. Rechterhand zweigt in Filisur die Strecke nach Davos und Klosters ab. Auf einem eleganten, hohen Mauerwerksviadukt überquert der Schienenstrang den Fluss Landwasser. Die im Bogen liegende Brücke mündet direkt in einen Tunnel. Bei Thusis mündet die Albula in den Hinterrhein, der sich seinerseits bei Reichenau-Tamins mit dem Vorderrhein vereinigt. Die Züge fahren auf der Vorderrheinlinie weiter nach Disentis.

❗ Wussten Sie, dass …

… das Val Bever mit dem Hauptort Spinas zu den autofreien Paradiesen gehört?

… es in St. Moritz auch ein Bahnhofsschild in japanischer Schrift gibt? So finden sich alle zurecht …

… die Albulabahn die am dichtesten befahrene Strecke der RhB ist?

Sehenswürdigkeiten
Wintersport

St. Moritz gilt als der Wintersportort schlechthin. Der Name ist dermaßen gefragt, dass ihn die Gemeinde beim Markenamt international schützen lassen musste. Die Geschichte des Wintersports in St. Moritz begann im September 1864, als ein Hotelier britischen Gästen eine Wette anbot: Falls es ihnen im Winter nicht gefalle, erstatte er ihnen die Reisekosten, falls es ihnen gefalle, könnten sie bleiben, so lange sie wollten. Die Briten verweilten bis Ostern. Heute übertrifft die Zahl der Gäste, die alljährlich in St. Moritz ihren Winter- oder auch Sommerurlaub verbringen, die Zahl der Einheimischen um ein Mehrfaches. Die St. Moritzer sprechen mehrheitlich deutsch.

Kur- und Verkehrsverein,
Via Maistra 12,
CH-7500 St. Moritz;
Tel. 00 41/81/8 37 33 33;
www.stmoritz.ch,
information@stmoritz.ch

Einkehrmöglichkeit
Meierei

Das Restaurant bietet nicht nur gute Speisen zu günstigen Preisen, sondern auch eine wunderbare Sicht auf die Berge rund um den Wintersportort. Die Meierei ist über die Seepromenade zu Fuß erreichbar. Dass nur Hotelgäste mit dem Auto vorfahren dürfen, wird Bahnfreunde kaum stören.

Via Dim Lej 52,
CH-7500 St. Moritz;
Tel. 00 41/8 1/8 33 32 42;
Mo geschl.

Schiefer Turm in St. Moritz

Runter nach Italien
Die Bernina-Bahn

Adresse
Rhätische Bahn (RhB)
Bahnhofstr. 25
CH-7002 Chur
Tel. 00 41/8 18/44 01 32
(Bahnhof Poschiavo)
Fax 00 41/8 18/44 10 73
www.rhb.ch
contact@rhb.ch

Streckenverlauf

Strecke	Länge in km
St. Moritz → Celerina Staz	2,0
Celerina Staz → Pontresina	3,8
Pontresina → Surovas	1,5
Surovas → Morteratsch	4,9
Morteratsch → Bernia Suot	3,5
Bernia Suot → Bernina Lagalb	2,2
Bernina Lagalb → Ospizio Bernina	4,4
Ospizio Bernina → Alp Grüm	4,8
Alp Grüm → Cavaglia	6,0
Cavaglia → Cadera	5,1
Cadera → Poschiavo	5,4
Poschiavo → Miralago	7,2
Miralago → Brusio	3,1
Brusio → Campocologno	3,8
Campocologno → Tirano	3,0

Betriebszeiten

Die Berninabahn verkehrt
ganzjährig. Ihr Fahrplan
steht im SBB-Kursbuch in
der Tabelle 950.

Geschichte

1905 konstituierte sich in Graubünden die Bernina-Bahn-Gesellschaft. Von St. Moritz sollte die Strecke über Pontresina nach Tirano führen, also nach Italien hinein. Die Konzessionen lagen schon vor, doch zogen es die Unternehmer vor, den Baubeginn zugunsten einer Optimierung der Trassierung etwas hinauszuzögern. Es gelang, eine Streckenführung mit Maximalneigungen von 70 ‰ zu entwickeln. Damit konnte die Bahn auf den Einbau von Zahnstangenabschnitten und Spitzkehren verzichten.

Am 5. Juli 1910 wurde die Meterspurbahn auf ganzer Strecke eröffnet. Bereits im Winter zuvor hatte man Probefahrten absolviert, denn von Beginn an stand fest, dass die Bahn ganzjährig verkehren soll. Mancher Einheimische schüttelte deswegen nur den Kopf. Doch spätestens 1911/12, als der Fahrzeugpark um zwei gewaltige Dampfschneeschleudern wuchs, verstummten die Skeptiker. 1943 ging die Bernina-Bahn in der Rhätischen Bahn (RhB) auf.

Technik

Zu den schönsten Spektakeln gehört es, wenn die RhB eine ihrer gewaltigen Dampfschneeschleudern auf die Strecke schickt. Die Xrot 9213 hat es sogar schon zu Filmruhm gebracht. Doch auch die Einsätze moderner Schneeräumkommandos versprechen ein Bahnabenteuer der Spitzenklasse. Gleiches gilt für die Fahrt im Zug über die Bernina-Bahn, ganz gleich, ob ein modernes Triebfahrzeug oder ein historisches an der Spitze steht.

Strecke

Rund um St. Moritz gibt es eine Art Gleisdreieck. Von der Stadt führen Gleise nach Samedan an der Albulabahn (→ Seite 176) und nach Pontresina. Zudem sind Samedan und Pontresina mit einem Schienenpaar verbunden, sodass Züge direkt von der Albulalinie auf die Bernina-Bahn wechseln können. Gleich hinter Pontresina beginnt die Steigungsstrecke mit der Maximalneigung. Lärchenwälder bestimmen das Bild. Nach dem Passieren von Morteratsch fällt der Blick rechts auf das gewaltige Morteratsch-Massiv. Kurz darauf überquert der Zug den Bernina-Bach, um dann in die Montebello-Kurve einzulaufen. Rechts zeigt sich der einzige Viertausender der Ostalpen, der 4049 m hohe Piz Bernina. In Bernina Suot erreicht der Zug die Baumgrenze. Ospizio Bernina markiert den Scheitelpunkt auf 2253 m ü. NN.

Von der nächsten Station, Alp Grüm, aus kann man schon Poschiavo erahnen. Die Terrasse am Bahnhof bietet zudem einen guten Blick auf den 3905 m hohen Piz Palü mit seinem Gletscher. Um die mehr als 1000 m Höhenunterschied zu überwinden, schufen die Erbauer der Bernina-Bahn vier Kehrschleifen. Die Bahn musste buchstäblich in den Fels gehauen werden. Poschiavo, Hauptort des Puschlav-Tals, ist bereits stark italienisch geprägt. In San Antonio und La Prese fährt der Zug einer Tram gleich auf Straßenland. Hinter Miralago beginnt das nächste 70-‰-Gefälle. Nach dem Zwischenhalt in Brusio erreicht man den spektakulärsten Teil der Strecke, den berühmten Kreisviadukt. Er hat neun Bögen. Den vierten davon durchfahren die Züge nach der vollen Umrundung des Natursteinbaus. Campocologno ist die letzte Station in der Eidgenossenschaft. Abschließend erlebt man in Tirano eine Art Straßenbahn-Stadtrundfahrt.

❗ Wussten Sie, dass …

… die Montebello-Kurve eigens für die Besucher des Bernina-Tals erbaut wurde? Schon zu Beginn des 20. Jh. ahnten die Bündner, dass dem Fremdenverkehr eine glänzende Zukunft bevorsteht.

… die Bauarbeiter auf der Bernina-Bahn von beiden Seiten aus die Strecke vorantrieben? So konnte man die Bahn in nur sechs Jahren fertig stellen.

Sehenswürdigkeiten

Rund um Pontresina
Das Bernina-Tal beginnt in einem alten Straßendorf. Pontresinas heutiges Ortsbild entstand nach 1720. In jenem Jahr fegte ein verheerendes Feuer durch die Straßen und vernichtete die alten Bauten fast vollständig. Heute haben die Neubauten mit ihren kunstvollen Sgraffiti und Gitterfenstern neuen nostalgischen Charme gewonnen. Heute bestimmt der Fremdenverkehr das Leben in der Gemeinde. Pontresina gilt als fast so mondän wie St. Moritz, ist aber nicht ganz so überlaufen.

Einst war Pontresina des Bergsteigerzentrum der Schweiz. Heute sitzt dort die größte Bergsteigerschule des Landes. Sie bildet nicht nur aus, sie organisiert auch Bergtouren unterschiedlichen Schwierigkeitsgrades sowie Gletscherwanderungen. Die Angebote sind saison- und witterungsabhängig.

Kur- und Verkehrsverein,
CH-7504 Pontresina;
Tel. 00 41/81/8 38 8300;
Bergsteigerschule
Tel. 00 41/81/8 38 83 33

Einkehrmöglichkeit

Bündnerstube
Regionale Spezialitäten offeriert das Restaurant, das zum Hotel Rosatsch und Residence gehört. Das Preis-Leistungs-Verhältnis stimmt.
Via Maistra 71;
CH-7504 Pontresina;
Tel. 00 41/81/8 42 77 77

Gletschertour bei Pontresina

Über den Furka
Die Matterhorn Gotthard Bahn

Adresse
Matterhorn Gotthard Bahn
Nordstr. 20
CH-3900 Brig
Tel. 00 41/27/9 27 77 77
Fax 00 41/27/9 27 77 79
www.mgbahn.ch
info@mgbahn.ch
Dampfbahn Furka-Bergstrecke
Postfach 35
CH-3999 Oberwald
www.furka-bergstrecke.ch

Streckenverlauf

Strecke	Länge in km
Disentis → Mompé-Tujetsch	4,7
M.-T. → Sedrun	4,4
Sedrun → Dieni	2,8
Dieni → Oberalppasshöhe-Calmot	7,3
O.-C. → Andermatt	9,8
Andermatt → Realp	8,5
Realp → Oberwald	18,1
Oberwald → Biel	13,4
Biel → Fiesch	10,6
Fiesch → Mörel	10,1
Mörel → Brig	7,2
Brig → Visp	8,9
Visp → St. Niklaus	16,1
St. Niklaus → Täsch	13,4
Täsch → Zermatt	5,6
Realp → Furka	6,7
Furka → Gletsch	5,8
Gletsch → Oberwald	4,9

Betriebszeiten

Die Züge der Matterhorn Gotthard Bahn fahren ganzjährig. Ihre Fahrpläne stehen im Kursbuch der SBB in den Tabellen 140, 142 und 143.
Die Dampfzüge verkehren im Sommer Freitag bis Sonntag.

Geschichte

Bereits 1891 konnten Reisende per Bahn das Matterhorn erreichen. Zumindest fast. Die in Visp beginnende Meterspurbahn führt nach Zermatt am Fuß des Berges. Auf 8,7 km verlegte man Zahnstangen. Dort beträgt die maximale Neigung 125 ‰. Im Tal genügen 25‰. Erst 1930 gelang es, die Linie von Visp nach Brig zu verlängern, da die SBB wegen ihrer Parallelstrecke Widerstand leisteten.

Während das Projekt der Zermattbahn glückte, scheiterten Pläne für eine Bahn über den Furka-Pass zunächst. Erst 1910 begannen die Bauarbeiten für diese, ebenfalls meterspurige Bergbahn. Kriegsbedingt gerieten sie ins Stocken; der Schweiz fehlten Arbeitskräfte aus den Nachbarländern. Bis der erste durchgehende Zug von Disentis nach Brig fahren konnte, schrieb man denn auch das Jahr 1926. Mehr als 50 Jahre lang überquerten die Züge den Berg, erst mit Dampf, ab 1942 elektrisch. In den siebziger Jahren begann der Bau eines Furka-Basistunnels. 1982 ging er in Betrieb und der Verkehr auf der Bergstrecke endete. Der Verein Furka-Dampfbahn übernahm die Bergstrecke und führt heute Museumsbetrieb durch. Zu Beginn des 21. Jh. schlossen sich die Furka-Oberalp-Bahn und die Brig-Visp-Zermatt-Bahn zur Matterhorn Gotthard Bahn zusammen.

Technik

Den Planbetrieb bewältigen heute moderne Elektrolokomotiven der Bauart HGe 4/4 II. Zwischen Täsch und Zermatt pendeln Triebwagen. Von der Zermatt-Bahn blieben deren legendäre, vierachsige »Krokodile« erhalten. Die Dampfbahnfreunde setzen Maschinen aus den Ursprungstagen der Furka-Bahn ein. Vier Maschinen der Bauart HG 3/4 und drei HG 4/4 kehrten aus Vietnam in die Schweiz zurück. Von der Furka-Bahn waren sie nach der Elektrifizierung nach Südostasien verkauft worden.

Strecke

Die Furka-Bahn beginnt in Disentis. Dort kann sie Wagen von der Rhätischen Bahn übernehmen, beispielsweise die komfortablen Fahrzeuge des »Glacier Express«. Gleich hinter Disentis gilt es bis zu 110 ‰ Steigung zu bewältigen. Auf den flacheren Teilstücken erreicht die Neigung bis zu 67 ‰. Die Station Oberalppasshöhe-Calmot auf 2033 m ü. NN bildet den Höhepunkt der Furka-Bahn. Seit Disentis hat der Zug gut 900 Höhenmeter gewonnen. Mit wiederum 110 ‰, diesmal aber Gefälle, geht es Andermatt entgegen. Dort unterquert die Gotthardlinie (→ Seite 156) die Furka-Bahn. Die Schöllenenbahn verbindet beide.

In Realp beginnt der Furka-Basistunnel. Seit dessen Inbetriebnahme können die Züge sommers wie winters durchfahren. Zuvor musste während der kalten Jahreszeit der Betrieb ruhen, da die Schneemassen und im Frühjahr die Wassermassen zu große Schäden an der Strecke verursacht hätten. Die Fahrt mit der Dampfbahn zur Station Furka, 2160 m ü. NN gelegen, gehört zu den großen Bahnabenteuern, die man sich nicht entgehen lassen sollte. Doch auch der Planbetrieb hat einiges zu bieten. Durch eine herrliche Landschaft geht es entlang der Rhône Brig entgegen. Von Beginn an nutzten Furka- und Zermatt-Bahn die Briger Anlagen gemeinsam. Daher fuhren schon früh Züge durch. Die Zermattbahn führt durch eine wildromantische Landschaft in das Reich der Viertausender.

! Wussten Sie, dass …

… Zermatt autofrei ist? Lediglich mit den Zügen der Matterhorn-Gornergrat-Bahn gelangt man in das Ausflugsparadies. Autos müssen in Täsch stehen bleiben. Die Bahn bietet einen Pendelverkehr im dichten Takt an.

… im Winter die Autos zwischen Sedrun und Andermatt Eisenbahn fahren dürfen? Die Oberalppassstraße wird dann nicht geräumt und ist unbenutzbar.

Sehenswürdigkeiten

Stockalperpalast
Das Briger Wahrzeichen ist von allen Punkten der Gemeinde aus unübersehbar. Drei gewaltige, von vergoldeten Zwiebeln gekrönte Türme ragen in den Himmel. Sie umrahmen einen viergeschossigen Bau mit zwei- und dreigeschossigen Arkadenflügeln. Der im Salzhandel reich gewordene Kaspar Jodok Stockalper (1609–1691) ließ den Palast zwischen 1658 und 1678 erbauen. Bereits zuvor hatte er den 1530 errichteten Familiensitz erweitert. Heute beherbergt der prachtvolle Bau das Stockalper-Archiv, eine kostbare Bibliothek und eine wertvolle Sammlung zur Oberwalliser Volkskunde und Kulturgeschichte.
Brig Tourismus, Bahnhofplatz 1, CH-3900 Brig; Tel. 00 41/27/9 21 60 30; Mai–Okt. tgl. Führungen um 9.30, 10.30, 13.30, 14.30, 15.30 und 16.30; Sonderführungen für Gruppen nach Anmeldung

Einkehrmöglichkeit

Schlosskeller
Die Anschrift des »Schlosskellers« wird Eisenbahnfreunden schmecken. Zu günstigen Preisen gibt es eine gehobene Küche. Der Raum besticht durch seine alte Holzdecke.
Alte Simplonstrasse 26, CH-3900 Brig; Tel. 00 41/27/9 23 33 52; So Abend und Mo geschl. sowie jeweils 14 Tage im Jan. und Juli

Stockalperpalast in Brig

Entlang der Etsch
Die Bahn nach Meran und Mals

Adresse
SAD Nahverkehr
Italienallee 13 N
I-39100 Bozen
Tel. 00 39/04 71/45 01 11
Fax 00 39/04 71/45 02 96
www.sii.bz.it
info@sii.bz.it
Verkehrsauskunft:
00 39/8 00 84 60 47

Streckenverlauf

Strecke	Länge in km
■ Bozen → Sigmundskron	6
■ Sigmundskron → Siebeneich	4
■ Siebeneich → Terlan	3
■ Terlan → Vilpian-Nals	3
■ Vilpian-Nals → Lana-Burgstall	7
■ Lana-Burgstall → Untermais	7
■ Untermais → Meran	2

Betriebszeiten
Die Bahn im Etschtal sieht ganzjährig Planverkehr. Der Fahrplan steht im FS-Kursbuch in Tabelle 211. Die Sanierung der Vinschger Bahn war zum Redaktionsschluss dieses Buches noch nicht abgeschlossen.

Geschichte

Erste Pläne, das Etschtal und den Vinschgau auf der Schiene zu erschließen, datieren aus den frühen Tagen der Eisenbahn. Bereits 1830 diskutierte man, eine Strecke von Landeck in Vorarlberg über den Reschenpass nach Meran im Vinschgau zu errichten. Ein auch heute noch gigantisch anmutendes Projekt, für das die Zeit natürlich längst nicht reif war. Als 1867 auf der Brennerbahn Innsbruck–Bozen durchgehend Züge fuhren, wurden Rufe wach, auch die Seitentäler des Eisack auf dem Schienenweg zu erschließen. 1881 war es im Etschtal soweit. Am 5. Oktober rollte der erste Zug von Bozen nach Meran. Rund 15 Jahre später tauchte der Gedanke einer Bahn über den Reschenpass wieder in den Planspielen auf. Ohne Zweifel hätte sie eine große Entlastung für die Brennerbahn und den Knotenpunkt Innsbruck gebracht. Dort treffen die Arlbergbahn aus dem Westen und die Inntalbahn aus dem Osten auf die Brennerbahn. Die Durchgangszüge zweier internationaler Magistralen teilen sich also gewissermaßen eine Anschlussstrecke. Mit dem Bau einer Bahn Landeck–Meran über den Reschenpass hätten die Arlbergzüge Innsbruck und die Brennerbahn nicht mehr passieren müssen. Doch die Reschenpass-Bahn blieb ein Projekt – bis heute fahren alle Züge über den Brenner.

Die Pläne scheiterten. Immerhin brachten sie eine Verbesserung für die Verkehrsanbindung des Vinschgaus mit sich. Das Wiener Ministerium – Südtirol gehörte bis 1918 zu Österreich – genehmigte den Bau einer Verlängerungsstrecke von Meran nach Mals. Nach nur zweieinhalb Jahren fleißigen Schaffens rollte am 1. Juli 1906 der erste Zug. Die Bahn brachte Touristen in das Tal, in dem viele Hotels entstanden. Die Laaser Marmorwerke konnten ihren kostbaren Stoff fortan einfacher und preisgünstiger auf der Schiene befördern.

1989 aber stellten die Italienischen Staatsbahnen den Reisezugverkehr ein. Zum 2. Juni 1991 legten sie die Strecke still. Doch die Vinschgauer ließen sich das nicht bieten. 1999 übernahm das Land Südtirol die Strecke. Ein Jahr später begann die Sanierung, die weitgehend abgeschlossen ist.

Technik
Heute fahren im Etschtal moderne Nahverkehrszüge. Der Charme der Bahn liegt weniger im Einsatz alter Fahrzeuge. Vielmehr überzeugt sie mit ihren nostalgisch anmutenden Anlagen, die eine zeitweise unberührt erscheinende Landschaft durchziehen. Das Etschtal und den Vinschgau muss man selbst gesehen haben, um den Rang dieser Eisenbahn wirklich einordnen zu können.

Strecke
In Bozen fließt der Eisack, welche die Brennerbahn talwärts begleitet, in die Etsch. Die Etsch kommt aus Nordwesten, dem Einzugsgebiet der Vinschger Bahn. Gleich hinter Bozen zweigt der Schienenstrang ab. Langsam, aber stetig geht es aufwärts in das Etschtal, vorbei an typisch Südtiroler Ortschaften und kleineren Städten. Links und rechts ziehen saftige Wiesen und in vollem Grün stehende Bäume am Fenster vorüber. Nahe des traditionsreichen Kurortes Meran fließt die Passer in die Etsch. Die Passer durchzieht die Stadt, die schon zu österreich-ungarischen Zeiten zu den bekanntesten Sommerfrischen nicht nur Südtirols zählte.

! Wussten Sie, dass …

… zeitweise tatsächlich an einer Bahn über den Reschenpass gearbeitet wurde? Während des Zweiten Weltkrieges mussten Kriegsgefangene Hand anlegen. Züge fuhren nie. An verschiedenen Stellen können Wanderer noch heute Spuren der geplanten Direktverbindung Landeck–Bozen entdecken.

… in Bozen, Meran und Lana einmal Straßenbahnlinien fuhren?

Sehenswürdigkeiten
Frauenmuseum
Den Wandel der Damenbekleidung in den letzten hundert Jahren stellt das interessante Museum vor. Laubengasse 68, I-39012 Meran; Tel. 00 39/04 73/ 23 12 16; Mo–Fr 9.30–12, 14.30–18.30, Sa 9.30–13 Uhr

Jüdisches Museum
An das einstmals reiche jüdische Leben erinnert das Museum. Die Ausstellung informiert zudem über jüdisches Brauchtum. Schillerstr. 14, I-39012 Meran; Tel. 00 39/04 73/ 23 61 27; Di, Mi 15–18, Do 9–12, Fr 15–17 Uhr

Städtisches Museum
Dokumente zur Stadt- und Landesgeschichte zeigt das Meraner Stadtmuseum. Rennweg 42, I-39012 Meran; Tel. 00 39/04 73/ 23 60 15; Mo–Fr 10–12, 15–18, Sa 10–12 Uhr

Landesfürstliche Burg
Die aus dem 15. Jahrhundert stammende Burg präsentiert unter anderem antike Musikinstrumente. Galileistr., I-39012 Meran; Tel. 00 39/04 71/ 25 03 29; Di–Sa 10–17, So 10–13 Uhr

Einkehrmöglichkeit
Bistro 7
Von Nudelspezialitäten über Fischgerichte bis hin zu Wild reicht das umfangreiche Angebot des neuen Szenelokals mit Café. Laubenstr.232, I-39012 Meran; Tel. 00 39/04 73/21 06 36

Städtisches Museum Meran

In luftiger Höhe
Die Rittnerbahn

Adressen

Rittnerbahn-Komitee
Verkehrsamt Ritten
Rathaus
I-39054 Klobenstein
Tel. oo 39/04 71/35 61 oo
Fax oo 39/04 71/35 67 99
SAD Nahverkehrs AG
Italienalee 13 N
I-39100 Bozen
Tel. oo 39/04 71/45 01 11
Fax oo 39/04 71/45 02 96
www.sad.it
info@sad.it
Verkehrsauskunft
Tel. oo 39/04 71/97 84 79
oo 39/8 oo 84 60 47

Streckenverlauf

Strecke	Länge in km
■ Maria Himmelfahrt → Oberbozen	1,15
■ Oberbozen → Linzbach	0,75
■ Linzbach → Rinner	0,46
■ Rinner → Wolfsgruben	0,68
■ Wolfsgruben → Lichtenstern	1,04
■ Lichtenster → Rappersbichl	0,56
■ Rappersbichl → Ebenhofer	0,58
■ Ebenhofer → Klobenstein	1,42

Betriebszeiten

Die Rittnerbahn fährt ganzjährig. Leider erscheint ihr Fahrplan nicht im Kursbuch der Italienischen Staatsbahnen.

Geschichte

Nur noch die Reste existieren von einer Bergbahn, die einstmals vom zentral in Bozen gelegenen Waltherplatz auf den Ritten führte. Im Bozner Stadtgebiet fuhr sie im Reibungsbetrieb. Für die folgenden Steigungen reichten die Adhäsionskräfte aber nicht aus. Unter Leitung des erfahrenen Bahningenieurs Josef Riehl entstand daher eine 5,05 km lange Zahnradstrecke. Zwischen dem Rittnerbahnhof auf 256 m ü. NN und der Station Maria Himmelfahrt überwanden die Züge 920 Höhenmeter. Die letzten 6,805 km legten sie im Reibungsbetrieb zurück. Bei einer Maximalneigung von 4,5 ‰ genügt das Gewicht der Triebwagen vollends, um die Eisenräder auf den Eisenschienen zum Rollen zu bringen.

Obwohl man nach dem Ersten Weltkrieg nicht mehr viel in die Zahnradbahn investierte, hielt sie sich gut 40 Jahre. 1964 zahlte man einen hohen Preis für die Vernachlässigung: Ein talwärts fahrender Zug entgleiste. Das Unglück forderte vier Menschenleben. Ab 13. Juli 1966 begann am Rittnerbahnhof unweit des Hauptbahnhofs eine Seilbahn, welche die Distanz sehr viel schneller bewältigte als die Zahnradzüge. Deren Strecke wurde stillgelegt. Das Gleis auf dem Bergrücken überdauerte die Zeiten. So kann die Rittnerbahn am 13. August 2007 ihr hundertjähriges Bestehen feiern.

Technik

Die von Beginn an elektrisch betriebene Rittnerbahn setzt heute vorzugsweise in Deutschland beschaffte Straßenbahnwagen ein. Genauer muss man natürlich sagen, ehemalige Straßenbahnwagen, da die Rittnerbahn schließlich eine vollwertige Eisenbahn ist. Die Großraumwagen strahlen das Flair der fünfziger und sechziger Jahre aus. Sie sind mustergültig restauriert und werden den anstrengenden Plandienst mit Sicherheit noch geraume Zeit bewältigen. Gekauft wurden sie, um den historischen Wagenpark zu schonen. Die Vierachser mit hölzernen Aufbauten verkehren vorzugsweise in der Sommerperiode sowie an Wochenenden. Triebwagen »Allioth« mit drei Signalleuchten an den Stirnseiten ist ein Rittner-Original. Einst auf der Mendelbahn fuhr der Wagen mit der schlichten Bezeichnung »No. 2«. Man sieht den beiden Triebwagen an, dass sie Geschwister sind, die nach langen Jahren wieder zusammengefunden haben.

Strecke

In nur zwölf Minuten gelangt man mit der Seilschwebebahn nach Oberbozen, der zweiten Station der Bergbahn. Einige Züge beginnen weiterhin in Maria Himmelfahrt, dem früheren Endpunkt der Zahnradstrecke. Die Mehrzahl aber kehrt in Oberbozen. Ganz gleich, auf welcher Wagenseite man Platz nimmt – man bekommt ein erstklassiges Panorama geboten. Linkerhand blickt man auf Berge, Berge, Berge. Rechterhand nimmt die Tiefe des Eisacktals gefangen, auf dessen gegenüberliegender Seite weitere Massive in die Höhe ragen. In luftiger Höhe wird einem schnell klar, weshalb die Reisenden im Mittelalter den beschwerlichen Weg über den Ritten dem Pfad durch die Eisackschlucht vorgezogen haben. Erst kurz vor Beginn der Neuzeit entstand eine befestigte Straße entlang des Flusses. Der Saumweg auf dem Ritten mit Steigungen von bis zu 35 % diente fortan wohlhabenden Bozenern, die in den Sommermonaten der Schwüle im Talkessel entkommen wollten.

❗ Wussten Sie, dass …

… der Waltherplatz in Bozen an den Minnesänger Walther von der Vogelweide erinnert? Vermutlich stammte der Dichter aus einem der österreichischen Lande, zu denen Südtirol bis 1918 gehörte.

… die Holzmasten der Fahrleitung zwar sehr nostalgisch ausschauen, aber von 1985 stammen? Die Rittnerbahn ersetzte damals altes durch neues Holz und nicht durch Beton.

Archäologiemuseum Bozen

Steilste Europas
Die Mendelbahn

Adresse
Tourismusverein Kaltern
Marktplatz 8
I-39052 Kaltern
Tel. 00 39/04 71/96 31 69
Fax 00 39/04 71/96 34 69
www.kaltern.com
info@kaltern.com
Verkehrsinformationen:
Tel. 00 39/8 00 84 60 47

Streckenverlauf

Strecke	Länge in km
 St. Anton → Mendelpass	2,37

Betriebszeiten
Auf dem Mendel ist ganzjährig Saison, weshalb die Bahn an 365 Tagen im Jahr verkehrt. Der Fahrplan wird leider nicht im Kursbuch der FS abgedruckt.

Geschichte

Erst relativ spät entstand der Weg über den Mendelpass. 1820 entstand ein Fußweg, der 1886 zu einer Straße ausgebaut wurde. Das Militär sah den Pass als strategisch wichtig an. Ganz andere Eindrücke von dem Gebiet gewann 1895 der erkrankte österreichische Thronfolger Franz-Ferdinand, als er sich im Mendelgebiet kurierte. Die Nachricht machte rasch die Runde und Mendel zu einem gefragten Kurort.

Bis 1903 mussten die Gäste ihn zu Fuß erreichen. Immerhin konnten sie ab 1898 mit der Überetscher Bahn von Bozen nach Kaltern fahren. Die Bahngesellschaft erkannte rasch die Möglichkeiten, die eine Strecke auf den Mendel bieten würde. Sie beauftragte den Schweizer Bauingenieur Emil Strub mit der Projektierung. Lediglich 14 Monate dauerten die Arbeiten an der aus zwei Abschnitten bestehenden Bahn. Von Kaltern führte eine regelspurige Adhäsionsstrecke nach St. Anton. Sie blieb bis 1963 in Betrieb, als auch die Überetscher Bahn stillgelegt wurde. In St. Anton begann die Standseilbahn, die auf 2370 m einen Höhenunterschied von 854 m überwand. Seinerzeit war sie die längste weltweit und mit 640 ‰ die steilste Europas, zudem die erste elektrische Bahn in Tirol und die erste elektrische Standseilbahn Österreichs.

Zu Beginn war die Mendelbahn gut ausgelastet. Die Eigentümer konnten sich von den Gewinnen den Bau einer weiteren Standseilbahn leisten, die von Bozen auf den Virgl führte. Die neuen Grenzen nach 1918 brachten der Bahn erhebliche Einbußen, kamen doch fortan keine österreichischen Touristen mehr nach Südtirol. Die Wirtschaftskrisen der zwanziger Jahre taten ein Übriges. Als dann auch die Überetscher Bahn nicht mehr fuhr, schien die letzte Stunde der Mendelbahn geschlagen zu haben. 1980 aber trat ein Komitee ins Leben, das sich den Erhalt der Bahn auf die Fahnen schrieb. Zwischen 1983 und 1988 erfolgte die grundlegende Sanierung, bei der das historische Ambiente gewahrt blieb.

Technik

Die Mendelbahn gehört zu den Standseilbahnen, das heißt, ihre Züge stehen auf Gleisen, werden aber durch ein Seil bewegt. Somit ist die Mendelbahn wie eine gewöhnliche Eisenbahn trassiert. Die Fahrzeuge benötigen allerdings keinen eigenen Antrieb. Zum Einsatz kommen nostalgisch anmutende Wagen, deren große Fenster einen guten Blick auf die Landschaft diesseits und jenseits der Strecke ermöglichen.

Strecke

Gewaltig ist sie schon, die Steigung, welche der kleine Zug auf den knapp zweieinhalb Kilometern zu überwinden hat. Gut zehn Minuten braucht er für die Strecke. Auf der Straße war man zur Eröffnung der Bahn rund fünf Stunden unterwegs. Auch heute benötigen Autos einige Zeit, um sich die Serpentinen hochzuquälen. Die Fahrgäste blicken auf die wildromantische Landschaft des Gebirgszuges. Auch eine Begleitung der Trasse zu Fuß lohnt sich. An verschiedenen Stellen gibt es reizvolle Fotomotive. Zweifellos zu den besonders kühnen und fotogenen Bauwerken gehört ein Natursteinviadukt mit mehreren Öffnungen. Von der Bergstation aus erreicht man in anderthalb Stunden den Penegal.

Sehenswürdigkeiten

Einzigartiges Land
Es ist müßig, eine einzigartige Gegend auf wenigen Zeilen detailliert vorstellen zu wollen. Allein die Aufzählung beispielsweise aller 180 Burgen, Ansitze und Schlösser im Überetsch würde wohl den Rahmen sprengen. Beschränken wir uns daher auf kleine Hinweise, quasi Einladungen, sich selbst ein Bild zu machen. Nahe Kalterns liegt der südlichste Naturpark von Südtirol. Im Trudner Horn fanden seltene Pflanzen und Tiere wie Orchideen, Ginster, Anemonen, Feuersalamander, Steinadler und Smaragdeidechsen eine Heimat. Die Bletterbachschlucht am Fuße des Weisshorns gilt zu Recht als »Grand Canyon Südtirols«. Eislöcher im Sommer bietet die Natur zwischen Eppan und Kaltern. Durch Spalten zwischen Porphyrblöcken weht stets ein eisiger Hauch. Mehr als 600 Pflanzenarten und auch die Besucher genießen die kühle Erfrischung. Durch den Altenburger Wald bei Kaltern führt die sehenswerte Rastenbachklamm.
Tourismusverein (→ S. 186)

Einkehrmöglichkeit

Zum Löwen
Die schöne Pizzeria mit ansprechendem Interieur bietet eine gute Auswahl preiswerter Gerichte.
Barleiter Weg 14;
I-39052 Kaltern;
Tel. 00 39/04 71/96 34 11;
Mi Ruhetag

⚠ Wussten Sie, dass …

… die kaiserlich-königliche Armee Österreich-Ungarns im Welschtiroler Gebiet um die Mendel große Manöver durchführte?

… im Nonstal auf Welschtiroler Seite eine weitere Bahn auf den Mendel entstand, die Dermlo-Fondo-Mendel-Bahn? Sie geht von der Linie Trento–Malè (→ Seite 188) ab. Ihr Fahrplan steht im Kursbuch der FS in Tabelle 416.

Wildromantisch: Rastenbachklamm

Hoch in das Soletal
Die Eisenbahn Trient – Malè

Adresse
Stazione Ferrovia
Trento–Malè
Via Dogana 2
I-38100 Trient/Trento
Tel. 00 39/04 61/23 83 50
Fax 00 39/04 61/82 02 56
www.trasporti.
provincia.tn.it

Streckenverlauf

Strecke	Länge in km
Trient → Gardolo	5
Gardolo → Lavis	4
Lavis → Zambana	1
Zambana → Nave S. Felice	2
Nave S. Felice → Grumo S. Michele	3
Grumo S. Michele → Mezzocorona	2
Mezzocorona → Mezzocorona Borgata	1
Mezzocorona Borgata → Mezzolombardo	2
Mezzolombardo → Crescino	5
Crescino → Mollaro	7
Mollaro → Taio	3
Taio → Dermulo	2
Dermulo → Tassulo	2
Tassulo → Cles	3
Cles → Mostizzolo	4
Mostizzolo → Caldes	7
Caldes → Terzolas	2
Terzolas → Malè	1

Betriebszeiten
Die Eisenbahn Trento–Malè fährt ganzjährig. Ihr Fahrplan steht im FS-Kursbuch in der Tabelle 416.

Geschichte

Nicht weniger als 20 Jahre vergingen zwischen den ersten Denkanstößen für eine Eisenbahn in das Nons- und Soletal und dem Bau. 1889 lagen die ersten Pläne vor, zwei Jahre später existierte auf dem Papier sogar ein Bahnnetz, das Trient und das Umland verknüpfen sollte – heute würde man von einer Stadtbahn, Regio-Tram oder Ähnlichem sprechen. Im Folgejahr bildete sich ein Komitee für den Bau einer elektrischen Straßenbahn, doch dann tat sich lange Zeit nichts mehr. Erst 1905 erteilte die Wiener Regierung die Konzession für eine Schmalspurlinie Trient–Malè. Zudem sollte eine Regelspurstrecke Mezzolombardo–St. Michael entstehen. Letztere wurde als Erste am 5. August 1906 eröffnet.

Erst ein Jahr später begannen die Bauarbeiten an der Meterspurstrecke nach Malè. Am 14. September 1909 rollte dann der Eröffnungszug von Trient nach Cles. Knapp einen Monat später hatte auch Malè Anschluss an die große, weite Welt. Vier Stunden brauchten die Züge damals für die 59,6 km. Dies lag unter anderem an den mitgeführten Güterwagen, die an den Zwischenstationen rangiert oder be- und entladen werden mussten.

Nach 1918 wurde der Sitz der anfangs längsten, elektrisch betriebenen Bahnlinie Österreich-Ungarns von Wien nach Trient verlagert. Die Stadt, die auf Italienisch Trento heißt, sicherte sich die Konzession, sodass die Bahn bis in unsere Tage unabhängig blieb. Nach einer grundlegenden Modernisierung ist sie für die Zukunft gerüstet.

Technik

Den Planbetrieb bewältigen heute elektrische Triebwagen aus den sechziger Jahren. Äußerlich strahlen sie den Charme der dreißiger Jahre aus – Stirnpartien, Fensterausteilung, Schürzen und anderes rufen durchaus Assoziationen zu den »Fliegenden Zügen« wach, die ab 1933 in Deutschland Schlagzeilen schrieben. Neben Einzeltriebwagen gibt es Gelenkzüge mit so genannten Jakobs-Drehgestellen. Diese verbinden zwei Wagen miteinander. Das hintere Ende des einen Wagenkastens ruht gewissermaßen auf dem ersten Radsatz, das vordere Ende des zweiten Wagenkastens auf dem zweiten Radsatz des Drehgestells. Bei den dreiteiligen Garnituren der Bahn Trento–Malè hat das Mittelteil nur Jakobs-Drehgestelle. Die beiden Endteile dagegen rollen auf der einen Seite auf Jakobs- und auf der anderen Seite auf gewöhnlichen Drehgestellen.

Strecke

Die Strecke begleitet zunächst die Brennerbahn, teils direkt, teils in gehörigem Abstand. Interessanterweise verläuft sie auf der östlichen Seite, muss die Hauptstrecke also vor Mezzocorona auf einer Brücke überqueren. Im Nonstal steigt das Niveau stetig. Hinter Mezzolombardo durchquert der Zug einige kurze Tunnel. Teilweise messen sie nur wenige Meter und durchschneiden Bergrücken. Trotz des recht gebirgigen Charakters der Landschaft entdeckt man links und rechts der Schiene immer wieder Obstbäume. In den Gallerie del Sabino befindet sich der erste steile Abschnitt der maximal mit nicht weniger als 53 ‰ geneigten Strecke. Hinter Cles führt die Strecke erst durch einen Tunnel, ehe sie in das Soletal einbiegt. Nach etwa einer Stunde Fahrzeit erreicht der Zug den Endbahnhof.

Sehenswürdigkeiten

Bischofspalast
Gleich neben dem Trienter Dom befindet sich der Bischofspalast, der heute das Diözesanmuseum beherbergt. In den angenehm kühl temperierten Räumen warten wertvolle Gemälde und Tafelbilder auf die Besucher. Im oberen Stockwerk sind kunstvoll hergestellte Bischofsgewänder sowie der Domschatz ausgestellt. Im Eintrittsgeld inbegriffen sind die Besichtigung der Grundmauern einer Basilika aus dem sechsten Jh. und der Gräber Trentiner Bischöfe.
Piazza Duomo 18,
I-38100 Trento;
Tel. 00 39/04 61/23 44 19;
tgl. 9–12.30, 14.30–18 Uhr

Geologie, Fauna, Flora
Das Naturwissenschaftliche Museum stellt Geologie, Fauna und Flora der Voralpenregion vor.
Via Calepina 14,
I-38100 Trento;
Tel. 00 39/04 61/ 27 03 11;
Di–So 9–12.30,
14.30–18 Uhr

Einkehrmöglichkeit

Alaska
In Deutschland wäre es eher ungewöhnlich, eine Pizzeria »Alaska« zu nennen. Das Restaurant am Monte Bondone bietet nicht nur die beliebten Teiggerichte, sondern auch regionale Spezialitäten. Die Preise sind durchaus familienfreundlich.
Loc. Vason 96,
I-38100 Trento;
Tel. 00 39/04 61/94 80 81

! Wussten Sie, dass …

… Trient bis 1918 Grenzstadt zwischen Österreich und Italien war? Nach dem verlorenen Ersten Weltkrieg musste Österreich Südtirol an Italien abtreten, sodass sich die Grenze zum Brenner verschob.

… das Trentino und Südtirol eine gemeinsame Provinz in Italien bilden? Die Minderheitenrechte der deutschsprachigen Bevölkerung in Südtirol sind vertraglich garantiert.

Domplatz mit Prätoriumpalast

GLOSSAR

Achsfolge Früher hatten viele Lokomotiven angetriebene und nicht angetriebene Achsen. Um zwischen ihnen zu unterscheiden, schufen die Bahnen für die A. ein Abkürzungsschema. Nicht angetriebene Achsen, »Laufachsen« genannt, wurden mit Zahlen ausgewiesen, die Treibachsen mit Großbuchstaben. Dabei bezeichnete ein »A« eine Achse, ein »B« derer zwei usw. Ein Apostroph kennzeichnete nicht fest im Rahmen gelagerte Achsen. Einzeln angetriebene Achsen erhielten ein »o« hinter dem Großbuchstaben. 2'C1' bedeutet zum Beispiel zwei Laufachsen vorn, drei Treibachsen und eine Laufachse hinten, wobei nur die Treibachsen im Rahmen fest gelagert waren.

Akkumulatorlokomotive Elektrolokomotiven, die ihre Fahrenergie aus mitgeführten Akkumulatoren beziehen.

Ausbesserungswerk Im A. finden große Reparaturen und Hauptuntersuchungen von Lokomotiven und Wagen statt.

Bahnbetriebswerk Im B. sind Lokomotiven stationiert. Wartungsarbeiten und kleine Reparaturen können stattfinden.

Bahnhof Planmäßig von Zügen bediente Station mit mindestens einer Möglichkeit zum Gleiswechsel, z. B. einer Weiche.

Betriebshof Betreiber von Straßenbahnen stationieren diese im B. Neuerdings nennt die Deutsche Bahn Bahnbetriebswerke B.

Betriebswagenwerk Im B. sind Güter- und Reisezugwagen stationiert. Kleinere Reparaturen und Wartungsarbeiten können stattfinden.

Breitspur Gleis mit mehr als 1435 mm Spurweite.

Dampflok Im Kessel der D. wird Wasser zum Kochen gebracht. Der Dampf gelangt in die Zylinder und dehnt sich dort aus. Dabei stößt er die Kolben weg, welche auf die Treibräder wirken.

Diesellokomotive Lokomotive mit Verbrennungsmotor. In dieselhydraulischen Lokomotiven überträgt ein Strömungsgetriebe die Antriebsleistung. In dieselelektrischen Lokomotiven erzeugt ein Generator Strom für die Fahrmotoren.

Dreischienengleis Gleis mit drei Schienen, um Züge zweier Spurweiten fahren lassen zu können.

Einheitslokomotive Begriff für verschiedene, nach einheitlichen Grundsätzen gebaute Loktypen.

Elektrische Lokomotive Lokomotive mit Elektromotoren, die ihre Energie aus der Oberleitung oder Stromschiene beziehen.

Feldbahn Schmalspurbahn mit meist provisorisch verlegtem Gleis zur Abfuhr von Rohstoffen.

Haltepunkt Station, an der Züge halten, ohne das Gleis wechseln zu können.

Heißdampflok Der Dampf wird auf Werte bis zu 400 ° C überhitzt, um die Energie besser nutzen zu können.

Länderbahn Bis 1920 hatten die deutschen Länder eigene Bahnen.

Lokalbahnwagen Wagen mit geringerem Komfort für Lokalbahnen.

Mallet-Lok Dampflokomotive mit zwei getrennten Triebwerken, die meist als Verbundtriebwerk ausgeführt sind.

Nassdampflok Das Wasser wird einfach zum Kochen gebracht und erreicht keine nennenswert hohen Temperaturen.

Normalspur siehe Regelspur

Pazifik-Bauart Dampflokomotive der Achsfolge 2'C1'.

Regelspur Gleis mit 1435 mm Spurweite.

Rekonstruktion In der DDR benutzter Begriff, wenn die Leistung von Dampflokomotiven durch einen Umbau stieg.

Rollbock Um Regelspurwagen auf Schmalspurgleisen befördern zu können, nutzte man R. Jeder R. nahm eine Achse auf.

Rollwagen R. nahmen zum Transport von Regelspurwagen auf Schmalspurbahnen den ganzen Güterwagen auf.

Schmalspur Gleis mit einer Spurweite von unter 1435 mm.

Spurweite Maß zwischen den Innenkanten beider Schienen eines Gleises.

Traktion Bespannung eines Zuges.

Triebwagen Reisezugwagen mit eigener Kraftquelle und Führerstand.

Verbundtriebwerk Dampflokomotive mit zwei Arten von Zylindern. Der Dampf entspannt zunächst in einem Hochdruckzylinder teilweise, um dann in einem Niederdruckzylinder weitere Arbeit zu leisten.

Zugkreuzung Begegnung zweier Züge auf einer eingleisigen Strecke.

Liebe Leserinnen und Leser,
wir freuen uns, Ihre Meinung zu diesem **MERIAN** *guide* zu erfahren. Bitte schreiben Sie uns, wenn Sie Berichtigungen und Ergänzungsvorschläge haben oder wenn Ihnen etwas besonders gut gefällt:

TRAVEL HOUSE MEDIA GmbH, Postfach 86 03 66, 81630 München
E-Mail: merian-guide@travel-house-media.de Internet: www.merian.de

Alle Angaben in diesem Reiseführer sind gewissenhaft geprüft. Preise, Öffnungszeiten usw. können sich aber schnell ändern. Für eventuelle Fehler übernimmt der Verlag keine Haftung.

**Bei Interesse an Karten
aus MERIAN-Produkten
schreiben Sie bitte an:**
iPUBLISH GmbH, geomatics
Berg-am-Laim-Straße 47
81673 München
E-Mail: geomatics@ipublish.de

DER AUTOR
Torsten Berndt, Jahrgang 1967, ist Journalist und schreibt über Eisenbahnen und philatelistische Themen. Der Berliner arbeitet seit neun Jahren beim EuropMedia Verlag, Irsee. Neben zahlreichen Beiträgen in ZÜGE und im TRIX-Magazin veröffentlichte er das Buch »VT 11.5 – Reisen Erster Klasse«.

TITELBILDMOTIVE
o.l.: Festung Hohenaschau im Priental (Katja Kreder/FAN), u.l.: 41 0 18 (DBAG/Rothorn 2), m.o.: Fahrwerk Historische Eisenbahn Frankfurt a. M., m.u.: Familie, Bildagentur Huber/R. Schmid, r.: Jungfraubahn (Photopress)

FOTOS
S. Arri/Stadtwerke Trossingen 96, T. Berndt 26, 30, 36, 38, 110, Bildagentur Huber/Alfeld 106, Bildagentur Huber/Krammisch 48, Bildagentur Huber/R. Schmid 42, 80, 114, Bildagentur Huber/F. Olimpio 126, Bildarchiv Stiftung Fürst-Pückler-Museum Park und Schloss Branitz/R. Franitza 33, BVO 50, Bludenz Tourismus/A-6700 Bludenz 141, J. Daur/SHB 90, DWT/Dittrich 51, K. Eckert 128 , 132, 134, 136, 140, 142, 144, 146, 152, 156, 164, 168, 170, 172, 174, 176, 178, 180, 182 , 184, 188, Eisenbahnnostalgie.de (M. Kaiser) 70, Grand Hotel Heiligendamm GmbH & Co.KG 25, C. Hasselmeier 82, HSB 44, U. Holsten 127, M. Hubrich 14, 54, 68, 72, 102, 119, M. Käpplick 60, Ch. Klein 128 u, E. Köppen 14, R. Kroll/Bilderdienst wandlitz-online.de 37, Th. Küstner 160, 166, D. Radtke 280, Nationalpark Hohe Tauern/Lammerhuber 137, J. Ranger 88, A. Roscher 35, Ch. Schomaker 29, Stadt Bochum/ Presseamt 65, Südtiroler Archäologiemuseum/ www.iceman.it 185, Swiss Cities/ Valais Tourisme 175, Switzerland Tourism/ M. Schmid 167, Switzerland Tourism/C. Sonderegger 169, Switzerland Tourism/F. Villiger 173, Switzerland –Tourism/Kur- und Verkehrsverein St. Moritz 177, Verkehrsamt Nördlingen 109, Verkehrsverein Tübingen 95, Waldviertel Tourismus 123, Westerwald Touristik-Service/ Dahlhoff 75, www.die-wiesent.de 107, Ch. Zellweger 154, 158.

Alle übrigen Fotos mit freundlicher Genehmigung der dort beschriebenen Eisenbahnvereine, Sehenswürdigkeiten, Freizeiteinrichtungen usw.

PROGRAMMLEITUNG
Susanne Böttcher
REDAKTION
Britta Klein
REDAKTIONELLE MITARBEIT
Sonja Bayer
LEKTORAT
Rena Sutor
GESTALTUNG UND SATZ
Sabine Dohme, München
KARTEN
MERIAN-Kartographie
PRODUKTION
Gloria Pall
DRUCK
Appl, Wemding
BINDUNG
Auer, Donauwörth
GEDRUCKT AUF
Luxosamtoffset von Schneidersöhne

1. Auflage
ISBN 3-7742-7219-0

TRAVEL
HOUSE
MEDIA

Ein Unternehmen der
GANSKE VERLAGSGRUPPE